Dagmar Kolbe
Strafbarkeit im Vorfeld und im Umfeld der Teilnahme
(§§ 88a, 110, 111, 130a und 140 StGB)

Juristische Zeitgeschichte
Abteilung 3, Band 42

Juristische Zeitgeschichte
Hrsg. von Prof. Dr. Dr. Thomas Vormbaum
(FernUniversität in Hagen)

Abteilung 3:
Beiträge zur modernen deutschen Strafgesetzgebung. Materialien zu einem historischen Kommentar

Band 42

Redaktion: Katharina Kühne, Dana Theil

De Gruyter

Dagmar Kolbe

Strafbarkeit im Vorfeld und im Umfeld der Teilnahme (§§ 88a, 110, 111, 130a und 140 StGB).

Reformdiskussion und Gesetzgebung seit dem 19. Jahrhundert

De Gruyter

ISBN 978-3-11-024857-9
e-ISBN 978-3-11-024858-6

Bibliografische Information der Deutschen Nationalbibliothek

Die Deutsche Nationalbibliothek verzeichnet diese Publikation in der Deutschen Nationalbibliografie; detaillierte bibliografische Daten sind im Internet über http://dnb.d-nb.de abrufbar.

Druck: Hubert & Co. GmbH & Co. KG, Göttingen
♾ Gedruckt auf säurefreiem Papier

Printed in Germany

www.degruyter.com

Inhaltsverzeichnis

Abkürzungsverzeichnis

a.a.O.	am angegebenen Orte
Abs.	Absatz
ADS	Arbeitsgemeinschaft Deutscher Studentenschaften
a.F.	alte Fassung
ALR	Allgemeines Landrecht für die Preußischen Staaten von 1794
Anm.	Anmerkung
Art.	Artikel
AT	Allgemeiner Teil
BKA	Bundeskriminalamt
BA	Bundesarchiv
BGBl.	Bundesgesetzblatt, zitiert nach Abteilung, Jahr und Seite
BGBl.NdB.	Gesetzblatt für den Norddeutschen Bund
BGH	Bundesgerichtshof
BMJ	Bundesministerium der Justiz
BMI	Bundesministerium des Inneren
BMVt.	Bundesministerium der Verteidigung
BR	Bundesrichter
BR-Drs.	Bundesratsdrucksachen
BR-Prot.	Bundesratsprotokolle
BT	Besonderer Teil
BT-Drs.	Bundestagsdrucksachen
BT-Prot.	Bundestagsprotokolle
CDU	Christlich Demokratische Union
CSU	Christlich Soziale Union
Ders.	Derselbe
Drs.Rt.	Drucksachen des Reichstags
EGStGB	Einführungsgesetz zum Strafgeetzbuch
FDP	Freie Demokratische Partei
ff.	folgende
FN	Fußnote
FS	Festschrift
GA	Goldammers Archiv
GBA	Generalbundesanwalt
Gem.	Gemäß
h.M.	herrschende Meinung
JZ	Juristenzeitung

Kap.	Kapitel
Kom.Prot.	Kommissionsprotokolle
KPD	Kommunistische Partei Deutschlands
MinDir.	Ministerialdirektor
MinDirig.	Ministerialdirigent
MinRat	Ministerialrat
m.w.N.	mit weiteren Nachweisen
Mü-Ko	Münchener Kommentar
NSDAP	Nationalsozialistische Arbeiterpartei
OWiG	Ordnungswidrigkeitengesetz
PreßG	Gesetz über die Presse
PreßVO	Preßverordnung
Pr.GS	Preußische Gesetze
Prof.	Professor
Prot.SA	Protokolle des Sonderausschusses
PrStGB	Strafgesetzbuch für die Preußischen Staaten
RAF	Rote Armee Fraktion
Rdnr.	Randnummer
RepublikSchG	Republikschutzgesetz
RStGB	Reichsstrafgesetzbuch
RGBl.	Reichsgesetzblatt
RGSt.	Entscheidungen des Reichsgerichts in Strafsachen
RistBV	Richtlinien für das Strafverfahren und das Bußgeldverfahren
SA	Sonderausschuss
SK	Systematischer Kommentar
SprengstG	Sprengstoffgesetz
SPD	Sozialdemokratische Partei Deutschlands
Sten.Ber.Rt.	Stenografische Berichte des Reichstags
StGB	Strafgesetzbuch
StV	Der Strafverteidiger
u.a.	unter anderem
VersG	Versammlungsgesetz
WP	Wahlperiode
www.	world wide web
z.B.	zum Beispiel
ZStW	Zeitschrift für die gesamte Strafrechtswissenschaft
z. vergl.	zu vergleichen

ERSTER TEIL: GRUNDLAGEN

Erstes Kapitel: Sachliche Grundlegung: Probleme und Methoden

A) Problemstellung

Während die Anstiftung die unmittelbare Einwirkung auf eine andere Person und als Folge eine zumindest in das Versuchsstadium gelangte Tat voraussetzt und die erfolglose Anstiftung in § 30 StGB, der Nachfolgevorschrift des § 49a RStGB[1], auf Verbrechen beschränkt ist, ist die Strafbarkeit bei an die Öffentlichkeit gerichteten Aufforderungen deutlich ausgeweitet.

Durch den erst 1970 aufgehobenen § 110 StGB waren öffentliche Aufforderungen zum Ungehorsam gegen Rechtssätze strafbedroht, deren Verletzung selbst nicht einmal strafbar sein musste, sondern nur zivil- oder verwaltungsrechtliche Ansprüche oder Sanktionen nach sich ziehen konnte. Gem. § 111 StGB ist sowohl die erfolgreiche als auch die erfolglose öffentliche Aufforderung zu Verbrechen und auch zu Vergehen zu bestrafen. 1953 ist eine weitere Vorverlagerung der Strafbarkeit erfolgt, denn seitdem ist in § 140 StGB auch das bloße öffentliche Billigen und sogar die nicht an die Öffentlichkeit gedrungene Belohnung bestimmter Katalogstraftaten unter Strafe gestellt. Im Zuge der Terrorismusbekämpfung erfolgte durch die zunächst sehr kurzlebigen §§ 88a und 130a StGB eine weitere Vorverlagerung auf die öffentlich Billigung von und die Anleitung zu bestimmten Katalogstraftaten. Nach Aufhebung beider Tatbestände nur wenige Jahre nach dem Inkrafttreten wurde die Anleitung zu bestimmten Katalogstraftaten in § 130a StGB n.F. wiederum wenige Jahre danach erneut strafrechtlich sanktioniert.

Während bei § 140 StGB kein bestimmter Anlass für die strafrechtliche Erfassung der öffentlichen Billigung und Belohnung bestimmter Straftaten zu erkennen ist und die §§ 88a und 130a StGB als Instrumente der Terrorismusbekämpfung der siebziger und achtziger Jahre dienen sollten, wurzeln die

1 § 49a RStGB wurde durch Gesetz vom 26. Februar 1876 (RGBl. 1876, S. 25) in das RStGB eingefügt. Die durch den als *„Duchesne-Tatbestand“* bekannte Norm vorgenommene Durchbrechung des Grundsatzes der Akzessorietät beruht auf dem Angebot des belgischen Kesselschläger *Duchesne* an den Erzbischhof von Köln, den deutschen Reichskanzler zu ermorden. Nachdem Belgien auf Drängen des deutschen Bundesrats derartige Ansinnen unter Strafe gestellt hatte, so sich der deutsche Gesetzgeber veranlaßt, ebenfalls einen entsprechenden Tatbestand in das RStGB aufzunehmen. (Ausführlich m.w.N.: *Witte*, § 49a des Strafgesetzbuchs, S. 1 ff.).

§§ 110, 111 StGB in den Revolutionsjahren 1848/1849. Nach Aufhebung der Zensur und der Garantie bürgerlicher Freiheitsrechte sahen sich die Gesetzgeber in Preußen und auch außerpreußischen Partikularstaaten veranlasst, im Wege des Strafrechts gegen den befürchteten Missbrauch der Pressefreiheit vorzugehen und der Verbreitung „aufrührerischer" Parolen vorzubeugen. Beide Tatbestände wurden aus der preußischen Preßverordnung von 1849 zunächst in das Preußische StGB von 1851 und später in das Reichsstrafgesetzbuch übernommen und die Strafwürdigkeit öffentlicher Aufforderungen auch in späteren Gesetzgebungsvorhaben nicht in Frage gestellt. Im Gegenteil wurden in allen Reformvorhaben Überlegungen angestellt, ob und in welcher Form neben der unmittelbaren Aufforderung auch eine indirekte Aufforderung als „besonders gefährliche Form der Agitation durch Einwirkung auf die Sinne" unter Strafe gestellt werden könne. Nachdem dieses Ziel während der Kaiserzeit politisch nicht durchsetzbar war und die Strafrechtsreformvorhaben während der Weimarer Republik und des Dritten Reiches scheiterten, griff der Gesetzgeber der Bundesrepublik Deutschland in den fünfziger Jahren die im Republikschutzgesetz von 1930 sanktionierte indirekte Aufforderung[2] wieder auf und stellte diese durch § 140 StGB ohne jeden politischen Widerstand unter Strafe.

B) Forschungsstand

Zu strafbaren Aufforderungen wurde relativ wenig Forschung betrieben. Zu nennen sind hier die Dissertation von *Roßmann* zum Thema Strafbarkeit der öffentlichen Aufforderung zum Streik von 1892 und die Ausführungen von *Meyer* in der Vergleichenden Darstellung. Auch die Dissertationen von *Volkhard* aus dem Jahr 1908 und *Adler* aus dem Jahr 1923 haben strafbare öffentliche Aufforderungen zum Gegenstand. Das Verhältnis zur Teilnahme wurde in den Dissertationen von *Hartmann* und *Silberberg* untersucht. In neuerer Zeit haben sich *Weidner* und *Kissel* ausführlich mit § 111 StGB auseinandergesetzt. Auch einige neuere Aufsätze befassen sich ausführlich mit der Thematik der „Äußerungsdelikte". Zu § 140 StGB liegen lediglich Veröffentlichungen in Aufsätzen und Festschriften vor, gleiches gilt für die §§ 88a, 130a StGB. Auf die vorgenannten Veröffentlichungen wird in den entsprechenden Kapiteln bzw. in der abschließenden Würdigung eingegangen.

---

2 Z. vergl. sechstes Kapitel, A) I. 1.

C) Methode und Fragestellungen

Der Schwerpunkt der Arbeit liegt in der Darstellung der Reformdiskussion und Gesetzgebung zu öffentlichen Aufforderungen seit 1848/1849. Der Kernbereich ist dabei der Gesetzgebungshistorie der §§ 110, 111 StGB gewidmet, ergänzt durch § 140 StGB und im Zuge der Terrorismusgesetzgebung auch der §§ 88a und 130a StGB. Soweit in Notverordnungen und im Nebenstrafrecht bestimmte Aufforderungen sanktioniert wurden, werden diese in gestraffter Form dargestellt. Nur ganz am Rande wurde auf die Aufforderung zum Hochverrat eingegangen, weil diese Aufforderung nicht in die hier zugrundegelegte Systematik passt und gemeinsam mit dem Grundtatbestand zu bearbeiten wäre. Dabei ist der Schwerpunkt auf nachstehende Fragestellungen gerichtet, die im dritten Teil abschließend dargestellt und gewürdigt werden:

I. Kriminalisierung

Die §§ 110 und 111 StGB haben die Zeit seit dem Erlass der preußischen Preßverordnung von 1849 bis weit in die Bundesrepublik Deutschland hinein unverändert überstanden. Als Strafgrund wurde seit Erlaß des PrStGB stets auf die „besondere Gefährlichkeit“ öffentlicher Aufforderungen hingewiesen und die Strafwürdigkeit mit dieser These begründet. Es wird zu prüfen sein, ob diese „besondere Gefahr“ Niederschlag in der Strafverfolgungspraxis gefunden hat oder ob nicht vielmehr als moralisch verwerflich angesehene Äußerungen strafrechtlich sanktioniert wurden. Bereits an dieser Stelle sei darauf hingewiesen, dass Verurteilungen wegen einer Aufforderung zum Ungehorsam nur bei der Aufforderung zur Arbeitsniederlegung Bedeutung erlangt haben und es sich im übrigen um banale Verstöße gegen untergeordnete Rechtssätze gehandelt hat. Die Aufforderung zur Begehung von Verbrechen und Vergehen beinhalteten – mit Ausnahme der Verurteilung des sog. „Kalifen von Köln“ zur Ermordung des sog. „Gegenkalifen“[3] – in erster Linie Aufrufe zum politi-

3 *Metin Kaplan* und *Hasan Basri Gökbulut* wurden mit Urteil des OLG Düsseldorf vom 15. November 2000 wegen öffentlicher Aufforderung zu Straftaten zu mehrjährigen Haftstrafen verurteilt, nachdem in öffentlichen Reden die (später tatsächlich durch unbekannte Täter erfolgte) Tötung von Halil *Ibrahim Sofu*, dem selbsternannten „Gegenkalifen“ gefordert wurde. Ursprünglich wurden die Ermittlungen allerdings wegen der Mitgliedschaft in einer terroristischen Vereinigung geführt. Da insoweit kein Tatnachweis geführt werden konnte, ist § 111 StGB quasi „übriggeblieben“. Das Urteil ist nach Verwerfung der Revision durch den BGH vom 24. Oktober 2001 (3 StR 265/01) rechtskräftig.

schen Widerstand, die mehr oder weniger zufällig auch als Aufforderung zur Begehung von Straftaten zu werten waren[4].

Bei der Darstellung der verschiedenen Gesetzgebungsverfahren wird ein Schwerpunkt auch auf die zugrunde liegende Motivation der damit befassten Gremien gelegt. Auch wird der Frage nachgegangen, ob die Öffentlichkeit der Handlung die weite Vorverlagerung der Strafbarkeit zu rechtfertigen vermag.

II. Kontinuität

Obwohl die §§ 110, 111 StGB die Zeit vom Kaiserreich bis zur Bundesrepublik Deutschland unverändert überstanden haben, wurde doch in zahlreichen Gesetzgebungsvorhaben die Ausdehnung der direkten Aufforderung auf die indirekte Aufreizung versucht. Dabei wurde seit Erlaß des PrStGB überlegt, wie erlaubte Kritik, also zulässige Meinungsäußerung, von strafwürdiger indirekter „Einwirkung auf die Leidenschaften" zu trennen sei. Von Spezialgesetzen wie dem SprengstG und Verordnungen während der Weimarer Republik und dem Dritten Reich abgesehen, blieb die indirekte Aufforderung straflos, weil aus politischen oder tatsächlichen Gründen eine Änderung im StGB gescheitert ist. Erst in der Bundesrepublik Deutschland fanden die öffentliche Billigung, das Befürworten und das Anleiten zu bestimmten Straftaten Aufnahme in das StGB.

III. Symbolstrafrecht

Die Bedeutung der hier behandelten Straftatbestände war und ist in der Strafverfolgungspraxis verschwindend gering. Dennoch hat sich der Gesetzgeber mit der Aufhebung von § 110 StGB sehr schwer getan, mit einer Aufhebung auch von § 111 StGB vermochte sich der Gesetzgeber nicht anzufreunden. Im Gegenteil wurde die Strafbarkeit öffentlicher Äußerungen in §§ 88a, 130a und 140 StGB noch weiter vorverlagert, ohne dass die Existenzberechtigung dieser Tatbestände durch empirische Ergebnisse oder die Strafverfolgungspraxis bestätigt worden wäre. Neben der Frage des geschützten Rechtsguts wird an dieser Stelle zu untersuchen sein, ob mit diesen Tatbeständen nur ein „Zeichen gesetzt" oder ob über moralisch verwerfliches Handeln hinaus tatsächlich

---

4 Dies reicht von der Verurteilung von *Rosa Luxemburg* wegen der Aufforderung, den Dienst an der Waffe zu verweigern (Befehlsverweigerung) über Aufrufe, die Kennziffern der Volkszählungsbögen abzuschneiden (Sachbeschädigung) über Aufrufe von Bündnis 90/Die Grünen, die aktive Teilnahme am ersten Kossovo-Konflikt zu verweigern (Befehlsverweigerung) bis hin zu Aufrufen, Atommülltransporte zu blockieren (nach alter Rechtsprechung: Nötigung). Ausführlich m.w.N.: *Kissel*, Auforderungen.

kriminelles Unrecht unter Strafe gestellt wird. Dabei darf eine Betrachtung derjenigen Katalogstraftaten, deren Billigung, Befürwortung oder Anleitung in den Katalogen der §§ 88a, 130a und 140 StGB unter Strafe gestellt ist, nicht fehlen. Erst eine Analyse dieser Katalogstraftaten ergibt, ob es sich um eine rein symbolische Gesetzgebung ohne jede praktische Relevanz handelt oder um die Sanktionierung tatsächlich strafwürdigen Verhaltens.

D) Darstellungsweise

Die Darstellung erfolgt als historische Darlegung der Entwicklung der Gesetze unter Berücksichtigung der jeweiligen gesellschaftlichen und politischen Situation. Gerade dieser Kontext ist unverzichtbarer Bestandteil der Darstellung, da ohne eine solche Betrachtung das Scheitern oder der Erfolg gesetzgeberischer Maßnahmen auf dem Gebiet der Äußerungsdelikte nicht nachvollziehbar wäre. Jedem Kapitel wird eine kurze Zusammenfassung oder Problemstellung vorausgeschickt, das Kapitel endet jeweils mit einer Zusammenfassung der gesetzgeberischen Aktivitäten. Als Quellen wurden die Entwurfstexte, Motive, Kommissions- und Parlamentsprotokolle und Drucksachen sowie Ministerialakten herangezogen und, sofern für das Verständnis unverzichtbar, die relevanten Gesetzes- und Entwurfstexte im Text selbst oder in einer Fußnote wiedergegeben. Im Anhang findet sich eine Übersicht der Gesetzestexte in gesonderter Aufführung. Da sich die Arbeit auch mit der Frage beschäftigt, ob insbesondere die §§ 130a, 140 StGB durch den Verweis auf bestimmte Straftaten, zu deren Begehung angeleitet oder deren Begehung gebilligt wird, mehr als nur Symbolstrafrecht darstellen, werden die Katalogstraftaten in einem weiteren Anhang im Wortlaut wiedergegeben.

Zweites Kapitel: Historische Grundlegung: Deutsches Partikularrecht

Mit Beginn des 19. Jahrhunderts wurden in zahlreichen Partikularstaaten moderne, auf wissenschaftlich-systematischer Grundlage basierende Strafgesetzbücher erlassen, die das überkommende Gemeine Recht der Carlonia[1], regionale Halsgerichtsordnungen und die ebenfalls nicht mehr zeitgemäßen Partikularstrafgesetze, also den 20. Titels des Allgemeinen Landrechts für die Preußischen Staaten vom 1. Juni 1774, den Codex juris Bavarici von 1751 und das Josephinischen Gesetzbuchs von 1787[2] ablösten. Das Hauptaugenmerk liegt an dieser Stelle auf der Kodifikation des Preußischen StGB von 1851, da dieses Gesetz als Grundlage für das Reichsstrafgesetzbuchs herangezogen wurde und damit als Basis nachfolgender Kodifikationen diente.

A) Ausgangslage: Gesetzgebung vor 1848

Von einer Historie der hier behandelten Tatbestände kann erst nach 1848 gesprochen werden. Weder in den vorher in Kraft getretenen Partikularstrafgesetzbüchern noch den Vorentwürfen zum PrStGB waren vergleichbare Tatbestände eingestellt. Öffentliche Aufforderungen waren in den vor diesem Zeitpunkt erlassenen Partikularstrafgesetzbüchern und den Vorentwürfen zum PrStGB nur im Falle einer Aufforderung zur Begehung von Hochverrat und / oder Aufruhr unter Strafe gestellt[3]. Der Grund für diese gesetzgeberische

---

1 Carolina von 1531, Hrsg. von *Schroeder*.

2 Die wesentlichen Inhalte des ALR, des Codex Iuris Bavarici (Bayern) und des Josephinischen Gesetzbuchs (Österreich) sind dargestellt in *Berner*, Strafgesetzgebung, S. 1–8, 18–45.

3 Hierbei handelt es sich um folgende Tatbestände: Art. 307, 308 (öffentliche Aufforderung zum Hochverrat und zum Aufruhr) im Bayerischen Strafgesetzbuch vom 6. Mai 1813; § 630 (öffentliche Aufforderung zum Aufruhr, zur gemeinsamen Widersetzlichkeit und zur gemeinsamen Gewalttätigkeit gegen die Obrigkeit) im Strafgesetzbuch für das Großherzugthum Baden vom 6. März 1845; Art. 313, 329 (Öffentliche Aufforderung zu einem staatsverräterischen Aufruhr und zum Aufstand) im Strafgesetzbuch für die Herzoglich-Oldenburgischen Lande vom 10. September 1814; Art. 125, 168 (öffentliche Aufforderung zu einer staats- oder landesverräterischen Handlung oder zum Aufruhr) im Criminalgesetzbuch für das Königreich Hannover vom 8. August 1840; Art. 131, 162 (öffentliche Aufforderung zum Hochverrat und zum Aufruhr im Strafgesetzbuch für das Großherzogthum Hessen vom 17. September 1841; §§ 83, 100 (Öffentliche Aufforderung zum Hochverrat und zum Aufruhr) im Criminalgesetz für das Herzogthum Braunschweig vom 10. Juli 1840; Art. 142 (öffentliche Aufforderung zum Hochverrat) im Strafgesetzbuch für das Königreich Würtemberg vom 1. März 1839 und Art. 94, 110 (öffentliche Aufforderung zum Hochverrat und zum gemeinschaftlichen Ungehorsam) im Criminalgesetz für das Herzogthum Sachsen-Altenburg vom 3. Mai 1841 (Sämtlich abgedruckt in: *Stenglein*, Sammlung, Band 1–3.

Zurückhaltung dürfte in der politischen und gesellschaftlichen Situation vor 1848/1849 zu finden sein. Zwar hatten die Industrialisierung und die damit einhergehende tiefgreifende Änderung der Lebensumstände breiter Bevölkerungsschichten weg von der Erwerbstätigkeit in Landwirtschaft und Handwerk und hin zu industrieller Lohnarbeit bereits begonnen, die ersten Anfänge politischer Betätigung in Arbeitervereinen stellten sich jedoch noch nicht als Bedrohung staatlicher Autorität dar. Seinerzeit standen die wenigen Presseerzeugnisse, die zu dieser Zeit verlegt wurden und die ersten politische Vereine und Versammlungen durch Vorzensur, Genehmigungspflicht und die Möglichkeit des Verbots unter staatlicher Kontrolle. Die Strafbarkeit öffentlicher Aufforderungen konnte daher auf die Aufforderung zum Hochverrat und / oder Aufruhr beschränkt werden, da sich ein solcher Aufruf, gerichtet an eine versammelte und gewaltbereite Menge, durchaus als „zündener Funke“ hätte erweisen können. Erst die Ereignisse 1848/1849 machten deutlich, dass es der Zensur nicht möglich war, die Verbreitung aufrührerischer Parolen, politischer Forderungen und das Anprangern sozialer Mißstände in Flugblättern, durch Anschläge und Presseartikeln zu verhindern[4]. Hier zeigte sich, dass die bislang festgefügte staatliche Autorität und soziale Ordnung den in den öffentlichen Raum gelangten und von weiten Teilen der Bevölkerung wahrgenommenen und weitergetragenden politischen Meinungsäußerungen wenig entgegenzusetzen hatte.

B) Gesetzgebung nach 1848

Die Aufhebung der Zensur und Gewährung der Pressefreiheit war eines der zentralen Anliegen der Revolution 1848/1849[5]. Der Deutsche Bund gab dieser Forderung schließlich nach und stellte den Bundesstaaten durch Bundesbeschluss vom 3. März 1848[6] frei, die Zensur aufzuheben. Die Aufhebung der Zensur ermöglichte die Herausgabe politisch motivierter Periodika, z.B. der seit Juni 1848 von *Marx* und *Engels* in Köln als „radikales Organ der Sozialdemokratie“ herausgegebenen „Neuen Rheinischen Zeitung“[7], der ab Juli 1848 in Berlin verlegten „Reform“ sowie zahlreiche kleinerer Lokalzeitungen[8]. Diese Entwicklung veranlasste die Regierungen der Bundesstaaten, gegen den befürchteten Missbrauch der Pressefreiheit vorzugehen und öffentliche Aufforderungen zu Straftaten umfassend unter Strafe zu stellen. Mit Bundesbeschluss vom

4 Eine Sammlung derartiger Dokumente befindet sich in der Sondersammlung „Revolution 1848/1849“ im Institut für Zeitungsforschung der Stadt Dortmund.

5 *Berner*, Preßrecht, S. 61; *Huber*, Dokumente, Bd. 2,3, S. 444.

6 *Huber*, a.a.O. S. 329.

7 *Grebing*, Parteien, S. 116.

8 *Koszyk*, Presse, II, 112 ff.

6. Juli 1854[9] wurden die Bundesstaaten dann auch verpflichtet, Straftatbestände zum Schutz gegen Angriffe der Presse auf die Religion, die Grundlagen des Staates und seiner Organe und Beleidigungen der Regierung und des Staatsoberhauptes zu erlassen. Der Beschluss wurde zwar nicht in allen, aber doch einigen Partikularstaaten umgesetzt, sofern nicht ohnehin bereits vorher einschlägige Tatbestände erlassen worden waren[10].

I. Preußen

In Preußen hatten die Arbeiten zu einem Preußischen Strafgesetzbuch zwar bereits 1808 begonnen, ein Abschluss war jedoch 1848/1849 nach jahrzehntelang andauernden Vorarbeiten noch nicht abzusehen[11]. Nach der Aufhebung der Zensur durch das Gesetz über die Presse vom 17. März 1848[12] beobachtete die Regierung die zahlreiche Neugründung periodischer Druckschriften mit Besorgnis, weil die Presse als Quelle der Missstimmung unter der Bevölkerung und Sprachrohr umstürzlerischer Agigation ausgemacht wurde[13]. Der bereits am 8 März 1849 vorgelegter Entwurf eines Pressegesetzes scheiterte, nachdem die Erste Kammer am 27. April 1849 beurlaubt und die Zweite Kammer aufgelöst worden war[14]; das Bestreben nach Eindämmung unerwünschter Auswüchse der Pressefreiheit wurde jedoch zielgerichtet weiter verfolgt. Nach Auflösung der verfassungsgebenden Nationalversammlung durch königliches Dekret vom 5. Dezember 1949[15] trat noch am gleichen Tag die „oktroyierte“ Verfassung in Kraft[16]. Zwar wurden die Grundrechte der Meinungs- Versammlungs- und Pressefreiheit Art. 24 garantiert, gleichzeitig sah jedoch Art. 25 den Erlass vorläufiger und später in das allgemeine Strafrecht überzuleitender Strafvorschriften gegen den Missbrauch der Pressefreiheit vor. Die Umsetzung ermöglichte Art. 105, der das Staatsministerium zum Erlaß vorläufiger Notverordnungen ermächtigte, die den Kammern lediglich nachträglich zur Genehmigung vorzulegen waren.

---

9 *Huber*, a.a.O. S. 3 ff.

10 *Berner*, Preßrecht, S. 61.

11 Die Reform des erst wenige Jahre alten Strafrechtstitels des ALR begannen bereits 1808. Der 1825 mit einer zügigen Bearbeitung beauftragte Justizminister *Danckelmann* sprach sich deutlich gegen eine bloße Revision des *„in seiner ganzen Anlage, in den Grundzügen und dem Systeme nach, sich völlig unbrauchbar erwiesenen“* Strafrechtstitels aus. Nach der Billigung des Vorhabens, ein gänzlich neu gestaltetes Strafgesetzbuch zu erarbeiteten, wurden von 1827 bis 1847 zahlreiche Entwürfe vorgelegt, ohne daß eine Verabschiedung erfolgte (ausführlich zum Gang der Reform: *Schubert / Regge*, Gesetzrevision, I.1, S. XVI ff und *Stölzel*, Rechtsverwaltung, S. 620 ff.).

12 Pr.GS 1848, S. 69.

13 *Berner*, Preßrecht, a.a.O. S. 94 f m.w.N.

14 *Huber*, a.a..O. S. 93. Ausführlich zum Gesetzgebungsvorhaben: *Rohrßen*, Volksverhetzung S. (22).

15 *Huber*, a.a..O. S. 480 f.

16 Pr.GS 1849, S. 375.

1. Die Preßverordnung vom 30. Juni 1849

Auf dem Boden von Art. 105 der Verfassung wurde bereits am 30. Juni 1849 eine Preßverordnung[17] erlassen. Diese Verordnung enthielt neben verwaltungsrechtlichen Regelungen über das Preßwesen auch mehrere Straftatbestände[18]. Die meisten dieser Tatbestände waren bereits in den Vorentwürfen zum StGB enthalten und sollten zum Schutz der Regierung und des Gemeinwohls lediglich schon vor Abschluss der Arbeiten zum StGB wirksam werden[19].

Die öffentliche Aufforderung zu Straftaten und zum Ungehorsam gegen Gesetze waren als §§ 13, 14 und 16 in der PreßVO geregelt; mit diesen Tatbeständen wurde im deutschen Partikularstrafrecht Neuland betreten. Sie waren dem Vorbild des französischen Preßrechts nachgebildet, das bereits im Gesetz vom 17. Mai 1819 ähnliche Tatbestände enthielt[20]. Gem. § 13 der PreßVO war

---

17 Verordnung über die Vervielfältigung und Verbreitung von Schriften und verschiedene durch Wort, Schrift, Zeichen, bildliche und andere Darstellung begangene strafbare Handlungen vom 30. Juni 1849. Pr.GS 1849, S. 226 ff.

18 Neben den hier behandelten Tatbeständen waren das die Verwendung verbotener, aufrührerischer oder friedensstörender Fahnen, Zeichen etc., die Anreizung zum Klassenkampf, die Verächtlichmachung von Staat, Obrigkeit und Religionsgesellschaften, Beleidigungen des königlichen Hauses, befreundeter Staaten, Körperschaften, Behörden, Geistlicher, Geschworener und Militärangehöriger und von Mitbürgern sowie die Verletzung der Sittlichkeit.

19 So die Begründung in: Aktenstücke der Zweiten Kammer, 1849, S. 202 ff.

20 Die Tatbestände lauteten:
„Art. 1. Quiconque, soit par des discours, des cris ou menances proférés dans des lieux ou réunions publics, soit par des écrits, des imprimés, dessins, gravures, des peintures ou emblêmes vendus et distribués, mis en vente, ou exposés dans des lieux ou réunions publics, soit par des placards et affiches exposés aux regards du public, aura provoqué l'auteur ou les auteurs de doute action qualifée crime ou délit à la commettre, sera réputé complice, et puni commetel."
„Art. 2. Quiconque aura, par l'un des moyes énoncés en l'art. 1, provocé à commettre un ou plusieurs crimes sans que ladite provocation ait été suivie d'aucun effet, sera puni d'un emprisonement qui ne pourra être des mois de trois mois, ni exéder cinq années, et d'une amende qui ne pourra être au-dessous de 50 francs, ni exeéder 6,000 francs."
„Art. 3. Quiconque aura, par l'un des mêmes moyens, provoqué à commettre un ou plusieurs délits, sans que ladite provocation ait été suivie d'aucun effet, sera puni d'un emprisionnement de trois jours à deux années, et d'une amende de 30 fr. à 4,000 francs, ou de l'une de ces deux peines seulement selon les circonstances, sauf les cas dans lesquels la loi prononcerait une peine moins grave contre l'auteur même du délit, laquelle sera alors, appliquée au provocateur."
„Art. 6. La provocation, par l'un des mêmes moyens, à la désobéissance aux lois, sera également punic des peines portées en l'art. 3."
„Art. 7. Il n'est point dérogé aux lois qui punissent la provocation et la complicité, résultant des tous actes autres que les faits de publication prévus par la présente loi."
Abgedruckt in: *Chassan*, Délits et contraventions de la parole, Colmar 1839, S. 390 ff.

wie der Täter zu bestrafen, wer erfolgreich zu einer strafbaren Handlung „aufforderte oder anreizte". Die erfolglose Aufforderung war gem. § 14 PreßVO mit Gefängnis oder Geldstrafe bedroht, die Strafe durfte den für zu begehende die Tat vorgesehenen Strafrahmen nicht überschreiten. Die erfolglose öffentliche „Aufforderung oder Anreizung" zum Hochverrat war in § 14 als Qualifikation ausgestaltet und mit Zuchthaus nicht unter zwei Jahren, in minder schweren Fällen mit Gefängnis nicht unter sechs Monaten bedroht[21]. Für die „öffentliche Aufforderung oder Anreizung zum Ungehorsam gegen Gesetze, Verordnungen oder Anordnungen der zuständigen Obrigkeit" war in § 16 PreßVO Gefängnisstrafe oder Geldbuße angedroht[22]. Obwohl mit diesen Tatbeständen, ebenso wie mit der in § 17 PreßVO geregelten Anreizung zum Klassenkampf[23], strafrechtliches Neuland beschritten wurde, beschränkten sich die Motive auf allgemeine Ausführungen zur unzureichenden Gesetzgebung und der Notwendigkeit, dem Missbrauch der Pressefreiheit und der Versammlungs- und Vereinigungsfreiheit durch geeignete gesetzliche Regelungen entgegenzutreten[24].

---

21 „§ 13. Wer zur Begehung einer strafbaren Handlung öffentlich auffordert oder anreizt, wird, wenn in Folge der Aufforderung oder Anreizung eine strafbare Handlung wirklich bagangen worden ist, mit der gesetzlichen Strafe der begangenen Tat belegt.
Ist in Folge der Aufforderung oder Anreizung ein sträflicher Versuch begangen, so trifft den Auffordernden oder Anreizenden die gesetzliche Strafe des Versuchs.
„§ 14. Wenn die öffentliche Aufforderung oder Anreizung zu einer strafbaren Handlung ohne irgendeinen Erfolg gewesen ist, so trifft den Schuldigen Geldbuße von zwanzig bis zu zweihundert Thalern oder Gefängnis von vier Wochen oder bis zu zwei Jahren. Ist jedoch die That, zu welcher aufgefordert oder angereizt wurde, im höchsten oder niedrigsten Maß mit einer geringeren Strafe bedroht, so darf die Strafe der Aufforderung oder Anreizung dieses höchste Maß nicht übersteigen; sie kann auf das niedrigste Maß herabgesetzt werden.
War die Aufforderung oder Anreizung, welche ohne Erfolg geblieben ist, auf ein durch den § 92 Thl. II. Tit. 20 des Allgemeinen Landrechts (Hochverrath) oder durch die Artikel 86 und 87 des Rheinischen Strafgesetzbuches vorgesehenes Verbrechen gerichtet, so ist die Strafe Zuchthausstrafe von zwei bis zu zehn Jahren. Sind mildernde Umstände vorhanden, so kann die Strafe auf Gefängnis von sechs Monaten bis zu zehn Jahren bestimmt werden."

22 „§ 16. Wer zum Ungehorsam gegen die Gesetze oder Verordnungen oder gegen die Anordnungen der zuständigen Obrigkeit öffentlich auffordert oder anreizt, wird mit Geldbuße von zwanzig bis zweihundert Thalern oder mit Gefängnis von vier Wochen bis zu zwei Jahren bestraft".

23 Dazu: *Rohrßen*, a.a.O., Kap. 2 II 1.

24 Aktenstücke der Zweiten Kammer, 1849, S. 202 ff. Die Preßverordnung und die ebenfalls auf der Grundlage des Art. 105 erlassene Verordnung vom 29. Juni betreffend die Versammlungs- und Vereinigungsfreiheit waren mit gemeinsamen Motiven versehen.

Die der Zweiten Kammer am 22. August 1849[25] durch Innenminister *von Manteuffel* zur nachträglichen Genehmigung vorgelegte PreßVO wurde am gleichen Tag ohne Aussprache einer Kommission überwiesen, die unter dem 14. Februar 1850 schriftlich Bericht erstattette[26]. Im Prüfbericht bezeichnete die Kommission das gesetzgeberische Interesse, der von einer uneingeschränkten Pressefreiheit ausgehenden innenpolitischen Gefahr entgegenzutreten, als „gerechtfertigt und dringlich". §§ 13, 14 PreßVO wurden als „notwendig und mit den strafrechtlichen Grundsätzen übereinstimmend" beurteilt. Einziger Kritikpunkt war die Frage der Bestimmtheit der Formulierung „in Folge der Aufforderung oder Anreizung". Da sich die Kommission außer Stande sah, eine geeignetere Formulierung vorzuschlagen, blieb die Wortwahl letztlich jedoch ohne Beanstandung. Um auch die indirekte öffentliche Aufforderung zu erfassen, die „in der Wirkung zumindest ebenso gefährlich ist wie die direkte Aufforderung", wurde vorgeschlagen, § 16 PreßVO durch den Zusatz „Darstellen verbotener Handlungen als gerechtfertigt oder erlaubt" zu ergänzen. Diese Formulierung erschien der Kommission geeignet, um die strafbare indirekte Aufforderung von der „zulässigen und wünschenswerten Kritik" abzugrenzen.

Bei der Beratung der PreßVO in der Kommission fällt die recht oberflächliche Behandlung dieser Tatbestände auf. Die PreßVO war zwar nur als eine vorläufige Regelung gedacht und durch den bevorstehenden Abschluss der Revision des StGB und den Beratungen über den am 3. Januar 1851 eingebrachten Entwurf eines Pressegesetzes[27] mehr oder weniger obsolet, dennoch hätte die Erörterung einiger grundsätzlicher Fragen nahegelegen. So wurde bei der Beratung zu § 14 Abs. 1 PreßVO die Frage nach dem dogmatischen Ansatz und der Durchbrechung des Grundsatzes der Straflosigkeit bloßer Vorbereitungshandlungen nicht angesprochen. Dies hätte sich bei § 14 Abs. 1 PreßVO geradezu aufgedrängt, denn das Durchbrechen dieses Grundsatzes wurde in den Vorentwürfen zum PrStGB nur ausnahmsweise bei der als besonders gefährlich angesehenen öffentlichen Aufforderung zum Hochverrat als gerechtfertigt angesehen[28]. Es wurde auch nicht gewürdigt, dass die in § 13 PreßVO angedrohte Täterstrafe zur Folge hatte, dass die in den noch geltenden Strafgesetzen angedrohten, teilweise drakonischen Strafen zu verhängen

25 Sten.Ber. der zweiten Kammer 1849, S. 68.

26 Aktenstücke der Zweiten Kammer, 1850, Nr. 524.

27 Ausführlich m.w.N. *Rohrßen, a.a.O*, S. (24).

28 *Goltdammer*, Materialien, II, S. 48.

waren[29]. Zudem hätte es sich angeboten, die indirekte Aufforderung zu Verbrechen und Vergehen in §§ 13, 14 PreßVO einzuarbeiten, wo die öffentliche Aufforderung zu Straftaten geregelt war und nicht in § 16 PreßVO, der den Ungehorsam gegen Rechtssätze außerhalb der Strafgesetze sanktionierte.

2. *Das Preußische StGB von 1851*

Nach dem Entwurf von 1847[30] wurde den Kammern am 10. Dezember 1850[31] der endgültig letzte und mit Motiven[32] versehene Entwurf vorgelegt. Der Entwurf wurde durch den Justizminister den Kammern zugeleitet und dort jeweils einer Kommission überwiesen. Die Kommission der Zweiten Kammer erarbeitete Vorschläge und leitete diese der Kommission der Ersten Kammer zu, die dazu Stellung nehmen konnte[33]. Nachdem König Friedrich Wilhelm IV das Strafgesetzbuch am 14. April 1851 genehmigt hatte, trat das Preußische Strafgesetzbuch nach jahrzehnte andauernden Vorarbeiten am 1. Juli 1851 in Kraft[34].

a) Gesetzgebungsverfahren

Die öffentliche Aufforderung zur Begehung von Verbrechen oder Vergehen[35] war im Entwurf von 1850 als § 33 im AT bei den Teilnahmevorschriften eingestellt[36]. Danach war als Teilnehmer zu bestrafen, wer öffentlich zu einem Verbrechen oder Vergehen „auffordert, anreizt, verleitet oder zu bestimmen

---

29 In Preußen galten bis zum Inkrafttreten des PrStGB das Rheinische StGB, der Strafrechtstitel des ALR, das Badische StGB und Gemeines Recht. Diese Gesetze enthielten z.T. drakonische und bereits Mitte des 19. Jahrh. als unverhältnismäßig angesehene Strafandrohungen wie überlange Freiheitsstrafen, Todesstrafe für zahlreiche Delikte und Schärfungen des Vollzugs bei Freiheits- und Todesstrafen. So beklagte der Berichterstatter in der Eröffnungsrede zur Generaldebatte über das PrStGB die infolge unverhältnismäßiger Strafandrohungen erfolgten ungerechtfertigten Freisprüche und die inflationär häufige Korrektur überharter Urteilssprüche im Wege der Gnade (Verhandlungen der Zweiten Kammer, S. 2 f.).

30 *Banke*, Der erste Entwurf, S. 25 ff schreibt den dort abgedruckten und auf 1849 datierten Entwurf mit nachvollziehbaren Erwägungen der Preußischen Regierung zu. Ob dies zutrifft, kann dahinstehen, da der Entwurf nur zu den Akten genommen wurde.

31 Aktenstücke der Zweiten Kammer, 1850, Aktenstück Nr. 9.

32 Aktenstücke der Zweiten Kammer, 1850, Aktenstück Nr. 23.

33 *Felske*, Vereinigungen, S. 59 m.w.N.

34 PR.GS, 1851, S. 101 ff.

35 Übertretungen gem. § 1 PrStGB, also Delikte mit einem Strafrahmen von bis zu sechs Wochen oder 50 Thaler Geldbuße wurden nicht erfaßt.

36 Die in der Preßverordnung als besonders schwerer Fall ausgestaltete öffentliche Aufforderung zum Hochverrat war abgetrennt und wie in den Vorentwürfen als eigenständiges Vorbereitungsdelikt in den BT im Titel „Hochverrath und Landesverrath“ eingestellt.

sucht". Die erfolglos gebliebene Aufforderung war mit Gefängnis bis zu einem Jahr bedroht, sofern nicht in anderen Vorschriften – z.B. bei einer Aufforderung zum Hochverrat – eine höhere Strafe angedroht war[37].

In den Motiven wurde zu § 33 des Entwurfs ausgeführt, die öffentliche Aufforderung zu einem Verbrechen oder Vergehen sei als „besonderes Delikt"[38] unter Strafe zu stellen. Vergleichbar der Anstiftung einer bestimmten Person sei der Auffordernde als „intellektueller Urheber" zu betrachten, wenn infolge der Aufforderung zumindest ein Versuch begangen worden sei. Die Strafwürdigkeit auch der folgenlos gebliebenen öffentlichen Aufforderung wurde mit der sowohl aus rechtlichen als auch politischen Gründen notwendigen Sanktionierung der „öffentlich kundgegebenen Missachtung des Gesetzes" begründet[39], die erfolglose Aufforderung also nicht als besondere Form der Teilnahme betrachtet. Aus welchem Grund die in § 14 PreßVO enthaltene Bindung an den Höchststrafrahmen des zu begehenden Delikts in § 33 Abs. 2 des Entwurfs weggefallen ist, blieb in den Motiven unbegründet und von *Beseler*[40] zutreffend kritisiert. Da die Arbeiten zum Entwurf im Justizministerium nicht protokolliert wurden[41], kann die zugrundeliegende Motivation nicht nachvollzogen werden.

Die öffentliche Aufforderung zum Ungehorsam war als erster von neun[42] Tatbeständen als § 77 in den fünften Titel des BT „Widerstand gegen die Staatsgewalt" eingestellt. Mit Geldbuße oder Gefängnis war zu bestrafen, wer gegen „Gesetze, Verordnungen oder Anordnungen der Obrigkeit öffentlich

---

37 „§ 33. Wer durch Reden an öffentlichen Orten oder bei öffentlichen Zusammenkünften, oder durch Schriften, Abbildungen oder andere Darstellungen, welche verkauft, vertheilt oder umhergetragen, oder öffentlich ausgestellt oder angeschlagen werden, zu einer Handlung auffordert, anreizt, verleitet oder zu bestimmen sucht, welche ein Verbrechen oder Vergehen darstellt, soll als Theilnehmer betrachtet und bestraft werden, wenn die Aufforderung das Verbrechen oder Vergehen oder einen strafbaren Versuch zur Folge gehabt hat.

Ist die Aufforderung ohne Erfolg geblieben, so tritt Gefängnis bis zu Einem Jahr ein, sofern nicht bei einzelnen Verbrechen etwas Anderes bestimmt ist."

38 *Abegg* wies in seiner kritischen Besprechung des Entwurfs darauf hin, daß ein „besonderes Delikt" auch in den Besonderen Teil gehöre. Archiv des Criminalrechts, S. 33.

39 Aktenstücke der Zweiten Kammer, 1850, Aktenstück Nr. 9.

40 *Beseler*, Kommentar, S. 167.

41 *Felske*, Vereinigungen, S. 57.

42 Weitere in diesen Titel eingestellte Tatbestände waren die Anreizung zur Befehlsverweigerung, Widerstand gegen Vollstreckungsbeamte, Nötigung der Verwaltung, Aufruhr, Verwendung verbotener Fahnen und Zeichen, Gefangenenbefreiung und Widersetzlichkeit von Gefangenen.

auffordert oder anreizt oder Verbrechen oder Vergehen durch öffentliche Rechtfertigung als erlaubt darstellt[43]."

In den Motiven wurde auf die Ausführungen im Prüfbericht zur PreßVO Bezug genommen und die dortigen Ausführungen zur gesteigerten Gefährlichkeit der indirekten Aufforderung als zutreffend bezeichnet. Warum anders als in § 16 PreßVO auch Anordnungen der unzuständigen Obrigkeit in den Schutzbereich der Norm aufgenommen wurden, blieb unbegründet.

Zu § 33 des Entwurfs erhoben die Kommissionen beider Kammern keine Bedenken[44]. Zum Titel „Widerstand gegen die Staatsgewalt" bemerkte die Kommission der Zweiten Kammer einleitend, dass durch diese Tatbestände gegen die Wirksamkeit obrigkeitlichen Handelns gerichtete Hindernisse beseitigen sollten, wobei die Strafbarkeit mit § 77 des Entwurfs mit der öffentlichen Aufforderung oder Anreizung zu einem an sich straflosen Ungehorsam beginne[45]. Die in der Kommission geäußerte Ansicht, der Schutzbereich der Norm solle auf die „zuständige Obrigkeit" beschränkt werden, konnte sich nicht gegen die Auffassung, die Beschwerde sei der einzig zulässige Weg, den Befehlen der Obrigkeit entgegenzutreten[46]. Die Bedenken, die Formulierung „als erlaubt darstellt" ermögliche keine scharfe Grenzziehung zwischen zulässiger Kritik und strafwürdiger Lobrede, drangen jedoch durch und mündeten in dem Vorschlag, die beanstandete Formulierung durch die Worte „anpreist" zu ersetzen[47]. Die Kommission der Ersten Kammer schloss sich diesem Vorschlag an[48]. In der Generaldebatte der Zweiten Kammer in der 49. Sitzung am 27. März 1851 wurden beide Tatbestände in der Fassung des Kommissionsvorschlags genommen[49]. Die Erste Kammer erhob keine Einwände und die Tatbestände wurden als § 36 und § 87 in das PrStGB aufgenommen und lauteten:

> „§ 36. Wer durch Reden an öffentlichen Orten oder bei öffentlichen Zusammenkünften, oder durch Schriften, Abbildungen oder andere Darstellungen, welche

43 „§ 77. Wer zum Ungehorsam gegen die Gesetze oder Verordnungen oder gegen die Anordnungen der Obrigkeit öffentlich auffordert oder anreizt, oder wer Handlungen, welche in den Gesetzen als Verbrechen oder Vergehen bezeichnet sind, durch öffentliche Rechtfertigung als erlaubt darstellt, wird mit Geldbuße von zwanzig bis zu zweihundert Thalern oder mit Gefängniß von vier Wochen bis zu zwei Jahren bestraft."

44 Verhandlungen der Zweiten Kammer, S. 77, 453.

45 Verhandlungen, a.a.O. S. 95.

46 Verhandlungen, a.a.O. S. 98.

47 Verhandlungen, a.a.O. S. 96f.

48 Verhandlungen, a.a.O. S. 462.

49 Verhandlungen, a.a.O. S. 1ff, 31.

verkauft, vertheilt oder umhergetragen, oder öffentlich ausgestellt oder angeschlagen werden, zu einer Handlung auffordert, anreizt, verleitet oder zu bestimmen sucht, welche ein Verbrechen oder Vergehen darstellt, soll als Theilnehmer betrachtet und bestraft werden, wenn die Aufforderung das Verbrechen oder Vergehen oder einen strafbaren Versuch zur Folge gehabt hat.

Ist die Aufforderung ohne Erfolg geblieben, so tritt Gefängnis bis zu Einem Jahr ein, sofern nicht bei einzelnen Verbrechen etwas Anderes bestimmt ist."

„§ 87. Wer zum Ungehorsam gegen die Gesetze oder Verordnungen oder gegen die Anordnungen der Obrigkeit öffentlich auffordert oder anreizt, oder wer Handlungen, welche in den Gesetzen als Verbrechen oder Vergehen bezeichnet sind, durch öffentliche Rechtfertigung anpreist, wird mit Geldbuße von zwanzig bis zu zweihundert Thalern oder mit Gefängniß von vier Wochen bis zu zwei Jahren bestraft."

b) Dogmatische Probleme bei § 36 Abs. 2 PrStG

In der Kommentierung zu § 36 PrStGB sind erhebliche Schwierigkeiten bei der dogmatischen Einordnung des § 36 Satz 2 zu erkennen.

Berner[50] führte zunächst aus, die Strafbarkeit bloßer Vorbereitungshandlungen sei im Falle schwerwiegender Straftaten, z.B. beim Hochverrat und bei Kapitaldelikten vertretbar, im übrigen habe der Gesetzgeber jedoch an dem Grundsatz der Straflosigkeit festgehalten. Wenige Seiten weiter äußerte er allerdings, der Grundsatz der Straflosigkeit der erfolglosen Anstiftung sei auch durch § 36 Satz 2 PrStGB durchbrochen worden[51]. *Goltdammer*[52] vertrat den Standpunkt, mit Ausnahme der öffentlichen Aufforderung zum Hochverrat gem. § 65 PrStGB seien bloße Vorbereitungshandlungen straflos[53] und § 36 PrStGB von § 65 PrStGB „juristisch durchaus verschieden" ohne jedoch nachvollziehbar zu erläutern, worin der Unterschied konkret zu sehen sei. *Abegg*[54] führte in seiner Kritik zum Vorentwurf von 1850 aus, dass zwar die erfolgreiche öffentliche Aufforderung, nicht jedoch die erfolglose Aufforderung als Form der „intellektuellen Urheberschaft" anzusehen sei und schlug vor, den in den Motiven als „besonderes Delikt" bezeichneten § 33 Satz 2 des Entwurfs dann auch folgerichtig in den BT einzustellen. *Beseler*[55] bezeichnete die erfolgreiche öffentliche Aufforderung zu Verbrechen und Vergehen als Form der Teilnah-

50 *Berner*, Grundsätze, S. 2 f.

51 *Berner* a.a.O. S. 19.

52 *Goltdammer*, a.a.O. II. S. 48.

53 § 65 PrStGB erfasste die erfolglos gebliebene öffentliche Aufforderung zur Begehung einer unmittelbar hochverräterischen Handlung.

54 *Abegg*, a.a.O. S. 33 f.

55 *Beseler*, a.a.O., S. 166 f.

me und die erfolglos geblieben in § 36 Satz 2 PrStGB als strafbare Vorbereitungshandlung.

Ein Vergleich beider Tatbestände führt auch zu dem Ergebnis, dass weitere Ungereimtheiten vorliegen. § 36 PrStGB bedrohte im AT die erfolglose öffentliche Aufforderung zu Verbrechen und Vergehen mit Gefängnis bis zu einem Jahr, wobei die Strafe den Strafrahmen der zu begehenden Tat nicht übersteigen durfte. Übertretungen, also mit einem Strafrahmen von Geldstrafe bis zu fünfzig Talern oder Haft bedrohte Straftaten wurden von § 36 PrStGB nicht erfasst. Die Aufforderung zur Begehung einer Übertretung war als „Ungehorsam gegen Gesetze" zu bestrafen und zwar entsprechend dem Strafrahmen von § 87 PrStGB mit Geldbuße von zwanzig bis zu zweihundert Talern oder Gefängnis von vier Wochen bis zu zwei Jahren. Gleiches galt für die in § 87 PrStGB geregelte indirekte Aufforderung zu Verbrechen oder Vergehen durch „Anpreisens durch Rechtfertigung", für die ebenfalls nicht der Strafrahmen des § 36 PrStGB sondern der des § 87 PrStGB galt, also auch die erhöhte Mindestfreiheitsstrafe ohne Bindung an den Strafrahmen des zu begehenden Delikts. Die erfolgreiche indirekte Aufforderung zu Verbrechen und Vergehen, die im Prüfbericht zur PreßVO als mindestens ebenso gefährlich wie die direkte Aufforderung bezeichnet wurde, war jedoch nicht wie die erfolgreiche direkte Aufforderung gem. § 36 Abs. 1 PrStGB mit der Täterstrafe bedroht, sondern konnte gem. § 87 PrStGB nur mit zwei Jahren Gefängnis bestraft werden. Es fällt auch auf, dass bei § 36 PrStGB differenziert wurde, ob die Aufforderung Erfolg hatte oder nicht, bei § 87 PrStGB eine solche Unterscheidung aber nicht vorgenommen wurde. In der Kommentierung wurde auf diese Problematik nicht eingegangen.

c) Tatbestandsvoraussetzungen

Bei einem Vergleich beider Tatbestände fällt auf, dass bei der öffentlichen Aufforderung zu Straftaten, zum Hochverrat und zum Ungehorsam gegen Gesetze keine einheitliche Sprachfassung verwendet wurde.

Während § 36 PrStGB „Reden an öffentlichen Orten oder Versammlungen, und das verkaufen, verteilen, umhertragen, öffentlich ausgestellten oder angeschlagen von Schriften, Abbildungen und anderen Darstellungen" nannte, beschränkte sich § 87 PrStGB auf die „öffentliche Aufforderung oder Anreizung" und die öffentliche Aufforderung zum Hochverrat kam in § 65 PrStGB mit der „öffentlich durch Rede oder Schrift" erfolgte Aufforderung aus.

Goltdammer erklärte die unterschiedliche Wortwahl mit der nahezu wortwörtlichen Anlehnung der Tatbestände an die französischen Vorbilder[56] und führte aus, der Begriff „öffentlich“ sei in allen genannten Tatbeständen identisch auszulegen[57]. Soweit *Beseler* monierte, eine Anstiftung durch „bloße Abbildungen“ sei nur schwer vorstellbar[58] ist anzumerken, dass während der Revolution 1848/1849 Karikaturen und Zeichnungen von Aufständen, Barrikadenkämpfen und Hinrichtungen verbreitet wurden, die durchaus als geeignet waren, den Volkszorn anzuheizen[59].

Da § 36 PrStGB wie die Anstiftung voraussetzte, dass zur Begehung eines bestimmten, also mindestens *in genere*[60] bezeichneten Verbrechen oder Vergehen aufgefordert wurde, war die Aufforderung zur Begehung eines nicht näher bezeichneten Verbrechens oder Vergehens oder einer von § 36 PrStGB nicht erfassten Übertretung[61] nach § 87 PrStGB zu ahnden[62]. Gem. § 87 PrStGB war allerdings auch die „Anpreisung durch Rechtfertigung“ von Verbrechen und Vergehen strafbar. Für die erfolglos gebliebene öffentliche Aufforderung zu einer unmittelbar hochverräterischen Handlung [63] sah § 65 PrStGB einen deutlich höheren Strafrahmen vor als § 36 Satz 2 PrStGB[64].

---

56 *Goltdammer*, a.a.O. Theil II, S. 49. So auch *Beseler*, a.a.O. S. 166 f.

57 Goltdammer, a.a.O. Teil II, S. 111.

58 *Beseler*, a.a.O. S. 166.

59 Während der Revolution 1848/1849 beschränkten sich Presse und Flugblätter nicht lediglich auf schriftliche Veröffentlichungen sondern setzten auch auf heroisierende bildliche Darstellungen. Insofern sei auch an dieser Stelle auf die Sondersammlung im Institut für Zeitungsforschung in Dortmund verwiesen, die neben Zeitungsartikel und Broschüren auch ca. 2000 Eindruckblatte mit u.a. Karrikaturen aufweist.

60 Aktenstücke der Zweiten Kammer, 1850, Aktenstück Nr. 9.

61 Das PrStGB wie auch nachfolgende Kodifikationen unterschieden zwischen Verbrechen, Vergehen und Übertretungen (im PrStGB waren dies gem. § 1 Abs. 3 Taten, die mit Gefängnis bis zu sechs Wochen oder mit Geldbuße bis zu fünfzig Taler bedroht waren). Erst durch den Erlaß des OWiG vom 24. Mai 1968 wurden Übertretungen aus des StGB herausgenommen und sind als Ordnungswidrigkeiten zu ahnden.

62 *Goltdammer*, a.a.O. I, S. 336, II. S. 112.

63 *Goltdammer*, a.a.O. II. S. 47 hat an einem Beispiel plastisch erläutert, welche Handlungen von §§ 56, 66 erfaßt wurden: Die Aufforderung, die Residenz anzugreifen, unterfalle als Aufforderung zu einer unmittelbar hochverräterischen Handlung dem § 65 PrStGB während die Aufforderung, erst einmal Waffen herbeizuschaffen als „sonstige Vorbeitungshandlung“ gem. § 66 PrStGB zu bestrafen sei.

64 Der Regelstrafrahmen des § 65 PrStGB lautete von zwei- bis zu zehn Jahren Zuchthaus, bei minder schweren Fällen war auf Einschließung von gleicher Dauer zu erkennen. In § 66 PrStGB war die öffentliche Aufforderung zur Vorbereitung einer hochverräterischen Handlung als eine denkbare Form der „jeder anderen vorbereitenden Handlung“

Zu § 87 PrStGB wurde seinerzeit noch übereinstimmend die Auffassung vertreten, dass der Schutzbereich des „Gehorsams gegen Gesetze" nur öffentlich-rechtliche, nicht jedoch privatrechtlich geregelte Pflichten[65] erfasse, so dass die öffentliche Aufforderung zum Streik, also zur Verletzung arbeitsrechtlicher Pflichten, straflos blieb. Dies änderte sich allerdings mit der höchstrichterlichen Rechtsprechung zum StGB für das Deutsche Reich, wie an späterer Stelle noch darzustellen ist.

II. Außerpreußisches Partikularrecht

Wie in Preußen sahen auch die außerpreußischen Gesetzgeber nach den Ereignissen 1848/1849 veranlasst, die Strafbarkeit öffentlicher Aufforderungen nicht länger auf die Aufforderung zum Hochverrat und / oder Aufruhr zu beschränken. Dabei wurden unterschiedliche Ansätze verfolgt.

Österreich und Bayern beschritten wie Preußen zunächst den Weg der Spezialgesetzgebung und erließen Preßgesetze mit entsprechenden Straftatbeständen, die später in die Strafgesetzbücher überführt wurden. In Österreich löste das Gesetz gegen den Missbrauch der Presse vom 13. März 1849 ein provisorisches Gesetz vom 18. Mai 1848 ab[66] und sah in § 22[67] für die öffentliche Aufforderung zu Straftaten die Täterstrafe vor. In § 26[68] war für die öffentliche Aufforderung zum Ungehorsam Kerker bis zu zwei Jahren angedroht. Das Strafgesetzbuch vom 27. Mai 1872 stellte neben der ebenfalls bereits im Preßgesetz in § 23 geregelten öffentlichen Aufforderung zum Hochverrat in § 65 das Verbrechen der Störung der öffentlichen Ruhe unter Strafe und bedrohte mit schwerem Kerker von einem bis zu fünf Jahren, wer „zum Ungehorsam, zur Auflehnung oder Widerstand gegen Gesetz, Verordnungen,

---

mit Zuchthaus bis zu fünf Jahren und bei vorliegen mildernder Umstände mit Einschließung von einem bis zu fünf Jahren zu ahnden.

65 *Goltdammer*, a.a.O. II, S. 112, So z.B. auch in einer frühen Publikation zum StGB für den Nordeutschen Bund: *Schwarze*, Strafgesetzbuch, S. 318.

66 *Koppel*, Österreichische Strafgesetze, S. 72; Abdruck der Tatbestände: S. 85 ff.

67 „§ 22. Wer sich durch Druckschriften einer in den bestehenden allgemeinen Strafgesetzen für strafbar erklärte Handlung schuldig macht, verfällt in die durch diese Gesetze bestimmte Handlung, insoweit nicht durch das gegenwärtige Patent etwas anderes verfügt ist."

68 „§ 26. Wer durch Druckschriften entweder
andere zum Ungehorsam, zur Auflehnung oder zum Widerstande gegen Gesetze, Verordnungen, Erlässe der Gerichte, Verfügungen der öffentlichen Behörden oder wider die zu deren Vollziehung berufenen Organe oder
[...] mit Kerker bis zu zwei Jahren bestraft."

Gerichtsentscheidungen oder zur Steuerverweigerung auffordert, anleitet oder zu verleiten sucht[69]."

In Bayern wurden zunächst im Preßgesetz vom 17. März 1850 der preußischen PreßVO nahezu wortgleich nachgebildete Tatbestände eingestellt, die in das Strafgesetzbuch von 1861 überführt wurden[70].

Auch die einschlägigen Tatbestände im Strafgesetzbuch für das Großherzogtum Oldenburg vom 3. Juli 1865 wiesen deutliche Ähnlichkeit mit den Regelungen im PrStGB auf. Anders als in § 36 PrStGB war die in Art. 32 im AT geregelte öffentliche Aufforderung zu Straftaten auf die erfolglos gebliebene Aufforderung beschränkt und mit Gefängnis bis zu einem Jahr oder Geldstrafe bedroht, während der erfolgreich Auffordernde als **intellektueller Urheber** unmittelbar als Teilnehmer zu behandeln war[71]. Die öffentliche Aufforderung zum Ungehorsam in Art. 83 war ebenfalls nahezu wortgleich mit § 87 PrStGB, wobei die Abgrenzung der Verherrlichung von Straftaten zur zulässigen Kritik[72] jedoch durch den Begriff „anpreisen" statt der preußischen Formulierung „als erlaubt darstellt", erfolgte.

Im Großherzogtum Mecklenburg-Schwerin wurde der Bundesbeschluss vom 6. Juli 1854 durch die Preßverordnung vom 4. März 1856[73] umgesetzt. Titel I regelte preßpolizeiliche, also verwaltungsrechtliche Bestimmungen und Titel II die durch den „Missbrauch der Presse verübten Verbrechen". Nach den Regeln

---

69 „§ 65. wer [...] b) zum Ungehorsam, zur Auflehnung oder zum Widerstande gegen Gesetze, Verordnungen oder zum Widerstande gegen Gesetze, Verordnungen, Erkenntnisse oder Verfügungen der Gerichte oder anderer öffentlicher Behörden, oder zur Verweigerung von Steuern oder für öffentliche Zwecke angeordnete Abgaben auffordert, anleitet oder zu verleiten sucht."

70 Die Tatbestände lauteten:
Im AT: „Art. 57. Wer öffentlich vor einer Menschenmenge oder mittels eines Preßerzeugnisses zur Vreübung einer strafbaren Tat aufgefordert hat, ist, wenn die Aufforderung die Vollendung oder einen strafbaren Versuch zur Folge hatte, als Theilnehmer nach Art. 54 Zif. 1 zu bestrafen. Ist ein Erfolg nicht eingetreten, so soll die auf ein Verbrechen gerichtete Aufforderung mit Gefängnis bis zu einem Jahr womit Geldstrafe bis zu 400 Gulden verbunden werden kann, die auf ein Vergehen gerichtete mit Gefängnis bis zu sechs Monaten, womit Geldstrafe bis zu 400 Gulden berbunden werden kann, bestraft werden."
Im BT: „Art. 135. Wer öffentlich vor einer Menschenmenge oder mittels eines Preßerzeugnisses zum Ungehorsam gegen Gesetze oder Verordnungen oder gegen Beschlüsse oder Verfügungen der zuständigen Obrigkeit auffordert, kann mit Gefängnis bis zu einem Jahr oder Geldstrafe bis zu 300 Gulden bestraft werden."

71 *Runde*, Strafgesetzbuch, Anm. zu Art. 32.

72 *Runde*, a.a.O. Anm. zu Art. 83.

73 Verordnung zum Schutz wider den Mißbrauch der Presse vom 4. März 1856.

des Allgemeinen Strafrechts war gem. § 11[74] als Miturheber zu bestrafen und zusätzlich mit einer Geldbuße zu belegen, wer in einer Druckschrift zur Begehung eines Verbrechens aufforderte, das mindestens in das Versuchsstadium gelangt war. Für die erfolglos gebliebene Aufforderung war Gefängnis von acht Tagen bis zu einem Jahr und Geldstrafe bis zu 500 Talern angedroht. Für die erfolglose Aufforderung zur Begehung besonders schwerer Straftaten waren Mindestfreiheitsstrafen von einem Monat bis zu sechs Monaten zu verhängen, wobei sich der jeweilige Mindeststrafrahmen an der Schwere der Anlasstat orientierte.

In der Freien Hansestadt Lübeck vom 24. August 1863 war in § 67[75] StGB die öffentliche Aufforderung und Anreizung zum Ungehorsam gegen Gesetze, Verordnungen und Anordnungen und die Anpreisung von Verbrechen, Vergehen und von Befehlsverweigerung unter Strafe gestellt und mit Gefängnis bis

---

74 § 11 lautete:
„Wer in einer Druckschrift zur Begehung eines Verbrechens auffordert, anreizt oder anleitet, soll, wenn die That wirklich verübt oder ein Versuch zur Verübung gemacht wurde, als Miturheber bestraft und zugleich mit einer Geldbuße von 25 bis 1000 Rthlr. belegt werden. Ist die Aufforderung, Anreizung oder Verleitung ohne Erfolg geblieben, so ist, insofern die Aufforderung selbst nicht als criminell strafbarer Versuch des Verbrechens anzusehen ist, auf Gefängnißstrafe von acht Tagen bis zu einem Jahre und auf Geldstrafe von 15 bis 500 Rthln. zu erkennen.
Insbesondere beträgt das Minimum der Strafe:
a. bei Aufforderung, Anreizung oder Lerleitung zum Hoch- und Landesverrath sechs Monate Gefängniß und 250 Rthlr. Geldbuße;
b. bei Aufforderung, Anreizung oder Verleitung zum Aufruhr, zum Treuebruch oder Ungehorsam der Militair-Personen und Beamten drei Monate Gefängniß und 150 Rthlr. Geldbuße;
c. bei Aufforderung, Anreizung oder Verleitung zu Widersetzlichkeit oder zum gewaltsamen Widerstand gegen die Obrigkeit, zu Gewaltthätigkeiten, zu ungesetzlichen Versammlungen oder Zusammenrottungen, zu ungesetzlicher Bewaffnung zwei Monate Gefängniß und 100 Rthlr. Geldbuße;
c) die Aufforderung, Anreizung oder Verleitung zum Ungehorsam gegen die Gesetze und Anordnungen der Obrigkeit, zur Verweigerung der Zahlung von Steuern, zu verbotenen Geldsammlungen ein Monat Gefängniß und 50 Rthln. Strafe.“

75 § 67 lautete:
„Wer zum Ungehorsam gegen die Gesetze oder Verordnungen oder gegen die Anordnungen der Obrigkeit öffentlich auffordert oder anreizt, oder wer Handlungen, welche in den Gesetzen als Verbrechen oder Vergehen bezeichnet sind, durch öffentliche Rechtfertigung anpreiset, wird mit Geldbuße bis zu sechshundert Mark oder mit Gefängnis bis zu einem Jahre bestraft.
Gleiche Strafe trifft den, der ein Mitglied der bewaffeten Macht auffordert oder anreizt, dem Befehle seiner Vorgestzten nicht Gehorsam zu leisten.
Ist die Aufforderung, Anreizung oder Rechtfertigung durch die Presse geschehen, so kommen die Bestimmungen des hiesigen Gesetzes zur Verhinderung des Mißbrauches der Presse zur Anwendung.“.

zu einem Jahr oder Geldbuße bis zu sechshundert Mark bedroht. Wenn die Tat mittels der Presse begangen wurde, war das Gesetz zur Verhinderung des Missbrauchs der Presse anzuwenden.

Der Entwurf des Strafgesetzbuchs für Bremen von 1861 wies zwar bei der in § 97 des Entwurfs geregelten öffentlichen Aufforderung zur Begehung von Straftaten deutliche Ähnlichkeit mit § 36 PrStGB auf[76], die in Art. 163, 164 StGB geregelte öffentliche Aufforderung zum Ungehorsam ging jedoch weiter als § 87 PrStGB und sah auch die Bestrafung einer öffentlichen Aufforderung zur Steuerverweigerung und die an Beamte und Soldaten gerichtete öffentliche Aufforderung zum Ungehorsam gegen Vorgesetzte und Befehlsverweigerung vor.

Das Strafgesetzbuch für das Königreich Sachsen vom 13. August 1855 unterschied nicht zwischen der Aufforderung zur Begehung von Straftaten und zum Ungehorsam, sondern verstand unter Gesetzen auch allgemein Strafgesetze[77]. Ähnlich wie im Bremer Entwurf war nicht nur die Aufforderung zum Ungehorsam, sondern auch die zur Steuerverweigerung und die an in öffentlichen Pflichten stehenden Personen gerichtete Aufforderung zur Pflichtverletzung mit Gefängnis bis zu einem Jahr bedroht. Die darüber hinausgehende Sanktionierung der Aufforderung zur Arbeitsniederlegung wurde allerdings in Art. 125 des Revidierten StGB vom 1. Oktober 1868 wieder gestrichen. Dafür wurde im Revidierten StGB in Art. 127 auch die öffentliche Herabsetzung der Ehe, Familie, des Eigentums und der Staatsverfassung sowie die Darstellung gesetzlich verbotener Handlungen als „ehrenvoll oder verdienlich" und des Täters als „lobenswert" strafbar. Durch die Definition des Begriffs der „öffentlichen Mitteilung" in Art. 125 wurde klargestellt, dass jede nicht ausschließlich vertrauliche und private Äußerung erfasst wurde[78].

---

76 Für den Fall des Erfolgs, also wenn die Tat mindestens in das Versuchsstadium gelangt war, waren die allgemeinen Teilnahmeregeln anzuwenden, bei Erfolglosigkeit war Gefängnis bis zu zwei Jahren sowie in beiden Fällen kumulativ bei einer Verurteilung zu einer Freiheitsstrafe eine Geldstrafe zu verhängen.

77 Dies ergibt aus einem Rückschluß aus Art. 126, der einen erhöhten Strafrahmen von zwei Jahren vorsah, wenn die Aufforderung unter anderem auf die Begehung einer *„tätlichen Widersetzlichkeit oder Zerstörung von Sachen oder Mißhandlung von Personen"*, also unzweifelhaft Straftaten, gerichtet war.

78 Art. 125 [...] Eine Mitteilung ist für eine öffentliche zu achten, wenn sie nicht an einzelne, durch geschäftliche, häusliche oder freundschaftliche Verhältnisse verbundene Personen gerichtet ist, und sich nicht mit Rücksicht auf diese Verhältnisse, sowie auf Ort, Zeit und Art und Weise der Mitteilung, als eine vertrauliche und private darstellt. [...].

Deutlich zurückhaltend war die Strafbarkeit der öffentlichen Aufforderung im Thüring'schen Strafgesetzbuch von 1850 geregelt, das nur die öffentliche Aufforderung zur Steuerverweigerung mit Gefängnis bis zu sechs Monaten und die öffentliche Aufforderung zu tätlicher Widersetzlichkeit in Art. 105 StGB mit einem Strafrahmen von bis zu zwei Jahren, bei erfolglos gebliebener Aufforderung mit bis zu vier Monaten, bedrohte. Art. 108 StGB sah für die erfolgreiche und erfolglose Verabredung zum Ungehorsam gegen gesetzliche und rechtmäßige obrigkeitliche Anordnungen einen Strafrahmen von Gefängnis von vier Wochen bis zu vier Monaten vor.

Ein interessanter Ansatz wurde im Einführungsgesetz zum Strafgesetzbuch für das Großherzogtum Baden vom 1. März 1851 gewählt. §§ 630, 631 des Strafgesetzbuchs vom 6. März 1845, die nur die öffentliche Aufforderung zum *Aufruhr, zur gemeinsamen Widersetzlichkeit und zu Gewalttätigkeiten gegen die Obrigkeit* unter Strafe stellten, wurden im Einführungsgesetz vom 1. März 1851 aufgehoben und durch §§ 630 bis 631d StGB ersetzt. § 630 StGB regelte die öffentliche Aufforderung zum Hochverrat und definierte den Begriff der öffentlichen Aufforderung als *Anschläge an öffentlichen Orten, durch Verbreitung vervielfältigter Schriften, Bildwerke und dergleichen, durch öffentliche Reden oder durch andere öffentliche Handlungen.* In den nachfolgenden §§ 631 bis 631d StGB waren die *auf demselben Wege* begangenen Aufforderungen sanktioniert, wobei der Strafrahmen jeweils nach der Schwere der Tat abgestuft war. Neben Angriffen gegen die Unverletzlichkeit des Eigentums und der Familie, der Gebote der Sittlichkeit, Volksverhetzung, Erregung von Unzufriedenheit mit öffentlichen Behörden durch wahrheitswidrige Behauptungen, Gefährdung öffentlicher Ruhe und Sicherheit durch Verbreitung unwahrer Tatsachen und der Verleitung von Militärpersonen zum Ungehorsam war in § 631c StGB[79] die öffentliche Aufforderung zur Begehung von Straftaten und zum Ungehorsam mit Gefängnis von vier Wochen bis zu sechs Monaten, im Falle der Aufforderung zu einem Verbrechen mit bis zu einem Jahr Arbeitshaus bedroht. Darüber hinaus war auch die Verherrlichung von Straf-

79 § 631c lautete: „Wer auf demselben Wege zur Begehung einer strafbaren Handlung oder zum Ungehorsam gegen Gesetze, Verfügungen und Anordnungen der zuständigen öffentlichen Behörden oder gegen die zu ihrer Vollziehung berufenen Organe auffordert, oder ein Verbrechen als verdienstliche Handlung darstellt, wer ingleichen Feierlichkeiten zu Verbrechen oder deren Urheber, oder Sammlungen von Beiträgen, um die wegen eines Verbrechens Angeschuldigten oder Verurteilten für die hieraus erwachsenden Kosten und andere Nachteile zu entschädigen, veranstaltet oder angekündigt, wird mit Gefängnis von vier Wochen bis zu sechs Monaten bestraft.
Bei der Aufforderung zu Verbrechen kann die Strafe bis zu einem Jahr Arbeitshaus ansteigen, vorbehaltlich noch höherer Strafe kommen wo das Gesetz eine solche besonders androht".

taten durch das Darstellen als *verdienlich* an dieser Stelle ebenfalls unter Strafe gestellt und auch die Veranstaltung von Feierlichkeiten zu *Verbrechen und deren Urhebern* und das Sammeln von Geld zugunsten Verurteilter und Angeschuldigter zum Zwecke des Ausgleichs entstandener Kosten und anderer Nachteile.

C) Résumé

Die Ausdehnung, welche die Strafbarkeit der öffentlichen Aufforderung in den nach 1848 erlassenen Strafgesetzbüchern und Pressegesetzen erfuhr, war Konsequenz der 1848/1849 erkämpften bürgerlichen Freiheitsrechte. In Anlehnung an französische Vorbilder wurde in vielen deutschen Partikularstaaten die Freiheit der Meinungsäußerung wieder eingeschränkt und an die Öffentlichkeit gerichtete Aufrufe mit teils erheblichen Strafen bedroht.

Allerdings regte sich bereits früh auch Widerstand gegen bürokratische Hemmnisse in den Preßgesetzen und die Strafbarkeit bestimmter Meinungsäußerungen. Der sich selbst als Gegner des *demokratischen Unsinns* bezeichnende Verleger und Buchhändler *Fromann* warnte bereits 1851 vor überzogener Gesetzgebung und fasste im Vorwort seines Buches über die Preßgesetzgebung seine Bedenken plakativ mit den Worten zusammen: *Zwei Dämonen sind zu bekämpfen: Dummheit und Bosheit, aber an den Quellen ihrer Macht. Ihre einzelnen Kundgebungen zu verhindern, kann nicht gelingen und müsste, wenn es gelänge, die Gefahr verdoppeln. Wer will einen unsichtbaren Feind besiegen?* Zugleich wies er durchaus zutreffend darauf hin, dass Missstände nicht durch *willkürliches und launenhaftes Einschreiten gegen missliebige Regungen und Äußerungen* zu beseitigen seien und dass *eine Regierung, die die Presse fürchten müsse gut daran täte, dies als Zeichen eigener Schwäche und Indiz für Missstände aufzufassen*[80].

Insbesondere bei Betrachtung der §§ 36, 87 PrStGB fällt auf, dass diese Tatbestände weder im Gesetzgebungsverfahren noch in der damit befassten Literatur kritisch gewürdigt, sondern die Notwendigkeit dieser Tatbstände einhellig anerkannt wurde. Weder die Durchbrechung des Grundsatzes der Straflosigkeit bloßer Vorbereitungshandlungen noch die Aufgabe des Grundsatzes der Akzessorietät in § 36 Satz 2 PrStGB war Gegenstand der Diskussion, sondern in Preußen wie auch zahlreichen anderen Bundesstaaten überwog offenbar die Angst vor missliebigen, wenn nicht gar aufrührerischen politi-

80 *Fromann*, Preßgesetzgebung, S. 1 ff.

schen Äußerungen, denen im Wege des Strafrechts Einhalt geboten werden sollte.

Wie die in § 100 PrStGB geregelte Anreizung zum Klassenkampf mit der Nachfolgevorschrift der Volksverhetzung[81] wurden die Straftatbestände aus einer Notverordnung in das PrStGB und nachfolgende Kodifikationen bis hin zur Strafgesetzgebung der Bundesrepublik Deutschland übernommen.

81 *Rohrßen*, a.a.O. S. 12 f.

ZWEITER TEIL:
ENTWICKLUNG SEIT 1870

Drittes Kapitel: Reichsstrafgesetzbuch als Ausgangspunkt

A) Erster Entwurf (Juli 1969)

Die Gesetzgebungskompetenz zum Erlaß eines einheitlichen Strafgesetzbuchs wurde auf Antrag von *Lasker* und gegen den Widerstand des Sächsischen Generalstaatsanwalt *Schwarze*[1], der sich wegen grundsätzlicher Bedenken jedenfalls zum gegenwärtigen Zeitpunkt gegen eine Gesetzgebungskompetenz des Bundes aussprach, in den Kompetenzenkatalog des Art. 4 der Verfassung[2] des Norddeutschen Bundes[3] aufgenommen. Dem Antrag *Wagner* und *Planck*[4] folgend, wurde der Bundeskanzler aufgefordert, alsbald den Entwurf eines gemeinsamen Strafgesetzbuchs vorzulegen[5]. Nachdem auch der Justizausschuss die besondere Dringlichkeit bejaht hatte, beauftragte Reichskanzler *Bismarck* am 17. Juni 1868 den Preußischen Justizminister *Leonhardt* mit der Ausarbeitung eines Entwurfs. Dieser nahm den Auftrag am 8. Juli 1868 an und gab ihn an den vortragenden Rat im preußischen Justizministerium, *Friedberg*, weiter. Als Hilfsarbeiter wurden *Friedberg* die preußischen Richter *Rubo* und *Rüdorff* zur Seite gestellt[6].

Zur Vorbereitung wurde eine Sammlung des gesamten, in den Bundesstaaten geltenden Strafrechts[7] erstellt und bis Juli 1869 in 139 Sitzungen ein eng an das PrStGB angelehnten[8] Entwurf nebst Motiven erarbeitet[9].

---

1 Sten.Ber.Rt 1867, S. 234.

2 BGBl.NdB, 1867, S. 2.

3 Der Norddeutsche Bund bestand aus Preußen (mit Hannover, Kurhessen, Holstein, Nassau und Frankfurt), Lauenburg, Sachsen, Mecklenburg-Schwerin, Sachsen-Weimar, Mecklenburg-Strelitz, Oldenburg, Braunschweig, Sachsen-Meiningen, Sachsen-Altenburg, Sachsen-Coburg, Gotha, Anhalt, Schwarzburg-Rudolstadt, Schwarzburg-Sondershausen, Waldeck, Reuß älterer und Reuß jüngerer Linie, Schaumburg-Lippe, Lippe, Lübeck, Bremen, Hamburg und den nördlich des Main gelegenen Teilen des Großherzogtums Hessen.

4 Sten.Ber.Rt. 1868, S. 27.

5 Hierzu ausführlich m.w.N. *Schubert*, Entstehung des Strafgesetzbuchs, 1, S. XIII ff. *Ders*., Rechtsseinheit, a.a.O. S. 151 ff.

6 *Schuber / Vormbaum*, Protokolle, S. XV.

7 *Rubo*, Commentar, S. 14.

8 Der Norddeutsche Bund wurde deutlich von Preußen dominiert, dem im Bundesrat 17 Stimmen zukamen. Sachsen hatte 4, Mecklenburg-Schwerin und Braunschweig jeweils 2 und alle anderen Bundesstaaten nur 1 Stimme. Das Präsidium des Bundes sowie die Vertretungsbefugnis nach außen stand der Preußischen Krone zu. In den Motiven wurde ausgeführt, daß die Erarbeitung eines von den bestehenden Strafgesetzgebungen unabhängigen Entwurfs zwar erwogen, jedoch zugunsten der Überarbeitung eines be-

I. § 42 des Entwurfs (§ 36 PrStGB)

§ 42 des Entwurfs[10] entsprach inhaltlich und sprachlich weitgehend 36 PrStGB. Als Teilnehmer sollte bestraft werden, wer öffentlich zur Begehung von Verbrechen und Vergehen direkt oder indirekt aufforderte und die Tat mindestens in das Versuchsstadium gelangt war. Für die erfolglos gebliebene Aufforderung betrug der Strafrahmen Gefängnis bis zu einem Jahr. Gestrichen wurde die Subsidiaritätsklausel des § 36 PrStGB *sofern nicht bei einzelnen Verbrechen etwas Anderes bestimmt ist.* Auch § 42 des Entwurfs war als *besonderer Fall der Anstiftung mit Rücksicht auf das gewählte Mittel*[11] im AT im Abschnitt „Teilnahme" eingestellt, wobei auch die erfolglose öffentliche Aufforderung wegen der *Gefährlichkeit der Mittel und der offen an den Tag gelegten Missachtung des Gesetzes*[12] als unbedingt strafwürdig angesehen wurde. In den Motiven wurde darauf hingewiesen, dass eine Definition des Begriffes „öffentlich" zwar erwogen, letztlich jedoch verworfen wurde, weil die Feststellung des Tatbestandsmerkmals *Öffentlichkeit* der Einzelfallentscheidung des Tatrichters zu überlassen werden sollte[13] Gem. § 42 des Entwurfs sollte die erfolgreiche *öffentlich vor einer Menschenmenge oder die Schriften etc. verübte Aufforderung, Anreizung, oder das Bestimmen zu einem Verbrechen oder Vergehen* mit der Täterstrafe und die erfolglose Aufforderung mit Haft- oder Geldstrafe bestraft werden. Die Strafe für eine erfolglose Aufforderung durfte das Strafmaß der zu begehenden Tat nicht überschreiten.

---

reits vorhandenen Gesetzes, namentlich des PrStGB als das geeignetste, verworfen wurde (Motive, abgedruckt in: Schubert / Regge, a.a.O. S. 121 f). An dieser Vorgehensweise und insbesondere der weitgehenden Vernachlässigung des außerpreußischen Partikularstrafrechts wurde außerhalb Preußens deutliche Kritik geäußert (z. vergl. m.w.N: *Schubert*, Rechtseinheit, S. 157).

9 *Rubo*, a.a.O. S. 23.

10 „§ 42 (1) Wer öffentlich vor einer Menschenmenge, oder wer durch Schriften, oder andere Darstellungen, welche verbreitet, oder öffentlich ausgestellt oder angeschlagen werden, zur Verübung eines Verbrechens auffordert, anreizt, verleitet oder zu bestimmen sucht, soll als Anstifter bestraft werden, wenn die Aufforderung das Verbrechen oder Vergehen, oder einen strafbaren Versuch zur Folge gehabt hat.
(2) Ist die Aufforderung ohne Erfolg geblieben, so tritt Geldbuße bis zu zwei Hundert Thalern oder Gefängniß bis zu einem Jahre ein. Die Strafe darf jedoch, der Art oder dem Maaße nach, keine schwerere sein, als die auf die That selbst angedrohte."

11 *Schubert / Regge*, Quellen, S. 214.

12 Quellen, a.a.O. S. 215.

13 Quellen, a.a.O. S. 215.

In der Literatur[14] wurden mehrere Änderungswünsche zu § 42 des Entwurfs geäußert. So wies *Häberlin*[15] wies darauf hin, dass es nicht auf den Ort der Äußerung ankommen dürfe, sondern nur darauf, ob eine unbestimmte Anzahl von Personen diese vernehmen könnten und schlug die Formulierung *öffentlich vor einer Menschenmenge* vor. *Meyer*[16] sprach sich dafür aus, den Tatbestand als *besonderes Verbrechen* in den BT zu den Verbrechen gegen den Staat und die öffentliche Ordnung zu überführen.

II. § 92 des Entwurfs (§ 87 PrStGB)

§ 87 PrStGB wurde unverändert als § 92 in den Entwurf übernommen und ebenfalls in den Abschnitt „Widerstand gegen die Staatsgewalt" eingestellt. In den Motiven beschränkten sich die Ausführungen zum gesamten Abschnitt (§§ 92 bis 101) auf die Bemerkung, dass Abweichungen zum PrStGB lediglich in der Präzisierung einiger Begriffsbestimmungen veranlasst seien[17]. Das Fehlen einer eingehenden Begründung ist indes nicht ungewöhnlich, sondern bei den mit dem PrStGB übereinstimmenden Tatbeständen durchgehend zu beobachten[18].

B) Zweiter Entwurf (Dezember 1869)

Noch vor endgültiger Fertigstellung des Entwurfs von Juli 1869 beauftragte der Bundesrat mit Beschluss vom 3. Juni 1869 eine Kommission, mit der Revision des Entwurfs. Der Kommission gehörten vier Mitgliedern aus Preußen und je ein Mitglied aus Sachsen, Mecklenburg-Schwerin und Bremen an. Die Kommission führte zwischen dem 1. Oktober und dem 31. Dezember 1869 in insgesamt 43 Sitzungen in zwei Lesungen durch und legte einen revidierten Entwurf vor[19].

Der noch in den Motiven zum Entwurf 1869 als „besondere Form der Anstiftung" bezeichnete § 42 wurde anders als im Entwurf 1. Lesung von November 1869[20] als § 108a in den BT in den Titel „Widerstand gegen die Staatsgewalt" eingestellt, ohne dass dies in der Kommission schriftlich beantragt worden war.

---

14 Eine Liste der veröffentlichten kritischen Beurteilungen findet sich bei: *Wächter*, Geschichte und Kritik, S. 18 ff.

15 *Häberlin*, Anmerkungen, S. 32.

16 *Meyer*, Beurteilung S. 36.

17 *Schubert / Regge*, a.a.O. S. 246.

18 *Schubert*, Rechtseinheit, S. 157.

19 Protokolle, 1, S. XVIII.

20 Protokolle, a.a.O. S. 245 ff.

Auch in den Motiven findet sich keine eingehende Begründung, sondern lediglich der Hinweis in einer Fußnote, der Tatbestand „störe hier die Ökonomie und gehöre sachlich in den Abschnitt 6“. Ein Hinweis auf die zugrundeliegende Motivation ergibt sich aus dem von Kommissionsmitglied *Schwarze* verfassten Kommentar zum StGB für den Norddeutschen Bund. Dort findet sich die Bemerkung, beide Tatbestände seien als „Eingriff in die öffentliche Ruhe und Ordnung“ angesehen und deshalb in den Titel „Widerstand gegen die Staatsgewalt“ eingestellt worden[21].

Zu diesem Tatbestand wurde in erster Lesung von dem für Sachsen in die Kommission berufenen *Schwarze* erfolglos beantragt, die Worte „anreizt, verleitet oder zu bestimmen sucht“[22] zu streichen. In zweiter Lesung wurde der Antrag des für Bremen entsandten *Donandt* auf Streichung der „Anpreisung durch Rechtfertigung“[23] mit 5 gegen 1 Stimme abgelehnt. Weitere Anträge wurden nicht gestellt und die Tatbestände als §§ 108[24] und 109[25] in den Reichstagsentwurf von Dezember 1869[26] übernommen.

I. Reichstagsberatungen: Erste Lesung

Der revidierte Entwurf wurde dem Reichstag am 14. Februar 1870 zugeleitet und am 22. Februar in erster Lesung beraten. Entgegen eines Antrags von *Schwarze* wurde nicht der gesamte Entwurf einer Kommission zugewiesen, sondern nur der 8. bis 29. Abschnitt des BT. Der AT sowie §§ 80 bis 145 wurden bis April 1870 im Plenum beraten[27].

---

21 *Schwarze*, Commentar, S. 317.

22 Protokolle, a.a.O. S. 186.

23 Protokolle, a.a.O. S. 397.

24 „§ 108: Wer öffentlich vor einer Menschenmenge oder wer durch Schriften oder andere Darstellungen, welche verbreitet oder öffentlich ausgestellt oder öffentlich angeschlagen werden, zum Ungehorsam gegen Gesetze oder Verordnungen oder Anordnungen der Obrigkeit auffordert, oder wer in gleicher Weise strafbare Handlungen durch Rechtfertigung anpreist, wird mit Geldstrafe bis zu zweihundert Thalern oder mit Gefängniß bis zu zwei Jahren bestraft.“

25 „§ 109: (1) Wer auf die vorbezeichnete Weise zur Verübung einer strafbaren Handlung auffordert, soll gleich dem Anstifter bestraft werden, wenn die Aufforderung die strafbare Handlung oder einen strafbaren Versuch zur Folge gehabt hat.

(2) Ist die Aufforderung ohne Erfolg geblieben, tritt Geldstrafe bis zu zweihundert Thalern oder Gefängnis bis zu einem Jahre ein. Dies Strafe darf jedoch, dem Art oder dem Maaße nach, keine schwerere sein. als die auf die That selbst angedrohte.“

26 Abgedruckt in: Protokolle, a.a.O. S. 427 ff.

27 *Schubert / Vormbaum*, a.a.O. S. XIX.

II. Reichstagsberatungen: Zweite Lesung

Während die in § 109 des Entwurfs eingestellte öffentliche Aufforderung zur Begehung von Straftaten nur geringen Beratungsbedarf auslöste und der Tatbestand unverändert angenommen wurde[28], führte § 108 des Entwurfs zu heftigen Diskussionen. Im Mittelpunkt der teilweise hitzig geführten Debatte standen die Fragen der Straflosigkeit zivilen Ungehorsams, der Beschränkung des Schutzbereichs der Norm auf sachlich richtige Anordnungen der zuständigen Obrigkeit bzw. zumindest der zuständigen Obrigkeit und die Beibehaltung oder Streichung der indirekten Aufforderung „Anreizen durch Rechtfertigung". Bei der Debatte zu diesen Punkten traten die unterschiedlichen Auffassungen zwischen linksgerichteten bzw. liberalen Auffassungen auf der einen Seite und konservativen Standpunkten auf der anderen Seite deutlich zu Tage.

1. Öffentliche Aufforderung zum Ungehorsam (§ 108 des Entwurfs)

Vergleichsweise unstreitig wurde der Antrag von *Fries* und Genossen[29] behandelt, den Wortlaut dem der bereits angenommen öffentlichen Aufforderung zum Hochverrat anzugleichen und die Handlungsalternativen auf das „Verbreitung" durch „öffentlichen Anschlag oder Ausstellung" zu beschränken. Nachdem diesem Antrag einzig Bundeskommissar *Friedberg* mit dem Argument, durch diese Änderung könne nicht mehr der Verfasser, sondern nur noch der Verteiler der Schrift belangt werden[30], entgegentrat, wurde der Antrag ohne weitere Wortmeldungen angenommen[31].

a) Beibehaltung oder Streichung von § 108 des Entwurfs

Fries und Genossen traten, unterstützt von *Lasker* dafür ein, den bloßen zivilen Ungehorsam, sofern nicht selbst mit Strafe bedroht, straflos zu stellen. Fries begründete den Antrag[32], die Worte „zum Ungehorsam" durch „Widersetzlichkeit" zu ersetzen mit dem Argument, der bloße Ungehorsam, sofern nicht besonders mit Strafe bedroht, sei legitim und bewirke allenfalls zivilrechtliche Konsequenzen. Daher müsse auch die Strafbarkeit der Aufforderung zu einem solchen Ungehorsam entsprechend eingeschränkt werden[33]. *Lasker*[34] ging noch

---

28 Der unbegründet gebliebene Antrag von *Mende*, § 109 Abs. 2 Satz 2 in einen gesonderten Absatz zu überführen (Antrag Nr. 62 III 4) wurde zurückgezogen und die Anregung *von Putkamers*, bloße Übertretungen sollten von der Strafbarkeit ausgenommen werden, wurden nach dem Hinweis von *Freiherr von Hoverbeck*, dies führe zur Anwendbarkeit des § 108, ohne Stimmauszählungen abgelehnt.

29 Aktenstücke der Zweiten Kammer, 1870, Aktenstück Nr. 5, Antrag Nr. 65 II I 1a.

30 Sten.Prot.Rt. 1870, S. 272.

31 Sten.Prot.Rt. a.a.O. S. 288.

32 Aktenstücke, a.a.O. Antrag Nr. 65 II b.

33 Sten.Prot.Rt. a.a.O. S. 271.

34 Sten.Prot.Rt. a.a.O. S. 273 f.

weiter und bezeichnete die Strafbarkeit der Aufforderung zur Begehung eines für den Täter selbst straflosen Ungehorsams gegen Anordnungen der Obrigkeit als „beste Stütze des Polizeistaats".

Diese Auffassung wurde von Graf *Bassewitz*[35] scharf angegriffen, der die öffentliche Aufforderung zum Ungehorsam gegen Gesetze als etwas ganz anderes beurteilt wissen wollte als den bloßen Ungehorsam eines einzelnen. Er führte dazu wörtlich aus „wenn man da noch von Polizeistaat reden und sagen will, die Freiheit erfordere es [...] dann vergehen mir die Begriffe über Staat und Ordnung".

Friedberg[36] sprach sich entschieden gegen die Streichung aus und führte als Beispiele strafwürdiger Aufforderungen eine an die Reserve ergehende Aufforderung, dem Stellungsbefehl keinen Gehorsam zu leisten oder im Falle eines Deichbruchs den Anordnungen der Obrigkeit nicht zu folgen, an. Auch Freiherr von *Unruhe-Bomst*[37] trat dem Antrag entgegen und verdeutlichte seine Auffassung, Anordnungen der Obrigkeit in Sachen des Gemeinwohls, also bei Überschwemmungen, Bränden oder zum Straßenräumen im Winter sei unbedingter Gehorsam geschuldet. *Wagener*[38] und *Schwarze*[39] vertraten wie Graf *Bassewitz* die Auffassung, der Ungehorsam des Einzelnen habe einen anderen Unrechtgehalt als der öffentliche Aufruf zu einer solchen Gehorsamsverweigerung. Gerade in Krisensituationen könnten sich durch derartige Aufrufe, so sie denn eine Vielzahl Verweigerungen nach sich zögen, erhebliche Gefahren für das Gemeinwohl ergeben.

Der Antrag wurde mit 109 gegen 87 Stimmen abgelehnt.

b) Anordnungen der Obrigkeit

Gleich mehrere Anträge verfolgten das Ziel, den Schutzbereich der Norm auf gesetzliche und innerhalb der Zuständigkeit oder mindestens von der zuständigen Obrigkeit getroffene Anordnungen zu beschränken.

Am weitesten ging der Antrag von *Fries* und Genossen, nur „gesetzlich gerechtfertigte Anordnungen der zuständigen Obrigkeit" zu schützen[40]. *Fries* begründete diesen Antrag mit dem Argument, nur wenn sich die öffentliche

---

35 Sten.Prot.Rt. a.a.O. S. 275.

36 Sten.Prot.Rt. a.a.O. S. 272 f.

37 Sten.Prot.Rt. a.a.O. S. 278.

38 Sten.Prot.Rt. a.a.O. S. 282 ff.

39 Sten.Prot.Rt. a.a.O. S. 287 f.

40 Antrag Nr. 65 II c, a.a.O.

Autorität im Rahmen der Gesetze bewege, verdiene sie strafrechtlichen Schutz[41].

Lediglich subsidiär zu diesem Antrag verhielt sich der im Verlauf der Debatte zurückgezogene Antrag *Mendes*[42], das Wort „gesetzmäßige" einzufügen. *Mende* führte zur Begründung seines Antrages aus, dass Unterordnung nur verlangt werden könne, wenn die Vollstreckung der Gesetze selbst gesetzmäßig sei[43].

Planck hingegen[44] wollte die Strafbarkeit auf die „innerhalb der Zuständigkeit getroffenen Anordnungen" beschränkt wissen. Der Antrag von *Planck* stellte nicht auf die Gesetzmäßigkeit der Anordnung ab, sondern auf die Zuständigkeit der anordnenden Behörde. Zur Begründung wies er darauf hin, dass weder der von der Regierungsvorlage geforderte unbedingte Schutz obrigkeitlicher Anordnungen noch die von *Fries* und Genossen vorgeschlagene Beschränkung auf gesetzmäßige Anordnungen tragbar seien. Vielmehr gebühre nur den im Rahmen der Zuständigkeit ergangenen Anordnung strafrechtlicher Schutz[45].

Das mit diesen Anträgen verfolgte Ziel, den Schutzbereich der Norm einzuschränken, war heftig umstritten. Die Debatte wurde sehr emotional entsprechend der politischen Haltung der Redner geführt wurde.

Lasker[46] unterstützte den Antrag von *Fries* und Genossen. Er vertrat den Standpunkt, die Pflicht zum unbedingten Gehorsam sei Stütze des Polizeistaats mit seinem absoluten Befehl. Dem mündigen, freien Bürger mangele es aber nicht an der Fähigkeit der gründlichen Kritik und er könne sehr wohl prüfen, ob das, was der Beamte ihm befiehlt „dem Gesetze gemäß ist, ob der Befehl innerhalb der Amtsbefugnis liegt". Auch *von Unruh*[47] trat für den Antrag von *Fries* und Genossen ein und erklärte, § 108 des Entwurfs stehe im direkten Widerspruch zu dem Grundsatz „Gehorsam nur dem Gesetz" und ein Polizeistaat mit der Forderung nach unbedingtem Gehorsam, wie dies in § 108 StGB festgeschrieben werde, sei kein wünschenswertes Ziel. Er vertrat den Standpunkt, nur dem Gesetz gebühre Gehorsam, die nicht auf dem Boden des Gesetzes ergangene Anordnung sei nicht schutzwürdig.

---

41 Sten.Prot.Rt. a.a.O. S. 271.

42 Antrag Nr. 62 III Nr. 2, a.a.O.

43 Sten.Prot.Rt. a.a.O. S. 272.

44 Antrag Nr. 69, a.a.O.

45 Sten.Prot.Rt. a.a.O. S. 272.

46 Sten.Prot.Rt. a.a.O. S. 279.

47 Sten.Prot.Rt. a.a.O. S. 284 f.

Graf von *Kanitz*[48] hingegen verwies, unterstützt von *Friedberg*[49], auf den in den Kommissionsberatungen der Zweiten Kammer zum PrStGB vertretenen Standpunkt, die öffentliche Aufreizung zum Widerstand sei kein zulässiges Mittel der Remedur. *Wagner*[50] griff die politisch linksgerichteten Abgeordneten scharf an und bezeichnete deren „Ideal der politischen Freiheit" als „Revolution in Schlafrock und Pantoffeln" und die öffentliche Aufforderung zum Ungehorsam als „geistige Aufforderung eines Auflaufs, eines Komplotts oder eines Aufruhrs". *Schwarze*[51] vertrat den Standpunkt, beide Anträge führten zu einer nicht tragbaren Einschränkung des Tatbestandes, weil der Täter stets unwiderlegbar behaupten könne, er sei von der Gesetzwidrigkeit bzw. Unzuständigkeit ausgegangen. *von Unruhe-Bonst*[52] sprach sich gegen den Antrag von *Fries* und Genossen aus. Er begründete dies mit seiner Überzeugung „das Schädigen oder Beseitigen des Polizeistaats oder seiner Stützen untergrabe die Autorität des Staates". Zum Antrag *Plancks* äußerte er, gegen die Beschränkung auf Anordnungen der zuständigen Obrigkeit sei „eventuell etwas weniger einzuwenden"

In der Abstimmung wurde der Antrag von *Fries* und Genossen mit 109 zu 88 Stimmen abgelehnt und die „kleine Lösung", also Beschränkung auf die zuständige Obrigkeit, wie von *Planck* beantragt, mit 110 zu 87 Stimmen angenommen.

c) Anpreisen durch Rechtfertigung

Zum der von *Fries* und Genossen beantragten Streichung der „Anpreisung durch Rechtfertigung"[53] führte *Fries*[54] aus, „wie kommen wir dazu, das Urteil zu strafen, was über den moralischen Wert der einen oder anderen Handlung gefällt wird? Das Urteil muss frei bleiben" und wies darauf hin, dass die „Staaten fest genug stünden, um die freie Meinungsäußerung zu gestatten". Dieser Antrag wurde von *Lasker*[55] unterstützt, der für eine freie Diskussion eintrat und durchaus zutreffend darauf hinwies, dass das Anpreisen einer strafbaren Handlung „der öffentlichen Anschauung zuwider sei und von

48 Sten.Prot.Rt. a.a.O. S. 271.
49 Sten.Prot.Rt. a.a.O. S. 273.
50 Sten.Prot.Rt. a.a.O. S. 282 ff.
51 Sten.Prot.Rt. a.a.O. S. S. 288 ff.
52 Sten.Prot.Rt. a.a.O. S. 277 f.
53 Antrag N. 65 II 1 d. a.a.O.
54 Sten.Prot.Rt. a.a.O. S. 271.
55 Sten.Prot.Rt. a.a.O. S.274.

vorneherein die große Mehrzahl aller guten Bürger gegen sich habe". Die Furcht, „dass die besten Kräfte gerade zur Anpreisung der strafbaren Handlung sich finden werden und dass die große Mehrheit der Nation nicht die Gegenmittel finden wird, um das, was wirklich preiswürdig ist, zu verteidigen" teile er nicht. Selbst von Unruhe-Bomst[56] vertrat die Auffassung, das bloße Anpreisen strafbarer Handlungen sei selbst nicht strafwürdig und der Staat gut beraten, „von derartigen bloßen Anpreisungen keine Notiz zu nehmen, sondern sich zu verhalten wie der Mond in der bekannten Fabel".

Friedberg[57] konnte sich demgegenüber mit seiner Auffassung, das Predigen aufrührerischer Doktrinen wie etwa. „Eigentum ist strafbar" und „dem großen Haufen würden solche Handlungen durch Anpreisungen schmackhaft gemacht", nicht durchsetzen.

Der Antrag auf Streichung wurde mit 110 gegen 78 Stimmen angenommen. In der Schlussabstimmung in der 24. Sitzung erfolgte die Annahme von § 108 mit dem sich aus vorstehenden Ausführungen ergebenden Wortlaut[58].

2. Öffentliche Aufforderung zur Begehung von Verbrechen und Vergehen (§ 109 des Entwurfs)

Der Beratungsbedarf zu diesem Tatbestand war relativ gering. *Mende* begründete seinen Antrag, § 109 Abs. 2 Satz 2 in einen gesonderten Absatz zu überführen[59], nicht und zog ihn zurück[60], ohne dass der Antrag Gegenstand der Debatte gewesen wäre.

Soweit v*on Puttkamer*[61] im Verlauf der Debatte beantragt hatte, Übertretungen von der Strafbarkeit auszunehmen, wies *Freiherr von Hoverbeck*[62] zutreffend darauf hin, dass der Antrag im Ergebnis zu einer Strafschärfung führe, weil bei Streichung der Übertretungen die Privilegierung des § 109 Abs. 2 Satz 2 des

---

56 Sten.Prot.Rt.a.a.O. S. 278

57 Sten.Prot.Rt.a.a.O. S. 273

58 „§ 108. Wer öffentlich vor einer Menschenmenge, oder wer durch Verbreitung oder öffentlichen Anschlag, oder durch öffentliche Ausstellung von Schriften oder anderen Darstellungen zum Ungehorsam gegen Gesetze oder Verordnungen oder gegen die von der Obrigkeit innerhalb ihrer Zuständigkeit getroffenen Anordnungen auffordert, wird mit Geldstrafe bis zu zweihundert Thaler oder mit Gefängnis bis zu zwei Jahren bestraft."

59 Antrag Nr. 62 III 4, a.a.O.

60 Sten.Prot.Rt.a.a.O. S. 294.

61 Sten.Prot.Rt.a.a.O. S. 294.

62 Sten.Prot.Rt.a.a.O. S. 293.

Entwurfs nicht greife und die Ahndung nach § 108 des Entwurfs zu erfolgen habe. Der Antrag wurde ohne Stimmauszählung abgelehnt und § 109 des Entwurfs unverändert angenommen[63].

III. Reichstagsberatungen: Dritte Lesung

Im Verlauf der dritten Lesung beantragten *Lasker* und Genossen zur öffentlichen Aufforderung zu Ungehorsam[64] den Schutzbereich der Norm auf „rechtsgültige Verordnungen" zu beschränken.[65], Der Antrag wurde ohne inhaltliche Erörterung angenommen.

Zur öffentlichen Aufforderung zur Begehung von Straftaten[66] wurden keine Anträge gestellt und der Tatbestand unverändert angenommen. Im StGB für den Norddeutschen Bund vom 31. Mai 1870[67] lauteten die Tatbestände

> „§ 110. Wer öffentlich vor einer Menschenmenge, oder wer durch Verbreitung oder öffentlichen Anschlag, oder durch öffentliche Ausstellung von Schriften oder anderen Darstellungen zum Ungehorsam gegen Gesetze oder rechtsgültige Verordnungen oder gegen die von der Obrigkeit innerhalb ihrer Zuständigkeit getroffenen Anordnungen auffordert, wird mit Geldstrafe bis zu zweihundert Thaler oder mit Gefängnis bis zu zwei Jahren bestraft."

> „§ 111. (1) Wer auf die vorbezeichnete Weise zur Verübung einer strafbaren Handlung auffordert, soll gleich dem Anstifter bestraft werden, wenn die Aufforderung die strafbare Handlung oder einen strafbaren Versuch zur Folge gehabt hat.

> (2) Ist die Aufforderung ohne Erfolg geblieben, tritt Geldstrafe bis zu zweihundert Thalern oder Gefängnis bis zu einem Jahre ein. Die Strafe darf jedoch, dem Art oder dem Maaße nach, keine schwerere sein als die auf die That selbst angedrohte."

C) Strafbarkeit der öffentlichen Aufforderung zum Streik und Konkurrenzen

Die Tatbestandsvoraussetzungen der öffentlichen Aufforderungen und das Konkurrenzverhältnis beider Tatbestände zueinander waren in der höchstrichterlichen Rechtsprechung Gegenstand zahlreicher Entscheidungen. Dabei wurde die Auslegung der Tatbestandsmerkmale zunehmend präzisiert und eine ständige Rechtssprechung, insbesondere zur Definition der Begriffe „öffentlich vor einer Menschenmenge" und „Ungehorsam gegen Gesetze" sowie zum Schutzbereich der Normen und zu den

---

63 Sten.Prot.Rt. a.a.O. S. 295.

64 § 106 des aktuellen Entwurfs, § 108 der Reichstagsvorlage.

65 Antrag Nr. 193 I. 3, a.a.O.

66 § 107 des aktuellen Entwurfs, § 109 der Reichstagsvorlage.

67 BGBl.NdB. 1870, S. 197 ff.

Konkurrenzen entwickelt. Die wohl wesentlichste Bedeutung erlangte die höchstrichterliche Rechtsprechung bei der Frage, ob und unter welchen Umständen auch die öffentliche Aufforderung zum Ungehorsam gegen Zivilgesetze, namentlich die zum Streik als Aufforderung zum „Ungehorsam gegen Gesetze" zu bestrafen sei.

I. „Öffentlich vor einer Menschenmenge"

Das Tatbestandsmerkmal wurde von der höchstrichterlichen Rechtsprechung zunehmend weit ausgelegt. Während in einer frühen Entscheidung offenbar davon ausgegangen wurde, dass die Tatbestandsvoraussetzung „öffentlich" eine individuell nicht bestimmte Menschenmenge voraussetzt[68] also z.B. die Belegschaft einer Fabrik gerade nicht erfasst, wurde in späteren Entscheidungen ausdrücklich auch diese Personengruppe als taugliches Tatobjekt anerkannt[69]. Noch weitergehend wurde in RGSt 40, 132 (133 f) auch eine geschlossene Versammlung, zu der ausschließlich Mitglieder und geladene Gewerkschaftsfunktionäre Zutritt hatten, als taugliches Tatobjekt angesehen. Hier wurde eine Negativabgrenzung entwickelt, bei der darauf abzustellen war, ob „das Bestehen eines inneren Bandes von wechselseitigen Beziehungen, die zwischen den einzelnen, diesen Kreis bildenden Personen, insbesondere nach Art, Zweck und Organisation des Vereins vorhanden sind und dem letzteren den Charakter eines in sich geschlossenen, nach außen bestimmt abgegrenzten geben" vorlag. Damit waren auch politisch motivierte Aufforderungen zum gesetzwidrigen Verhalten, die in einer den rein privaten Kreis überschreitenden Versammlung geäußert wurden, der Strafverfolgung zugänglich.

II. Ungehorsam gegen Gesetze

Entgegen der in der Literatur zu § 87 PrStGB vertretenen Auffassung, der Tatbestand erfasse nur die öffentliche Aufforderung zur Verletzung positiver Pflichten des Bürgers gegenüber den Staat, nicht aber privatrechtlicher Pflich-

---

68 In RGSt 7, 113 (114) wurde im Fall der Verbreitung einer Schrift innerhalb der Mitarbeiter einer Fabrik, mithin eines individuell bestimmten Personenkreises ausdrücklich darauf hingewiesen, daß sich der Begriff „öffentlich" nur auf die Aufforderung, nicht jedoch auf die Verbreitung einer Schrift beziehe. Dies läßt den Umkehrschluß zu, daß ein solcher individuell bestimmter Kreis gerade nicht als öffentlich angesehen wurde.

69 Während diese Frage in RGSt 20, 150 (154) unter Hinweis auf das Erfordernis einer unbestimmten Mehrheit von Personen offengelassen wurde, war in RG 40, 76f ausdrücklich ausgeführt, eine ungeordnete und zusammengewürfelte Mehrheit sei nicht erforderlich und auch die Belegschaft einer Fabrik oder Teilnehmer einer Versammlung können tatbestandlich eine Menschenmenge darstellen.

ten[70], wurde in ständiger höchstrichterlicher Rechtssprechung der Grundsatz vertreten, jede gesetzliche Regelung, unabhängig vom Regelungsgegenstand, werde von § 110 StGB erfasst[71]. Gegenstand des strafrechtlichen Schutzes sei „die Autorität des Gesetzes an sich, unabhängig von Inhalt und Regelungszweck des Gesetzes". Tatbestandsvoraussetzung war nach ständiger höchstrichterlicher Rechtsprechung jedoch nur die Aufforderung zu einer vollständigen Missachtung des Gesetzes als Angriff gegen die unpersönlichen Grundlagen der Rechtsordnung, nicht aber die Aufforderung zu einem konkreten vertragswidrigem Verhalten[72].

Die vom Landgericht Essen vertretene und von *Frank*[73] als zutreffend bezeichnete Auffassung, zivilrechtliche Pflichten fielen nicht unter den Schutzbereich des § 110 StGB, weil der Staat nicht von sich aus sondern erst nach Klageerhebung gegen die Pflichtverletzung wende, wurde in RGSt 20, 150 als rechtsirrig zurückgewiesen. In dieser Entscheidung führte das Reichsgericht aus, der Straftatbestand beruhe auf dem Gedanken, dass nicht die „Achtung vor dem Gesetz und vor der Autorität der Obrigkeit erschüttert, der gesetzliche Sinn im Volke untergraben und dadurch Veranlassung zu Störungen der Rechtsordnung gegeben werde".

In der Literatur war die höchstrichterliche Rechtsprechung nicht unumstritten. Wie bereits erwähnt, trat *Frank*[74] der Einbeziehung zivilrechtlicher Pflichten in den Schutzbereich des § 110 StGB entgegen. Soweit auch *Schwarze*[75] die Auffassung vertrat, nur öffentlich-rechtliche Pflichten seien der Tatbestandsverwirklichung zugänglich, kann daraus nicht geschlossen werden, dass er der höchstrichterlichen Rechtsprechung ablehnend gegenüberstand, weil der

---

70 *Goltdammer*, Materialien, II, S. 112. In RG 21, 299 ff wurde die auf diese Ausführungen gestützte Revision des Angeklagten mit der Begründung, den Materialien komme keine offizielle und bei der Auslegung zu berücksichtigende Bedeutung zu, zurückgewiesen.

71 RGSt 20, 63 (66 ff); 20, 159 f; 21, 299 ff; 21, 304 f; 21, 355 (356); 24, 189 (190 f); 27, 185 (186); 27, 407 (410 f). Die vom RGSt entwickelte Rechtsprechung wurde bis zur Aufhebung des § 110 StGB in den Siebziger Jahren des vergangenen Jahrhunderts durchgehend vertreten.

72 Die Entscheidung, ob zu einem konkreten vertragswidrigen Verhalten oder zu einer Mißachtung des Gesetzes selbst aufgefordert wurde, sollte der Einzelfallentscheidung des Tatrichters vorbehalten bleiben. In RGSt 21, 299 ff wurde die Revision des Verurteilten, der Arbeitnehmerinnen einer bestimmten Branche aufgefordert hatte, am 1. Mai nicht zu arbeiten sondern zu feiern, verworfen und die Aufforderung als zur Tatbestandserfüllung ausreichend angesehen.

73 *Frank*, Strafgesetzbuch, S. 156.

74 *Frank*, a.a.O.

75 *Schwarze*, a.a.O., S. 318.

Kommentar veröffentlich wurde, bevor die höchstrichterliche Rechtsprechung zu dieser Frage entwickelt wurde und *Schwarze* sich noch auf dem Boden der Auslegung zu § 87 PrStGB bewegte. *Liszt*[76] vertrat die Ansicht, Ungehorsam gegen Gesetze setze eine Gehorsamspflicht voraus, dies sei bei privatrechtlichen Pflichten zu verneinen. *Roßmann*[77] kam in seiner Untersuchung zu § 110 StGB jedoch zu dem Schluss, auch Zivilgesetze seien vom Tatbestand erfasst[78]. Auch *Volkhardt*[79], *Adler*[80] und *Mayer*[81] vertraten nach ausführlicher rechtlicher Würdigung diese Auffassung. *Mayer* wies allerdings zutreffend darauf hin, dass durch die in der Rechtsprechung entwickelte Tatbestandsvoraussetzung der Missachtung des Gesetzes als solches die öffentliche Aufforderung zum Streik nur in wenigen Fällen erfasst werde, denn in der Regel mache der Aufforderer „seine Rechnung mit dem Fabrikanten, nicht mit dem Staat". Seuffert[82] vertrat die Auffassung, wenn die Verweigerung arbeitsrechtlicher Pflichten nicht mit Beugearrest durchgesetzt werden könne, weil das zwangsweise Festhalten an einem Dienstvertrag unverhältnismäßig sei, fehle es der Verweigerung arbeitsvertraglich geschuldeter Pflichten am Charakter des Ungehorsams. Daraus zog er den Schluss, dass auch eine Aufforderung zur Arbeitsniederlegung straflos bleiben müsse.

III. Konkurrenzen

§ 110 StGB war ausschließlich anzuwenden, wenn zum Ungehorsam gegen Gesetze, also auch zur Begehung einer bloßen Übertretung oder einer nicht zumindest „sui generis" bezeichneten Straftat aufgefordert wurde. § 111 StGB erfasste hingegen die Aufforderung zu einem bestimmten Verbrechen oder Vergehen als Ungehorsam gegen Strafgesetze. Weil die Aufforderung zum Ungehorsam gegen Gesetze die Aufforderung zum Ungehorsam gegen Strafgesetze beinhaltet, stellte sich die Frage nach dem Konkurrenzverhältnis zwischen beiden Tatbeständen.

In der höchstrichterlichen Rechtsprechung ist zu dieser Frage eine Kehrtwende zu beobachten. In einer frühen Entscheidung[83] wurde noch ausgeführt, § 110

76 *Liszt*, Lehrbuch, S. 582.

77 *Roßmann*, Aufforderung, S. 50 ff, m.w.N.

78 *Roßmann*, a.a.O. S. 86 f.

79 *Volkhardt*, Aufforderungen, S. 65 ff.

80 *Adler*, Aufforderungsdelikte, 41 ff.

81 *Mayer*, Vergleichende Darstellung, BT, I, S. 367 ff.

82 *Seuffert*, Anarchismus, S. 129 f.

83 RGSt 4, 106 (108).

StGB schließe die Merkmale des § 111 StGB ein und § 111 StGB sei deshalb als lex specialis zu § 110 StGB anzusehen. In späteren Entscheidungen[84] wurde dagegen darauf abgestellt, dass § 110 StGB nicht die vereinzelte deliktische Unbotmäßigkeit gegen eine Rechtsnorm erfasse, sondern die grundsätzliche Auflehnung gegen die unpersönlichen Grundlagen der Rechtsordnung, § 111 StGB hingegen die Aufforderung zur Begehung einer einzelnen, konkret bestimmten strafbaren Handlung.

In der Literatur wurden die von der Rechtsprechung entwickelten Grundsätze z.B. von *Olshausen*[85], *Frank*[86] und von *Adler*[87] geteilt. Im Gegensatz dazu vertraten *Oppenhoff*[88], *Liszt*[89], *Roßmann*[90] und andere[91] die Auffassung, § 111 StGB sei als lex specialis zu § 110 StGB anzusehen.

Mayer[92] vertrat die in der Literatur nicht aufgegriffene Auffassung, § 110 StGB und nicht § 111 StGB sei im Verhältnis beider Tatbestände der speziellere. Diese Auffassung begründete er mit dem Argument, wenn § 110 StGB einen Angriff gegen die Autorität der Gesetze, § 111 StGB jedoch die Begehung einer konkreten Straftat erfordere, müsse auch dem bei § 110 StGB geforderten weitergehenden Vorsatz qualifizierende Bedeutung zukommen müsse.

D) Résumé

Es kann bezweifelt werden, ob die weite Auslegung des § 110 StGB durch die Rechtsprechung, insbesondere auch durch die Einbeziehung arbeitsrechtlicher Verpflichtungen, dem ursprünglichen Willen des Gesetzgebers entsprach. Es spricht vieles dafür, dass sich die Reichstagsabgeordneten bei den Beratungen zu § 110 StGB dieser Problematik gar nicht bewusst waren, sondern vielmehr einhellig auf dem Boden der Auslegung zu § 87 PrStGB davon ausgegangen sind, nur die Aufforderung zum Ungehorsam gegen öffentlich-rechtliche Pflichten werde von § 110 StGB erfasst. Dafür spricht, dass der an den Kommissionsberatungen und den Reichstagsberatungen beteiligte *Schwarze* in

---

84 RGSt 10, 296; 21, 193 (196).

85 *Olshausen*, Kommentar, 419.

86 *Frank*, a.a.O. S. 158 f.

87 *Adler*, a.a.O. S. 40.

88 *Oppenhoff*, Strafgesetzbuch, S. 222 f.

89 *Liszt*, a.a.O.

90 *Roßmann*, a.a.O. S. 107 ff.

91 Zum Stand der Diskussion: *Mayer*, a.a.O., S. 382.

92 *Mayer*, a.a.O. S. 380 ff.

seiner vor der Entwicklung der höchstrichterlichen Rechtsprechung verfassten Kommentierung noch selbstverständlich ausgeführt hat, nur Verstöße gegen öffentlich-rechtliche Pflichten seien nach § 110 strafbar[93]. Wenn auch die öffentliche Aufforderung zum Streik als mögliche Handlungsalternative des „Ungehorsams gegen Gesetze" im Bewusstsein der Abgeordneten gewesen wäre, hätte dies sicherlich den Widerstand des sozialdemokratischen Lagers ausgelöst. Dafür spricht auch, dass im Verlauf der Debatte ausschließlich Verstöße gegen öffentlich-rechtliche Pflichten als Beispiele für denkbare Pflichtverstöße herangezogen und privatrechtliche Pflichten nicht einmal erwähnt wurden. Gerade bei der Frage des Streiks wäre eine heftige und konträr geführter Diskussion zu erwarten gewesen. Gleiches gilt für die sehr weite Auslegung des Tatbestandsmerkmals „öffentlich" durch die höchstrichterliche Rechtsprechung, durch die schließlich jede über einen rein privaten Kreis hinausgehende Versammlung erfasst wurde.

Soweit durch die höchstrichterliche Rechtsprechung das Abgrenzungskriterium der strafbaren Aufforderung *gegen das Gesetz schlechthin* im Gegensatz zu der straflosen Aufforderung gegen *einzelne arbeitsvertragliche Pflichten* war diese Auslegung zur Einschränkung der Strafbarkeit öffentlicher Aufforderungen zur Arbeitsniederlegung ungeeignet. Wie *Mayer*[94] zutreffend ausgeführt hat, ist die Aufforderung zum Streik kein grundsätzlicher Angriff auf die arbeitsvertragliche Pflicht zur Vertragserfüllung, sondern durch die Arbeitsniederlegung sollen konkrete Verbesserungen der Lohn- und Arbeitsbedingungen erzielt werden, ohne dass der Geltungsanspruch des Gesetzes angegriffen wird. Bei konsequenter Anwendung dieses Abgrenzungskriteriums durch die Rechtssprechung hätte die öffentliche Aufforderung zum Streik im Ergebnis, von Ausnahmefällen vielleicht abgesehen, straflos bleiben müssen; das Gegenteil war jedoch der Fall.

Positiv ist dagegen zu würdigen, dass sich während der Reichstagsberatungen der Versuch, auch indirekte Aufforderungen durch Anreizung zu erfassen, als nicht mehrheitsfähig erwiesen hat. Auch die Auffassung, allen Anordnungen einer unzuständigen Obrigkeit sei unbedingter Gehorsam geschuldet, konnte sich nicht durchsetzen. Nach der erzielten Einigung kam es allerdings nur darauf an, dass die Anordnung von der dafür zuständigen Obrigkeit ergangen ist, die sachliche Rechtmäßigkeit war keine Tatbestandsvoraussetzung. Soweit im Gesetzgebungsverfahren zu § 110 StGB des StGB für den Norddeutschen Bund und bis zur Aufhebung des Tatbestandes durchgehend die von einer

93 *Schwarze*, a.a.O. S. 318.

94 *Mayer*, a.a.O. S. 372.

öffentlichen Aufforderung zum Ungehorsam ausgehenden „besonderen Gefahr für das Gemeinwohl" beschworen wurde, hat sich diese Gefahr in der Realität jedenfalls nicht manifestiert. Über die öffentliche Aufforderung zum Streik hinaus erfolgten Verurteilungen wegen so trivialer Delikte wie der Aufforderung, Ofenklappen nicht abzubauen, entgegen ordnungsbehördlicher Anordnung ein Tanzlokal zu betreten oder bei einer Geberhochzeit die Polizeistunde zu missachten. An dieser Stelle kann die Aussage *Laskers*, die breite Masse der „braven Bürger" werde strafwürdiges Verhalten verurteilen statt Aufrufen zu folgen, unschwer auf die in der Debatte aufgeführten Beispiele der Aufforderung, bei Naturkatastrophen wie Bränden oder Überschwemmungen die behördlich eingeforderte Hilfe zu verweigern, übertragen werden.

Eine Schieflage zeigt sich insoweit auch bei dem Strafrahmen des § 110 StGB. Da im § 110 StGB nicht zwischen der erfolgreichen und der erfolglosen öffentlichen Aufforderung zum Ungehorsam unterschieden wurde, war auch die erfolgreiche öffentliche Aufforderung, etwa bei einer Naturkatastrophe wie einem Flächenbrand oder einem Deichbruch untätig zu bleiben und Anordnungen zu missachten, mit einer Freiheitsstrafe von höchstens zwei Jahren zu ahnden. Allerdings galt dieser Strafrahmen auch für die erfolglose öffentliche Aufforderung zum Ungehorsam, demgegenüber war die erfolglose öffentliche Aufforderung zur Begehung auch schwerster Straftaten mit einer Freiheitsstrafe von höchstens einem Jahr zu ahnden.

Viertes Kapitel: Reformversuche und Gesetzgebung bis zum Beginn der Strafrechtsreform

Diese Periode wurde maßgeblich von Reichskanzler *von Bismarck* und dessen erklärtem Kampf gegen sozialdemokratische Bestrebungen[1] geprägt. So wurde in mehreren Gesetzgebungsvorhaben versucht, die im Kampf gegen sozialdemokratische Propaganda im Fokus stehenden §§ 110, 111 StGB und § 130 StGB (Anreizung zum Klassenkampf)[2] durch Strafschärfungen und Schließen vermeidlicher Strafbarkeitslücken zu wirksamen Instrumenten gegen die behaupteten umstürzlerischen Bestrebungen der sozialdemokratischen Bewegung auszugestalten. Bis zum Ende des 19. Jahrhunderts wurden mehrere Gesetzentwürfe auf den Weg gebracht, die sich ausdrücklich oder zumindest der Zielrichtung nach gegen die sozialdemokratische und der ihr als nahestehend zugerechneten sozialistischen, kommunistischen und anarchistischen Bewegungen richtete[3]. Eines der zu diesem Zweck verfolgten Ziele war die strafrechtliche Sanktionierung der indirekten Aufforderung durch Anpreisung und Glorifizierung von Straftaten und Ungehorsam in §§ 110, 111 StGB, um auf diese Weise Umsturzbestrebungen, die vor allem den Sozialdemokraten angelastet wurden, zu begegnen. Dieses gesetzgeberische Bestreben scheiterte jedoch und die Tatbestände haben diese Periode unverändert überstanden.

A) Das Gesetz über die Presse

Ziel der durch *von Bismarck* am 11. Februar 1874 eingebrachten Regierungsvorlage[4] war die Ablösung der landesrechtlichen Pressegesetzgebung durch ein einheitliches Reichsgesetz. Neben allgemeinen presserechtlichen Regelungen enthielt der Gesetzentwurf auch Straftatbestände, durch die im Wege der Spezialgesetzgebung die „von Pathos getränkte Sprache der sozialdemokratischen Leitartikler und Flugblattverfasser“[5] bekämpft werden sollte. Gem. § 20

1 Ausführlich: *Felske*, a.a.O. S. 87.

2 Durch die Änderung und Verschärfung dieser Tatbestände sollte die als staatsgefährdend eingestufte sozialdemokratischen Propaganda eingedämmt werden. Während in §§ 110, 111 bestimmte Aufforderungen sanktioniert wurden, bestrafte § 130 StGB die Anreizung zum Klassenkampf. In mehreren Novellen wurde der Versuch unternommen, vermeindliche Strafbarkeitslücken zu schließen und die Tatbestände als wirksame Waffe im Kampf gegen die Sozialdemokratie umzugestalten. Ausführlich zu § 130, *Rohrßen*, a.a.O. S. 57 ff.

3 So auch: *Rohrßen*, a.a.O. S. (57).

4 Regierungsvorlage vom 11. Februar 1874: Gesetz über die Presse, Reichstag 1874, Aktenstück Nr. 23.

5 *Stürmer*, Bismarckstaat, S. 63 f.

Satz 1 des Entwurfs war mit Gefängnis oder Festungshaft bis zu zwei Jahren, bei Vorliegen mildernder Umstände mit Geldstrafe bis zu 600 Mark bedroht, wer mittels der Presse der „Ungehorsam gegen das Gesetz oder die Verletzung von Gesetzen als etwas Erlaubtes oder Verdienliches“ darstellte. Für eine mittels der Presse verübte Gotteslästerung (§ 166 StGB) war in § 20 Satz 2 des Entwurfs sogar ein erhöhter Strafrahmen von Gefängnis nicht unter drei Monaten bis zu vier Jahren vorgesehen[6].

In den Motiven wurde ausgeführt, § 110 StGB sei „ein stumpfes Schwert im Kampf gegen umstürzlerische Presseartikel“, weil die Strafbarkeit nur die direkte Aufforderung erfasse, nicht jedoch die weitaus gefährlichere indirekte Anreizung, die sich „leicht und gern, für die Justiz unerreichbar, hinter theoretisch gehaltenen Erörterungen“ verbergen könne[7].

Die Vorlage fand im Reichstag keinen Anklang. Bereits in erster Lesung[8] wurde der Straftatbestand von *Reichensperger*[9] und *Geib*[10] als zu weitgehend und unbestimmt abgelehnt. Auch in der zur Prüfung eingesetzten Kommission fand der Tatbestand nur wenig Zuspruch.

Der Regierungskommissar konnte mit seiner Argumentation[11], der Tatbestand sei erforderlich, um eine Lücke in der bestehenden Gesetzgebung zu schließen, die von den „Gegnern der öffentlichen Ordnung“ mit großem Geschick ausgenutzt werde, um straffrei „durch die Anpreisung und das Predigen des Ungehorsams und der Gesetzesverletzung Beunruhigung und Gefährdung der öffentlichen Sicherheit“ hervorzurufen, nicht durchdringen. In der Debatte wurde gegen den Tatbestand vorgebracht, die Regelung sei zu allgemein und unbestimmt, die Erforderlichkeit nicht nachgewiesen und der Tatbestand in einem Spezialgesetz ohnehin fehl am Platz. Soweit der Regierungskommissar die beabsichtigte Anhebung des Strafrahmens im Falle der Gotteslästerung

---

6 Der Tatbestand lauteten:
„§ 20.Wer mittels der Presse den Ungehorsam gegen das Gesetz oder die Verletzung von Gesetzen als etwas Erlaubtes oder Verdienliches darstellt, wird mit Gefängnis oder Festungshaft bis zu 2 Jahren bestraft. Sind mildernde Umstände vorhanden, so tritt Geldstrafe bis zu 600 Mark ein.
Wer die in § 166 (Gotteslästerung, Anm. d. Verf.) des Strafgesetzbuchs für das Deutsche Reich vorgesehenen Handlungen mittels der Presse verübt, wird mit Gefängnis nicht unter drei Monaten bis zu vier Jahren bestraft.“

7 Aktenstücke des Reichstag 1874, Aktenstück Nr. 23.

8 Prot.Rt. 1874, S. 148 ff.

9 Prot.Rt. a.a.O. S. 152 f.

10 Prot.Rt. a.a.O. S. 155 f.

11 Kommissionsbericht vom 10. März 1874, Aktenstücke des Reichstags, Aktenstück Nr. 67, S. 253.

damit begründete, die Tatrichter würden sich allzu oft am Mindeststrafrahmen orientieren und zu milde Urteile fällen, wurde diese Auffassung nicht geteilt.

Bei der Abstimmung wurde Satz 1 mit allen gegen zwei und Satz 2 mit allen gegen eine Stimme abgelehnt und § 20 ersatzlos gestrichen. Im weiteren Verlauf der weiteren Beratung der Gesetzesvorlage im Reichstag wurde § 20 nicht wieder aufgegriffen.

B) Die Strafgesetznovelle vom 26. Februar 1876

Wie vom Staats- und Justizminister *Leonhardt* noch während der Lesung des Pressegesetzes angekündigt[12], wurde bereits am 23. November 1875 ein Regierungsentwurf zur Änderung des Strafgesetzbuchs vorgelegt[13] In dieser Regierungsvorlage[14] wurde erneut versucht, auch die indirekte Aufforderung in §§ 110, 111 StGB durch die Begriffe „anreizen" oder „als etwas Erlaubtes oder Verdienlich darstellen" zu erfassen[15].

Hier verwundert, dass die bereits durch die Kommission zur Prüfung des Pressegesetzes geäußerten Bedenken hinsichtlich Bestimmtheit und Erforderlichkeit nicht zum Anlass genommen wurden, entsprechend nachzubessern oder zumindest in den Motiven auf die Einwände einzugehen. Statt dessen wurde lediglich auf die Motive zum Pressegesetz und die Ankündigung eines weiteren Gesetzesentwurfs Bezug genommen und die Neufassung des § 111 StGB als notwendige Folge der Änderung des § 110 StGB bezeichnet[16].

---

12 Prot.Rt. 1875, S. 1101.

13 Gesetz, betreffend die Abänderung des Strafgesetzbuchs für das Deutsche Reich vom 15. Mai 1871 und die Ergänzung desselben, Reichstag 1875, Aktenstück Nr. 54.

14 Aktenstücke des Reichstags, 1875, Aktenstück Nr. 54.

15 „§ 110. Wer öffentlich vor einer Menschenmenge, oder wer durch Verbreitung oder öffentlichen Anschlag oder öffentliche Ausstellung von Schriften oder andere Darstellungen zum Ungehorsam gegen Gesetze oder rechtsgültige Verordnungen oder gegen die von der Obrigkeit innerhalb ihrer Zuständigkeit getroffenen Anordnungen auffordert oder anreizt, insbesondere wer in der angegebenen Weise solchen Ungehorsam als etwas Erlaubtes oder Verdienliches darstellt, wird mit Gefängnis bestraft.
Sind mildernde Umstände vorhanden, so kann auf Geldstrafe bis zu dreitausend Mark erkannt werden. Ist die Aufforderung oder Anreizung ohne Erfolg geblieben, so tritt Geldstrafe bis zu dreitausend Mark oder Gefängnis ein. Die Strafe darf jedoch der Art oder dem Maße nach keine schwerere sein, als die auf die Handlung selbst angedrohte."
„§ 111. Wer auf die vorbezeichnete Weise zur Begehung einer strafbaren Handlung auffordert oder anreizt, insbesondere eine solche Handlung als verdienlich oder erlaubt darstellt, ist gleich dem Anstifter zu bestrafen, wenn die Aufforderung oder Anreizung die strafbare Handlung oder einen strafbaren Versuch derselben zur Folge gehabt hat."

16 Motive, a.a.O. §§ 110, 111 des Entwurfs.

Auch in der Eröffnungsrede am 3. Dezember 1875 ging *Leonhardt*[17] nicht detailliert auf einzelne Tatbestände ein, sondern wies lediglich pauschal auf die nicht vertretbare Milde der bestehenden Strafgesetze hin. Eine mögliche Erklärung für diese nachlässige Behandlung bietet die von *Stürmer*[18] aufgestellte These, *Bismarck* sei ohnehin von dem Scheitern der Vorlage ausgegangen und habe dies bewusst in Kauf genommen, um die erwartete Ablehnung den Nationalliberalen anlasten zu können.

Lasker[19] jedenfalls nahm die dürftige Begründung und die Ausführungen in der Eröffnungsrede zum Anlass, nicht nur die Erforderlichkeit entschieden zu verneinen, sondern auch auf das Schicksal des § 20 PreßG einzugehen. Dabei führte er nicht unberechtigt aus, dass §§ 110, 111 des Entwurfs die gleichen Mängel aufwiesen, die bereits zum Scheitern des § 20 PreßG geführt hätten. *Schwarze*[20] lehnte die Novellierung der §§ 110, 111 StGB ab und bezweifelte wie schon die Kommission zur Prüfung des PreßG, die Erforderlichkeit einer solchen Ausdehnung der Strafbarkeit.

In der zweiten Lesung am 14. Dezember 1875 verteidigte Direktor im Reichskanzleramt *von Amsberg*[21] die Ausdehnung der Strafbarkeit auf indirekte Aufforderungen und äußerte Unverständnis über die Kritik. Dabei wies er darauf hin, dass auch in der Wissenschaft die Auffassung vertreten werde, die indirekte Anreizung sei eine Form der Anstiftung. Zudem solle nicht die freie Diskussion beeinträchtigt, sondern lediglich die Glorifizierung strafbaren Unrechts dem Strafgesetz unterworfen werden[22]. Die einzige Erwiderung auf diese Ausführungen erfolgte durch *von Malzahn-Gülz*[23], der die bereits in der Kommission zur Prüfung des Pressegesetzes gerügte Unbestimmtheit des Tatbestandes auch in dieser Vorlage bemängelte.

Der von *Krüger* eingebrachte Antrag, den Schutzbereich des § 110 StGB über die Gehorsampflicht gegenüber „Gesetzen und Verordnungen“ hinaus auch auf die „für die deutschen Bundesregierungen rechtsverbindlichen Vertragsbestimmungen“ auszudehnen[24], fand keinen Fürsprecher. *von Malzahn-Gülz*[25]

17 Prot.Rt. a.a.O. S. 385.

18 Stürmer, a.a.O. S. 141.

19 Prot.Rt. a.a.O. S. 394 f.

20 Prot.Rt. a.a.O. S. 406.

21 Prot.Rt. a.a.O. S. 640 f.

22 Prot.Rt. a.a.O. S. 640 f.

23 Prot.Rt. a.a.O. S. 641 f.

24 Prot.Rt. a.a.O. S. 642.

25 Prot.Rt. a.a.O. S. 642.

wies insoweit zutreffend darauf hin, dass Staatsverträge nur für Regierungen, nicht jedoch für die Bürger rechtsverbindlich seien.

Noch in der gleichen Sitzung wurden die §§ 110, 111 der Vorlage sowie der Änderungsantrag *Krüger* einstimmig abgelehnt[26]. Ebenfalls gescheitert war die beabsichtigte Ergänzung des § 130 StGB mit dem Ziel der wirksameren Bekämpfung der Störung des öffentlichen Friedens durch die Sanktionierung von Angriffen gegen die „Institute der Ehe, der Familie oder des Eigentums öffentlich durch Rede oder Schrift“[27].

C) Das Sprengstoffgesetz

Noch während der Beratungen zur Verlängerung des Sozialistengesetzes[28] hatte die mit der Prüfung betraute VIII. Kommission im Jahr 1884 einstimmig eine Resolution mit dem Wortlaut: „Der Reichstag möge beschließen, den Bundesrat zu ersuchen, in Erwägung zu nehmen, wie gegen Personen, welche unerlaubte Handlungen mit Anwendung von Sprengstoffen begehen oder vorbereiten oder solche Stoffe unter ver-

---

26 Prot.Rt. a.a.O. S. 642.

27 Ausführlich: *Rohrßen*, a.a.O. S. 59 ff.

28 Nachdem die Bemühungen um eine Ausdehnung der §§ 110, 111 und 130 StGB am Widerstand des Reichstags gescheitert waren, nahm *von Bismarck* ein Attentat *Hödels* auf den Kaiser vom 11. Mai 1878 zum Anlaß, dieses Attentat den Sozialdemokraten zuzuschreiben (Tatsächlich hatte der zwanzigjährige und mutmaßlich nach einer Syphiliserkrankung unzurechnungsfähige *Hödel* lediglich das Parteiblatt ausgetragen und war bereits vor dem Attentat aus der Partei ausgeschlossen worden. (Ausführlich: *Pack*, Sozialistengesetz, S. 29 f m.w.N.). Der am 21. Oktober 1878 in den Reichstag eingebrachte Entwurf eines Gesetzes zur Abwehr sozialdemokratischer Ausschreitungen (Aktenstück Nr. 274, 1878), mit dem strafbewehrten Verbot sozialdemokratischer Vereine und Druckschriften wurde zwar am 24. Mai 1878 mit 251 zu 75 Stimmen abgelehnt und die Vorlage zurückgezogen (Rt.Prot. 1878, S. 1554), ein weiteres Attentat gab jedoch Anlaß, eine erneute Vorlage einzubringen. Es gelang *von Bismarck* durch gezielte Propaganda, das Attentat von *Nobiling* am 2. Juni 1878, bei dem der Kaiser durch Schrotkugeln verletzt wurde, den Sozialdemokraten anzulasten, obwohl keine Verbindung des nach einem Selbstmordversuch nicht vernehmungsfähigen und bald darauf verstorbenen *Nobiling* zu den Sozialdemokraten bestand (z. vergl. und m.w.N. *Pack*, a.a.O. S. 53 ff). Diesem Vorstoß war Erfolg beschieden, so daß durch das in der Fassung der Beschlüsse des Reichstags nach dritter Lesung am 17. Oktober 1878 mit 221 zu 149 angenommene Gesetz gegen die gemeingefährlichen Bestrebungen der Sozialdemokratie vom 21. Oktober 1878 *Vereine, welche sozialdemokratischen, sozialistischen oder kommunistischen, auf Untergrabung der bestehenden Staats- oder Gesellschaftsordnung gerichteten Bestrebungen dienen*, zu verbieten waren. Das befristete Gesetz wurde bis zum Außerkrafttreten am 30. September 1890 mehrfach verlängert und diente als Grundlage zahlreicher Verbote, Beschlagnahmungen und Ausweisungen. Das angestrebte Ziel der Bekämpfung sozialdemokratischer Aktivitäten wurde jedoch nicht erreicht, im Gegenteil gelang es den Sozialdemokraten nach anfänglicher Schwächung, die Zahl der Anhänger deutlich zu steigern.

dächtigen Umständen bereiten oder besitzen, im Wege verschärfter bzw. erweiterter Strafgesetzgebung vorzugehen sei, und einen entsprechenden Gesetzentwurf dem Reichstage vorzulegen“ beschlossen[29]. Die bei den Kommissionsberatungen anwesenden Regierungsmitglieder erklärten, ein entsprechender Gesetzentwurf werde bereits erarbeitet und könne zeitnah in den Reichstag eingebracht werden. Noch im gleichen Jahr brachte Reichskanzler *von Bismarck* den Entwurf eines Sprengstoffgesetzes[30] in den Reichstag ein.

Neben Verwaltungsvorschriften bezüglich Herstellung und Umgang mit Sprengstoffen enthielt der Entwurf in §§ 5 bis 10 auch Straftatbestände für den Fall, dass durch den Umgang mit Sprengstoffen vorsätzlich oder fahrlässig Schäden herbeigeführt wurden.

Die öffentliche Aufforderung zur Begehung von Sprengstoffdelikten war in § 10 des Entwurfs unter Strafe gestellt. Der Tatbestand lautete:

> „Wer öffentlich vor einer Menschenmenge oder wer durch Verbreitung oder öffentlichen Anschlag oder öffentliche Ausstellung von Schriften oder anderen Darstellungen, oder wer in Schriften oder anderen Darstellungen zur Begehung einer der in den §§ 5[31] und 6[32] bezeichneten strafbaren Handlungen oder zur Theilnahme an denselben auffordert, wird mit Zuchthaus bestraft.
>
> Gleiche Strafe trifft denjenigen, welcher auf die vorbezeichnete Weise zur Begehung der in Absatz 1 gedachten strafbaren Handlungen insbesondere dadurch anreizt oder verleitet, daß er dieselben anpreist oder als etwas Rühmliches darstellt.“

In der Begründung[33] wurde zwar eingeräumt, die durch Verwendung von Sprengstoffen denkbaren Straftaten seien zu einem großen Teil bereits nach

29 Aktenstücke des Reichstags 1878, Aktenstück Nr. 80.

30 Entwurf eines Gesetzes gegen den verbrecherischen und gemeingefährlichen Gebrauch von Sprengstoffen, Aktenstücke des Reichstags 1884, Aktenstück Nr. 84.
In § 5 wurde die vorsätzlich durch Anwendung von Sprengstoffen herbeigeführte Gefahr für das Eigentum, die Gesundheit oder das Leben eines anderen mit Zuchthaus bedroht. Für den Fall der vollendeten schweren Körperverletzung und der Tötung war ein Strafrahmen von nicht unter 10 Jahren bis lebenslänglich und bei einer leichtfertig begangene Tötung war Todesstrafe zwingend vorgesehen.
In § 6 wurde die Verabredung mehrerer zu einem in § 5 genannten Verbrechen auch dann mit Zuchthaus nicht unter fünf Jahren bedroht, wenn die beabsichtigte Tat noch nicht das Versuchsstadium erreicht hatte.

31 In § 5 wurde die vorsätzlich durch Anwendung von Sprengstoffen herbeigeführte Gefahr für das Eigentum, die Gesundheit oder das Leben eines anderen mit Zuchthaus bedroht. Für den Fall der vollendeten schweren Körperverletzung und der Tötung war ein Strafrahmen von nicht unter 10 Jahren bis lebenslänglich und bei einer leichtfertig begangene Tötung war Todesstrafe zwingend vorgesehen.

32 In § 6 wurde die Verabredung mehrerer zu einem in § 5 genannten Verbrechen auch dann mit Zuchthaus nicht unter fünf Jahren bedroht, wenn die beabsichtigte Tat noch nicht das Versuchsstadium erreicht hatte.

33 Aktenstücke des Reichstags 1884, Aktenstück Nr. 84, zu § 10.

dem StGB zu ahnden, gleichzeitig wurde jedoch auf Lücken in der bestehenden Gesetzgebung und einen zur Ahndung dieser Form gemeingefährlicher Anschläge nicht ausreichenden Strafrahmen hingewiesen. Zu § 10 des Entwurfs wurde ausgeführt, wegen der Maß- und Schamlosigkeit der revolutionären Presse müsse der Strafrahmen über den der §§ 49a[34] und 110 StGB hinausgehen. So sei der Verfasser einer Schrift unabhängig von der Verbreitung zu bestrafen und auch die strafwürdige indirekte Aufforderung „durch Anreizung oder Glofizierung" unter Strafe zu stellen.

Gleich bei Eröffnung der Generaldebatte am 26. Mai 1884 erklärte der sozialdemokratische *Hasenklever*, seine Fraktion werde sich nicht an der Debatte beteiligen und insgesamt der Stimme enthalten. Er führte zur Begründung aus, die Sozialdemokraten hätten mit der anarchistischen Bewegung nichts gemein, sondern seien „entschiedene und prinzipielle Gegner der anarchistischen Bewegung" deshalb „gehe das ganze Gesetz die Sozialdemokraten nicht an"[35].

In der Generaldebatte ergriff einzig W*indthost*[36] das Wort und forderte eine Einschränkung des § 8[37] dahingehend, dass nur der „Umgang unter verdächtigen Umständen" und nicht bereits jeder Umgang, „für den ein erlaubter Zweck nicht nachgewiesen werden könne", der Strafbarkeit unterfalle. In der anschließenden Spezialdebatte erfolgten lediglich zu § 8 des Entwurfs Wortmeldungen und § 10 des Entwurfs wurde ohne Debatte angenommen.

Dem Antrag *Biereck und Genossen* vom 21. Januar 1886 auf Aufhebung des Sprengstoffgesetzes[38] war kein Erfolg beschieden. Der Aufhebungsantrag[39] wurde damit begründet, das Gesetz sei zur Abwehr von Attentaten, die ohnehin in den bekannt gewordenen Fällen von Polizeiagenten initiiert worden seien, ungeeignet und habe lediglich den legalen Umgang mit Sprengstoffen durch Grubenbesitzer und andere zum Umgang Berechtigte durch nachlässige Formulierung und unnötigen Bürokratismus erheblich beeinträchtigt. Der Behauptung, in den bekanntgewordenen Fällen seien ohnehin Polizeispitzel maßgeblich involviert, traten nur *von Windhorst*[40] und *Lenzmann*[41] entgegen.

---

34 § 49a StGB regelte die versuchte Anstiftung zu einem Verbrechen.

35 Prot.Rt. 1884, S. 580 f.

36 Prot.Rt. a.a.O. S. 580 f.

37 § 8 des Entwurfs stellte den unbefugten Umgang mit Sprengstoffen unter Strafe.

38 Aktenstücke des Reichstags 1886, Aktenstück Nr. 98.

39 Prot.Rt. 1886, S. 1633 ff.

40 Prot.Rt. a.a.O. S.1642.

41 Prot.Rt. a.a.O. S. 1643.

Bereits in der ersten Beratung am 24. März 1886[42] wurde wieder zur Tagesordnung übergegangen[43] und der Antrag nicht wieder auf die Tagesordnung gesetzt.

Erst in der 4. Wahlperiode der Bundesrepublik Deutschland war im Entwurf des siebten Strafrechtsänderungsgesetzes vom 9. Januar 1964 die Aufhebung der Straftatbestände im Sprengstoffgesetz und deren Überführung als §§ 311 bis 311c in das allgemeine Strafrecht vorgesehen[44]. Der Sonderausschuss „Strafrecht" billigte die Novellierung der Sprengstoffvergehen auch im Hinblick auf die überhöhten Strafandrohungen des Sprengstoffgesetzes[45]; der Entwurf wurde ohne Wortmeldung in zweiter Lesung am 29. April 1964 angenommen[46] und § 10 Sprengstoffgesetz durch das Siebente Strafrechtsänderungsgesetz von 1. Juni 1964 aufgehoben[47].

D) Die Umsturzvorlage vom 5. Dezember 1894

Obwohl sich die sozialdemokratische Bewegung, auch unter dem Druck des Sozialistengesetzes, von radikalen, sozialrevolutionären oder anarchistischen Bestrebungen ausdrücklich distanzierte und in Publikationen, verglichen mit der Zeit vor dem Sozialistengesetz, eine deutliche sprachliche Mäßigung an den Tag legte, wurde sie in konservativen Kreisen mit Misstrauen betrachtet und mit dem Anarchismus gleichgesetzt. Nach mehreren Attentaten auf hochgestellte Personen im europäischen Ausland und dem Mord am französischen Präsidenten am 24. Juni 1894 durch einen Anarchisten forderte die bürgerliche Presse Maßnahmen gegen die anarchistische und sozialdemokratische Bewegung[48]. Auch die mit der Verlängerung des Sozialistengesetzes befasste Kommission[49] hatte durch eine einstimmig beschlossene Resolution den Bundesrat aufgefordert, alsbald und noch vor Außerkrafttreten des Sozialistengesetzes einen Gesetzentwurf zur Änderung des Strafgesetzbuchs mit dem Ziel der Bekämpfung sozialdemokratischer, sozialistischer und kommunistischer Umsturzbestrebungen vorzulegen. Mit der gemeinhin als „Umsturzvorlage" bezeichneten Regierungsvorlage

42 *Biereck* wies in seiner mündlichen Begründung darauf hin, daß das Gesetz mehr schade als nutze. Wirkliche Attentate seien nicht verhindert worden, „Anschläge" zumeist durch Polizeispitzel provoziert und das Gesetz auch handwerklich derart mißlungen, daß allen, die legal mit Sprengstoffen umgehen, z.B. Steinbruchbesitzer und Transporteure, die Berufsausübung unnötig erschwert werde.

43 Prot.Rt. a.a.O. S. 1645.

44 BT-Drs. IV/1817.

45 BT-Drs. IV 2186.

46 Entwurf eines Gesetzes betreffend die Änderungen des Strafgesetzbuchs, des Militärstrafgesetzbuchs und des Gesetzes über die Presse. Aktenstücke des Reichstags 1894, Aktenstück Nr. 49. Ausführlich zur Umsturzvorlage: *Felske*, a.a.O. S. 87 ff.

47 BGBl I, 1964, 337 ff.

48 *Felske*, a.a.O. S. 88 f. m.w.N.

49 Aktenstücke des Reichstags 1884, Aktenstück Nr. 80.

vom 5. Dezember 1894[50] wurde der erneute Versuch unternommen, im allgemeinen Strafrecht gegen „umstürzlerische" Meinungsäußerungen und auch indirekte Aufforderungen als besonders geschickte Form der Agitation zu Verbrechen und bestimmten Vergehen unter Strafe zu stellen.

Die von Reichskanzler *Fürst zu Hohenlohe* am 5. Dezember 1894 in den Reichstag eingebrachte Regierungevorlage[51] war gleich nach Bekanntwerden heftigen Angriffen in der öffentlichen Kritik ausgesetzt[52]. Insbesondere die §§ 111a StGB und 130 StGB (Aufstachelung zum Klassenkampf) wurden gemeinhin als „Kautschukparagraphen" bezeichnet.

Bei § 111 StGB beschränkte sich die Änderung auf die Anhebung des Strafrahmens bei der erfolglosen Aufforderung von einem auf drei Jahre, sofern zur Begehung eines Verbrechens aufgefordert wurde. Begründet[53] wurde dies mit der erhöhten Gefahr für das Staatswohl und die zum Ausdruck gebrachte rechtsfeindliche Gesinnung.

Durch § 111a des Entwurfs[54] sollte die indirekte Aufforderung durch „anpreisen oder als erlaubt darstellen" von Verbrechen und bestimmter, in einem Katalog abschließend aufgeführter Vergehen, insbesondere Delikte gegen die Staatsgewalt, das Eigentum und gemeingefährliche Straftaten sanktioniert werden. Als Katalogtatbestände waren gegen die Staatsgewalt und Beamtennötigung (§§ 113 bis 115 StGB), Aufruhr und Landfriedensbruch (§§ 124 ff StGB), Nötigung (§ 240 StGB), Diebstahl (§ 242 StGB) Erpressung (§ 253 StGB), Beschädigung von Bauwerken (§ 305 StGB) sowie Eingriffe in Telegraphenanlagen und Wasserbauwerke (§§ 317, 321 StGB). In der Begründung wurde ausgeführt[55], die bestehende Gesetzgebung sei lückenhaft, „wenn die

---

50 Entwurf eines Gesetzes betreffend Änderungen und Ergänzungen des Strafgesetzbuchs, des Militärstrafgesetzbuchs und des Gesetzes über die Presse vom 5. Dezember 1894. Aktenstücke des Reichstags 1894, Aktenstück Nr. 49.

51 Entwurf eines Gesetzes betreffend die Änderungen des Strafgesetzbuchs, des Militärstrafgesetzbuchs und des Gesetzes über die Presse. Aktenstücke des Reichstags 1894, Aktenstück Nr. 49. Ausführlich zur Vorlage: *Felske*, a.a.O. S. 87 ff.

52 Felske, a.a.O. S. 100 m.w.N. Beispielhaft erwähnt seien an dieser Stelle die „Betrachtungen über die Umsturzvorlage" von *Quidde* und *Conrad*, in denen die Umsturzvorlage als Eingriff in bürgerliche Freiheitsrechte heftiger Kritik unterzogen wurde.

53 Aktenstücke des Reichstags a.a.O. Aktenstück Nr. 49, Begründung zu § 111 des Entwurfs.

54 „§ 111a. Gegen denjenigen, welcher auf die im § 110 bezeichnete Weise ein Verbrechen oder eines der in den §§ 113 bis 115, 124, 125, 240, 242, 253, 305, 317 und 321 vorgesehenes Vergehen anpreist oder als erlaubt darstellt, finden die Strafvorschriften Anwendung, die nach § 111 Abs. 2 für den Fall der Aufforderung zur Begehung einer solchen strafbaren Handlung gelten."

55 Aktenstücke des Reichstags a.a.O. Aktenstück Nr. 49, zu § 111a.

Gesetzwidrigkeit einer Handlung nicht in Abrede gestellt, aber versucht werde, diese vom Standpunkt einer angeblich gerechten Weltanschauung aus zu entschuldigen oder zu beschönigen“ und auf die „in öffentlichen Reden und Preßerzeugnissen unternommene Verteidigung der in neuerer Zeit im Auslande vorgekommenen anarchistischen Verbrechen“ hingewiesen.

I. Erste Lesung im Reichstag

Die Regierungsvorlage wurde in erster Lesung vom 17. Dezember 1894 bis zum 12. Januar 1895 an sechs Sitzungstagen zunächst im Rahmen einer Generaldebatte[56] beraten. Den Verlauf der Debatte brachte *Frohme*[57] zutreffend auf den Punkt, als er bemerkte, die Diskussion habe sich zu einer „sozialpolitischen Debatte größeren Stils“ entwickelt, bei der die Vorlage selbst in den Hintergrund geriet.

Staatssekretär im Justizsamt *Niederding*[58] betonte zwar in der Eröffnungsrede, die Vorlage sei nicht als Ausnahmegesetz speziell gegen die Sozialdemokratie gerichtet, provozierte jedoch gleichzeitig durch Zitate aus aufrührerischen Publikationen den Widerspruch der sozialdemokratischen Fraktion.

Die Sozialdemokraten nutzten die Gelegenheit, sich von umstürzlerischen Bestrebungen und anarchistischem Gedankengut ausdrücklich zu distanzieren. Die sozialdemokratischen Abgeordneten *Auer*[59], *Kröber*[60] *Frohme*[61] und *Sigl*[62] lehnten die Vorlage dann auch insgesamt ab uns sprachen sich dagegen aus, die Vorlage auch nur an eine Kommission zu verweisen.

von Stumm-Halberg[63], *Leuscher*[64], *von Wolzlegier-Gilgenburg*[65], *Lerno*[66] und *Liebermann von Sonnenberg*[67] betonten demgegenüber die von den Sozialdemokraten ausgehende Gefahr für das Gemeinwohl und forderten noch weiter-

---

56 Prot.Rt. 1894, S. 173 ff.
57 Prot.Rt. a.a.O. S. 297 f. 7 f.
58 Prot.Rt. a.a.O. S. 176 ff.
59 Prot.Rt. a.a.O. S. 184 ff.
60 Prot.Rt. a.a.O. S. 289 f.
61 Prot.Rt. a.a.O. S. 297 ff.
62 Prot.Rt. a.a.O. S. 280 ff.
63 Prot.Rt. a.a.O. S. 206 ff.
64 Prot.Rt. a.a.O. S. 295 ff.
65 Prot.Rt. a.a.O. S. 261 ff.
66 Prot.Rt. a.a.O. S. 287 ff.
67 Prot.Rt. 1895, S. 267 ff.

gehende gesetzliche Rahmenbedingungen im Kampf gegen die „schädlichen Bestrebungen der Sozialdemokratie". *Liebermann von Sonnenberg, von Wolzlegier-Gilgenburg* und *Spahn* wiesen dagegen auf die Rolle der christlichen Religion im Kampf gegen die Untergrabung der Moral und der Sittlichkeit hin und forderten eine Stärkung der religiösen, insbesondere der katholischen, Glaubensgemeinschaften[68].

Freiherr von Hardenberg[69] schließlich sprach sich gegen alle Tatbestände mit dem Charakter eines Ausnahmegesetzes aus und vertrat die Auffassung, Umsturzbestrebungen könne bereits mit den vorhandenen Straftatbeständen ausreichend begegnet werden.

Die Vorlage wurde nach Schluss der Generaldebatte mit großer Mehrheit einer aus 28 Mitgliedern bestehenden Kommission zugewiesen.

II. Behandlung in der Kommission

Die Kommission beriet die Vorlage in 24 Sitzungen und zwei Lesungen, an denen auch 12 Vertreter und Kommissare des Bundesrats teilnahmen, und legte am 25. April 1895 einen schriftlichen Bericht mit Änderungsvorschlägen vor[70]. Gegenstand der Beratungen war auch eine auf Wunsch der Kommission von der Regierung vorgelegte Materialsammlung mit einer Zusammenstellung praktischer Fälle, „aufrührerische Veröffentli-

---

68 Anlaß dieser starken Betonung kirchlicher, in erster Linie katholischer aber auch spezifisch polnischer Interessen (Polen hatte eine überwiegend katholische Bevölkerung) dürfte der erst wenige Jahre zuvor beendete sogenannte Kulturkampf gewesen sein. Seit Ende 1870 hatten sich die Katholiken in der Zentrumspartei organisiert und verlangten den Schutz der Kirche von staatlicher Gesetzgebung und ein Bündnis mit dem mehrheitlich katholischen Österreich. Mit diesen Forderungen, der strikten Ausrichtung der katholischen Kirche nach Rom (noch dazu hatte das erste Vatikanische Konzil von 1869 bis 1870 dem Papst Unfehlbarkeit zugesprochen) stieß die Zentrumspartei auf den erbitterten Widerstand der Liberalen und *von Bismarcks*, der einschneidende Maßnahmen gegen die katholische Kirche und ihre Organisationen durchsetzte. Zu nennen wären die Auflösung der katholischen Abteilung im preußischen Kultusministerium und der Erlaß des sog. „Kanzelparagraphen", der bestimmte Verlautbarungen Geistlicher unter Strafe stellte im Jahr 1871, das Verbot der Errichtung von Niederlassungen der Jesuiten (Jesuitengesetz) 1872, Kontrolle der Ausbildung und Einstellung von Geistlichen durch den Staat 1873, die Einführung der Zivilehe, die Streichung staatlicher Zuwendungen an die Kirche und die Auflösung der Klöster in Preußen (mit Ausnahme der mit der Krankenpflege befaßten Einrichtunge) 1875. Zudem wurden 1872 die diplomatischen Beziehungen zum Vatikan abgebrochen. Die angestrebte Schwächung der Zentrumspartei gelang nicht; im Gegenteil war *von Bismarck* auf die Stimmen der Zentrumspartei angewiesen, um das Sozialistengesetz durchsetzen zu können. Am 23. Mai 1887 erklärte Papst Leo XIII. den Kuturkampf für beendet. Quelle: Mayers großes Universallexikon.

69 Prot.Rt. a.a.O. S. 278 ff.

70 Aktenstücke des Reichstags 1895, Aktenstück Nr. 273.

chungen" und ausländische Strafvorschriften vergleichbaren Inhalts. Der Schwerpunkt der Debatte lag bei der Frage, welche Vergehenstatbestände in den Katalog des § 111a des Entwurfs aufzunehmen seien und wie sichergestellt werden könne, dass nur die vorsätzliche Anreizung und nicht etwa auch zulässige Kritik und rein literarische Werke erfasst würden. Bereits in erster Lesung zeichnete sich die Tendenz zu einer von *Mast*[71] prägnant als „Klerikalisierung" bezeichneten Umgestaltung des Tatbestandes durch Streichung der Vergehen wider die Staatsgewalt zugunsten von Delikten zum Schutz der allgemeinen Moral und der Religion ab, die in der zweiten Lesung fortgeführt wurde[72]. Da weder die ursprüngliche Vorlage noch die Fassung der Kommission in der zweiten Lesung des Reichstags Zuspruch fanden, scheiterte auch dieses Gesetzgebungsvorhaben.

1. Erste Lesung

Die im Entwurf zu § 111 Abs. 2 StGB vorgesehene Anhebung des Strafrahmens bei erfolgloser Aufforderung zu Verbrechen wurde ohne größeren Beratungsbedarf mit 14 gegen 12 Stimmen und die Anhebung der Geldstrafe auf 2000 Mark mit 13 gegen 11 Stimmen abgelehnt[73]. Der Schwerpunkt der Beratungen lag indes bei § 111a des Entwurfs. Einen Schwerpunkt bildete die Frage, welche Vergehenstatbestände in den Katalog aufgenommen werden sollten, einen anderen das Problem, wie eine vorsätzlich begangene strafbare Anpreisung von zulässiger Kritik getrennt werden könne.

Zum Problem der Trennung der als strafwürdig erachteten indirekte Anreizung von erlaubter Kritik wurden mehrere Anträge gestellt und die Beratungen zu den in den Katalog aufzunehmenden Vergehen zunächst zurückgestellt[74].

a) Indirekte Aufforderung

Zur Frage des Vorsatzes wurden drei Anträge gestellt.

Mit dem ersten Antrag wurde die Formulierung „in der Absicht anpreist oder als erlaubt darstellt, zur Begehung der bezeichneten Tat anzureizen" vorgeschlagen. Der Antrag wurde mit der von der Regierungsvorlage ausgehenden Gefahr für die freie Meinungsäußerung begründet, wobei die Antragsteller davon ausgingen, bei einer Glorifizierung in anarchistischen Publikationen könne die geforderte Absicht in aller Regel unterstellt werden.

---

71 *Mast*, Freiheit, S. 85.

72 Die katholisch geprägte Zentrumspartei hatte bei den Reichstagswahlen 1893 96 Reichstagsmandate errungen und war stärkste Regierungsfraktion. Dies dürfte eine Erklärung für die Durchsetzung kirchlicher Interessen bei den Beratungen sein.

73 Aktenstücke des Reichstags 1895, Aktenstück Nr. 273, Erste Lesung zu § 111.

74 Aktenstücke des Reichstags, a.a.O. Aktenstück Nr. 273, Erste Lesung zu § 111a.

Der zweite Antrag schlug wie im Sprengstoffgesetz die Formulierung „wer [...] anpreist oder als rühmlich darstellt, um zu deren Begehung anzureizen“, um in subjektiver Hinsicht neben dem Bewusstsein der Rechtswidrigkeit der angepriesenen Tat auch das Bewusstsein der Geeignetheit der Äußerung, andere zur Tatbegehung anzureizen, in den Tatbestand einzuarbeiten.

Ein dritter Antrag wurde mehrfach geändert und lautete schließlich „in einer Weise oder unter Umständen anpreist oder als erlaubt darstellt, die geeignet sind, andere zur Begehung solcher strafbaren Handlungen anzuregen“. Auch dieser Antrag wurde mit der notwendigen Abgrenzung strafwürdiger Glorifizierung von strafloser wissenschaftlicher Abhandlung begründet.

Die beiden erstgenannten Anträge wurden von den Regierungsvertretern als nicht hinnehmbare Einschränkung des Tatbestandes bezeichnet. Im Verlauf der Debatte vertraten die Sozialdemokraten die Auffassung, die Vorlage sei ein Ausnahmegesetz gegen die sozialdemokratische Bewegung, der zu Unrecht Umsturzabsichten unterstellt würden. Andere Kommissionsmitglieder wandten ein, die eindeutige und bestimmte Abgrenzung strafwürdiger Glorifikation von zulässiger Kritik sei nicht möglich und könne nicht der Einzelfallentscheidung des Tatrichters überlassen werden. Gegen diese Auffassung argumentierten die anwesenden Regierungsvertreter, die Formulierung der Vorlage sei einfach und klar und überfordere den Richter in keiner Weise.

Schließlich wurde der dritte Antrag „wer [...] anpreist oder als rühmlich darstellt, um zu deren Begehung anzureizen“, mit 20 gegen 7 Stimmen angenommen.

b) Katalogtatbestände

Bei der sich anschließenden Beratung über die in den Katalog aufzunehmenden Vergehen zeichnete sich bereits in diesem frühen Stadium ab, dass sich der Schwerpunkt der Vorlage durch die Streichung von Vergehen gegen die staatliche Autorität zugunsten von Vergehen gegen Moral und Religion deutlich verlagern würde.

Ohne bzw. nach kurzer Debatte wurde die Aufnahme der §§ 114 StGB, (Nötigung von Beamten), 115 StGB (Aufruhr), 124, 125 StGB (Landfriedensbruch), 240 StGB (Nötigung) § 242 StGB (Diebstahl), 305 StGB (Zerstörung von Gebäuden) und §§ 317, 321 StGB (Eingriffe in Telegrafen- und Wasseranlagen) beschlossen.

Die beantragte Streichung der §§ 113 StGB (Widerstand gegen die Staatsgewalt), 240 StGB (Nötigung) und § 253 StGB (Erpressung) zugunsten der Aufnahme der §§ 166, 167 StGB (Gotteslästerung und Störung der Religionsausübung), 172 StGB (Ehebruch) sowie §§ 201 ff StGB (Zweikampf) war Gegenstand kontrovers geführter Diskussionen.

aa) § 113 StGB (Widerstand gegen die Staatsgewalt)

Gegen § 113 StGB wurde eingewandt, die Polizei überschreite häufig ihre Kompetenzen und träte teilweise in nicht hinzunehmender brutaler Weise auf, ohne wegen Missbrauchs der Amtsgewalt zur Rechenschaft gezogen zu werden und sei daher nicht schutzwürdig. Die Auffassung der Regierungsvertreter, die Glorifikation des Widerstands gegen die Staatsgewalt untergrabe die Autorität des Staates und seiner Beamten und wirke sich demoralisierend auf die Bevölkerung aus. Kritik gegen ungehöriges oder unzulässiges Vorgehen der Beamten sei nicht strafbar, weil die Rechtmäßigkeit der Diensthandlung Tatbestandsvoraussetzung von § 113 StGB sei. Diese Argumentation konnte sich nicht durchsetzen und die Aufnahme von § 113 StGB wurde mit 13 gegen 11 Stimmen abgelehnt.

bb) §§ 166, 167 StGB (Gotteslästerung und Störung der Religionsausübung)

Die beantragte Aufnahme dieser in der Regierungsvorlage nicht enthaltenen Tatbestände wurde damit begründet, dass § 111a des Entwurfs die Autorität schütze. Auch und gerade die Autorität Gottes und der Kirche seien konsequenter Weise unter diesen strafrechtlichen Schutz zu stellen. Überdies sei die Glorifizierung der Beschimpfung strafwürdiger als die Beschimpfung selbst. Dagegen wurde vorgebracht, in Gegenden mit konfessionell gemischter Bevölkerung seien Konflikte absehbar und unvermeidbar, das Wiederholen von Beschimpfungen bereits gem. § 166 StGB strafbar und eine Kritik gegen die Grundsätze des Judentums werde in nicht hinzunehmender Weise eingeschränkt. Die Regierungsvertreter traten der Aufnahme dieser Vergehenstatbestände entschieden entgegen und bezeichneten den Antrag als sachfremd und ohne jede praktische Bedeutung. Trotz dieses erklärten Widerstands wurde der Antrag mit 16 gegen 8 Stimmen (§ 166 StGB) bzw. großer Mehrheit (§ 167 StGB) angenommen wurde.

cc) § 172 StGB (Ehebruch)

Die Aufnahme dieses ebenfalls in der Regierungsvorlage nicht enthaltenen Tatbestandes wurde mit der in der bildenden und darstellenden Kunst angeblich aufgekommenen sittenlosen Betrachtung der Ehe und der negativen Auswirkungen auf die allgemeine Moral begründet. Auch hier drangen der erklärte Widerstand der Regierungsvertreter und der Hinweis, Ehebruch sei nicht unbedingt, sondern nur dann strafbar, wenn die Ehe deswegen geschieden werde, nicht durch und der Antrag wurde mit großer Mehrheit angenommen.

dd) §§ 201 StGB (Herausforderung zum Zweikampf) und §205 StGB (Zweikampf)

Die Aufnahme dieser in der Vorlage nicht enthaltenen Tatbestände wurden mit der Häufigkeit der Verherrlichung des Zweikampfs und des in standesbewussten Kreisen bestehenden moralischen Zwangs, eine Forderung anzunehmen, begründet. Dagegen forderten Anhänger des Duells, im Gegenteil die Strafbarkeit des Zweikampfs selbst aufzuheben. Argumentiert wurde auch mit den funktionierenden militärischen Ehrengerichten und der Unmöglichkeit studentischer Mensuren infolge der Einstufung als „Zweikampf mit tödlichen Waffen" durch das Reichsgericht. Die Gegenstimmen konnten sich nicht durchsetzen und die Tatbestände wurden mit 14 gegen 11 Stimmen angenommen.

ee)§ 253 StGB (Erpressung)

Die Regierungsvertreter konnten sich mit dem Argument, die Aufnahme sei die notwendige Konsequenz der bereits beschlossenen Aufnahme der Nötigung nicht gegen die gegenteilige Auffassung, durch die Aufnahme dieses Tatbestandes werde nur den Arbeitskampf und die Koalitionsfreiheit der Arbeiter, nicht aber die Aussperrung durch die Arbeitgeber sanktioniert, durchsetzen. Die Aufnahme wurde mit Mehrheit angenommen.

In der Schlussabstimmung wurde § 111a des Entwurfs mit 19 gegen 6 Stimmen angenommen und lautete:

> „Die Strafvorschriften, die nach § 111 Absatz 2 für den Fall der erfolglosen Aufforderung gelten, finden auch gegen denjenigen Anwendung, welcher auf die im § 110 bezeichnete Art ein Verbrechen oder eines der in §§ 114, 115, 124, 125, 166, 167, 172, 201, 205, 240, 242, 253, 305, 317,321 vorgesehenen Vergehen in einer Weise oder unter Umständen anpreist oder als erlaubt darstellt, die geeignet sind, andere zur Begehung solcher strafbarer Handlungen anzuregen."

Gestrichen wurde damit gegen den erklärten Widerstand der Regierungsvertreter § 113 StGB (Widerstand gegen die Staatsgewalt) und ebenfalls gegen den Widerstand der Regierungsvertreter wurden die Vergehen des Zweikampfes (§§ 201, 205 StGB), der Gotteslästerung und Störung der Religionsausübung (§§ 166, 167 StGB) und des Ehebruchs (§ 172 StGB) aufgenommen.

2. Zweite Lesung

Bereits vor Eintritt in die zweite Lesung wurde beantragt, die Vorlage in ihrer jetzigen Fassung im ganzen abzulehnen, bzw. nicht in die zweite Lesung einzutreten[75]. Diesen unbegründet gebliebenen Anträgen traten die Regie-

75 Aktenstücke des Reichstags, a.a.O. Aktenstück Nr. 273, Zweite Lesung.

rungsvertreter mit dem Hinweis auf das erhebliche Interesse der verbündeten Regierungen an dem Zustandekommen des Gesetzes entgegen. Beide Anträge wurden mit 7 Gegenstimmen abgelehnt.

§§ 111, 111a des Entwurfs wurden gemeinsam beraten und mehrere Änderungsanträge gestellt[76]. Zu § 111 Abs. 2 des Entwurfs wurde nach nur kurzer Debatte beschlossen, den Strafrahmen der erfolglosen Aufforderung zu einem Verbrechen auf drei Jahre Gefängnis oder dreitausend Mark Geldstrafe anzuheben. Wie bereits in erster Lesung stand die Fassung von § 111a des Entwurfs im Mittelpunkt der Debatte.

Ein Antrag verfolgte das Ziel, §§ 111 StGB und 111a des Entwurfs zu einem Tatbestand zusammenzufassen. Der Strafrahmen der erfolglosen öffentlichen Aufforderung zu einem Verbrechen sollte entsprechend der Regierungsvorlage angehoben und § 111a in der Fassung erster Lesung als weiterer Absatz in § 111 eingefügt werden, die §§ 114 (Nötigung von Beamten) und 253 (Erpressung) sollten nach diesem Antrag entfallen.

Mit einem zweiten Antrag wurde die Annahme der Regierungsvorlage mit dem Zusatz „in der Absicht, zu einem der vorstehenden Vergehen anzureizen" vorgeschlagen.

Der dritte Antrag strebte die Aufnahme des § 113 (Widerstand gegen die Staatsgewalt) und die indirekten Aufforderung als „[...] mit dem Bewusstsein, zur Begehung solcher strafbarer Handlungen anzuregen, anpreist oder als erlaubt darstellt" an.

Nach nur kurzer Erörterung erfolgte die Annahme der im ersten Antrag vorgeschlagenen Anhebung des Strafrahmens mit 7 Gegenstimmen. Die Debatte über die Katalogtatbestände wurde wie in erster Lesung zurückgestellt.

a) Verbindung der §§ 111 und 111a und indirekte Aufforderungen

Zunächst wurden der verbleibende Teil des ersten Antrags „dadurch anreizt, dass er eine solche Handlung anpreist oder rechtfertigt" und die Zusammenlegung von §§ 111 StGB mit § 111a des Entwurfs erörtert.

Der Regierungsvertreter lehnte den Antrag ab und äußerte Zweifel, ob die verbündeten Regierungen auf eine derartig gravierende Einschränkung der Strafbarkeitsvoraussetzungen würden hinnehmen können. Nach seiner Auffassung blieben so „alle Handlungen, durch welche, ohne dass direkt zu einem

---

76 Aktenstücke des Reichstags, a.a.O. Aktenstück Nr. 273, Zweite Lesung zu §§ 111, 111a.

der bezeichneten Delikte angereizt würde, nur eine Verwirrung und Untergrabung der sittlichen und rechtlichen Anschauungen der Bevölkerung erzeugt und allmählich die Neigung zu Gesetzesverletzungen und revolutionären Gewalttaten genährt werde" straffrei.

In kontroverser Diskussion wurde für die vorgeschlagene Fassung angeführt, der Unterschied zwischen der Regierungsvorlage und dem Antrag sei nicht gravierend, denn es werde lediglich die zulässige Kritik sicher aus der Strafbarkeit herausgenommen. Gefordert sei lediglich, dass „die Anreizung unter Umständen geschehe, die geeignet seien, den Tatentschluss hervorzurufen und das Bewusstsein des Täters, dass seine Anpreisung diese Wirkung habe". Die weiteren Anträge waren nicht Gegenstand der Diskussion und wurden abgelehnt, soweit sie nicht die Katalogstraftaten betrafen.

Der erste Antrag wurde mit 16 Stimmen angenommen, so dass § 111a gestrichen und als Abs. 2 in § 111 eingefügt wurde. § 111 Abs. 2 stellte die erfolglose „Aufforderung oder Anreizung zu einem Verbrechen durch anpreisen oder rechtfertigen" unter Strafe, wobei das Strafmaß des Ursprungstatbestands nicht überschritten werden durfte[77]:

b) Katalogstraftaten

Ohne bzw. nur nach nur kurzer Debatte wurde die Aufnahme der §§ 115 (Aufruhr), 124, 125 (Landfriedensbruch), 166, 167 (Gotteslästerung und Störung der Religionsausübung, 240 (Nötigung), 242 (Diebstahl), 305 (Zerstörung von Gebäuden) sowie der §§ 317, 321 (Eingriffe in den Telegrafenverkehr und in Wasserbauwerke) und die Streichung des Zweikampfs (§§ 201, 205) sowie der Erpressung (§ 251 StGB) beschlossen. Streitig wurde hingegen beraten, ob und in welcher Form der Ehebruch und §§ 113, 114 StGB (Widerstand gegen Vollstreckungsbeamte und Beamtennötigung) in den Katalog aufzunehmen seien.

---

77 „§ 111 Abs. 1[...]
Abs. 2 Ist die Aufforderung ohne Erfolg geblieben, so tritt Geldstrafe bis zu sechshundert Mark oder Gefängnisstrafe bis zu einem Jahre und, sofern es sich um die Aufforderung zu einem Verbrechen handelt, Gefängnisstrafe bis zu drei Jahren oder Geldstrafe bis zu zweitausend Mark ein. Gleiche Strafe trifft denjenigen, welcher auf die in § 110 bezeichnete Weise zu einem Verbrechen [...] dadurch anreizt, daß er eine solche Handlung anpreist oder rechtfertigt. Die Strafe darf der Art oder dem Maße nach keine schwerere sein als die auf die Handlung selbst angedrohte."

aa) Ehebruch

Die Aufnahme der Formulierung „zum Ehebruch“ statt der Nennung der entsprechenden Strafvorschrift wurde damit begründet, die Strafbarkeit des Ehebruchs setze die Ehescheidung voraus. Die „Gefährdung der bürgerlichen Gesellschaft und die Zerrüttung des Familienlebens durch die steigende Zahl der Scheidungen wegen Bruchs der ehelichen Treue und die abstumpfende und zum Ehebruch anreizende Behandlung durch Presse und Theater“ fordere zwingend eine Sanktionierung der Aufforderung zu ehebrecherischen Handlungen. Der Regierungsvertreter wies vergeblich auf rechtliche Bedenken und den in § 130 des Entwurfs bereits vorgesehenen Schutz der Ehe zurück. Die Aufnahme der beantragten Formulierung wurde knapp mit 14 gegen 11 Stimmen beschlossen.

bb) Widerstand gegen die Staatsgewalt (§ 113 StGB) und Beamtennötigung (§ 114 StGB)

Hier wurde von einer Seite die Aufnahme nur des § 113 StGB und von anderer Seite die Aufnahme beider Tatbestände vorgeschlagen. Der Regierungsvertreter sprach sich für die Aufnahme beider Tatbestände aus und wies darauf hin, dass beide Tatbestände maßgeblicher Inhalt der Vorlage seien. Dagegen wurde vorgebracht, die Aufforderung und Anreizung zu diesen Vergehen bedürfe nur dann einer strafrechtlichen Sanktion, wenn eine Vielzahl von Personen zum Widerstand angehalten werde. Ein solcher Widerstand sei aber bereits von einschlägigen Tatbeständen erfasst. Mit 14 gegen 12 Stimmen wurde beschlossen, die Tatbestände nicht aufzunehmen bzw. wieder zu streichen.

Nach den Beschlüssen zweiter Lesung waren Aufruhr (§ 115 StGB), Landfriedensbruch (§§ 124, 125 StGB), Gotteslästerung (§§ 166, 167 StGB) Nötigung (§ 240 StGB), Diebstahl (§ 242 StGB), Erpressung (§ 253 StGB) und Zerstörung bestimmter baulicher Anlagen (§§ 305, 317, 321 StGB) Katalogtatbestände und zusätzlich auch die Aufforderung zum Ehebruch in den Katalog eingestellt. Gestrichen waren die in der Regierungsvorlage vorgesehenen Vergehen des Widerstands gegen Vollstreckungsbeamte und Beamtennötigung (§§ 113, 114 StGB); gegen den Willen der Regierungsbeamten wurden der Ehebruch und die Gotteslästerung aufgenommen. Die in der Regierungsvorlage genannten Handlungsalternativen „anpreisen oder als erlaubt darstellen“ wurden durch „anreizen durch anpreisen oder als erlaubt darstellen“ ersetzt. Der von der Kommission vorgeschlagene Tatbestand lautete demnach:

> „§ 111 Abs. 2 Satz 2.
>
> Gleiche Strafe trifft denjenigen, welcher auf die im § 110 bezeichnete Weise zu einem Verbrechen, zum Ehebruch oder zu einem der in den §§ 115, 124, 166, 167,

240, 242, 305, 317, 321 vorgesehenes Vergehen dadurch anreizt, dass er eine solche Handlung anpreist oder als erlaubt darstellt."

III. Zweite Lesung im Reichstag

In der Öffentlichkeit und der bürgerlichen Presse löste die „klerikale Umarbeitung" durch die Aufnahme des Ehebruchs, der Gotteslästerung und der Störung der Religionsfreiheit heftige Proteste aus, da eine nicht akzeptable Einschränkung der Freiheit der Wissenschaft und der Kunst befürchtet wurde[78]. Auch die verbündeten Regierungen waren mit dem Ergebnis der Kommissionsberatungen unzufrieden, weil sich der Schwerpunkt in der Kommissionsfassung nach Streichung der §§ 113, 114 StGB (Widerstand gegen Vollstreckungsbeamte und Beamtennötigung) zugunsten des Ehebruchs und der Religionsvergehen weg vom Schutz staatlicher Autorität und hin zur Stärkung von Kirche und Moral verlagert hatte. Reichskanzler *Fürst zu Hohenlohe* bezeichnete die Änderungen an § 111 StGB in einem an den Kaiser gerichteten Bericht als unannehmbar[79]. Bereits am 1. März 1895 hatte Großherzog *Friedrich I* von Baden im Hinblick auf die negative Berichterstattung in der Presse gegenüber dem Reichskanzler angeregt, die Vorlage nicht mehr in das Plenum zurückgelangen zu lassen[80]. Auch der Kaiser selbst sprach sich dafür aus, die Vorlage scheitern zu lassen, falls der Reichstag auf unannehmbaren Beschlüssen beharre und erwog sogar, die Vorlage im Bundesrat zurückziehen zu lassen[81].

Die Vorlage in der Fassung des Kommissionsvorschlags wurde in vier Sitzungen vom 8. Mai 1895 bis zum 11. Mai 1895 beraten. Die Debatte wurde mit der Beratung des § 111 eröffnet, wobei auch hier die Diskussion über die in den Katalog der Vergehen aufzunehmenden Tatbestände wie bei den Kommissionsberatungen zunächst zurückgestellt wurde.

Reichskanzler Fürst zu Hohenlohe-Schillingsfürst[82] brachte bereits in der Eröffnungsrede klar zum Ausdruck, dass die Vorlage durch die Kommission in einer für die verbündeten Regierungen nicht hinnehmbaren Weise umgestaltet wurde. Er kritisierte mit deutlichen Worten die Verlagerung des Schwerpunkts weg von der ursprünglichen beabsichtigten Stärkung der Staatsgewalt und hin zum Schutz von Religion und Sitte. In der sich anschließenden Debatte fand der Vorschlag der Kommission wenig Anklang. Der sozialdemokratische Abgeordnete *Auer*[83] fasste den Verlauf der Diskussion höhnisch, aber zutreffend mit dem Bemerken zusammen:

---

78 Mast, a.a.O. S. 79 f, m.w.N.

79 *Mast* a.a.O. S. 93.

80 *Mast* a.a.O. S. 93.

81 *Mast* a.a.O. S. 93.

82 Prot.Rt. a.a.O. S. 2137 f.

83 Prot.Rt. a.a.O. S. 2137 f.

„[...] Alle Parteien weisen die Verantwortung von sich ab, und besonders diejenigen [...] welche vorher die lautesten Schreier waren, die wollen jetzt am allerweitesten vom Schusse sein [...] Man hat lange nach einer derartigen Vorlage geschrieen und verlangt dass man sich selbst, scheint es, überschlagen hat; man hat sich am Worte berauscht und hat nicht daran gedacht, was dieses Schreien wohl für Folgen haben könnte; jetzt wo das Kind ausgetragen ist und uns vorliegt und die ultramontane[84] Amme dabei steht, die es dick und fett gesäugt hat, jetzt erklären die Väter und Schreier nach diesem Gesetz: nein, von diesem Wechselbalg wollen wir um Gottes Willen nichts wissen."

Eine inhaltliche Debatte fand nur am Rande statt; statt dessen wurde eine Grundsatzdiskussion um Wert oder Unwert der sozialdemokratischen Bewegung geführt. Auf den Vorwurf des Umsturzbestrebens konterten die Sozialdemokraten mit dem rein provokativen Antrag von *Barth*, unterstützt von *Bebel*, auch die Anreizung zum Zweikampf unter Strafe zu stellen. Sowohl *Barth*[85] als auch *Bebel*[86] nutzten ihre Redebeiträge, um auf die Vorbildfunktion der satisfaktionsfähigen Angehörigen der Zivilbevölkerung und der Armee hinzuweisen, die sich „bewusst über das Gesetz stellen" und „für sich fordern, was Niederen verwehrt bliebe", was als Seitenhieb auf die kurz zuvor ausgesprochene Duellforderung des konservativen Abgeordneten *von Stumm* zu verstehen ist.

Die Aufnahme der Anreizung zum Ehebruch als Katalogstraftat nutzte *Bebel*[87] als Steilvorlage, um auf „die gerade in den Kreisen des Bildungsbürgertums beliebten Werke der bildenden Kunst" hinzuweisen, die nach dem Kommissionsvorschlag nun wohl nicht mehr verlegt oder aufgeführt werden dürften.

In der Abstimmung zu § 111 des Kommissionsentwurfs (§ 111a der Regierungsvorlage) wurden die Vorlage, der Kommissionsentwurf und die gestellten Anträge erwartungsgemäß abgelehnt. Das Gesetzgebungsvorhaben wurde sodann insgesamt als gescheitert angesehen[88] und die Vorlage am 11. Mai 1895 in Gänze abgelehnt[89].

---

84 Unter dem Begriff „Ultramontanismus" wird die Haltung der Koatholischen Kirche, ihre Weisung nur von der päpstlichen Kurie „jenseits der Berge" entgegenzunehmen, verstanden. Der Begriff ist abgeleitet von der lateinischen Bezeichung „ultra montes".

85 Prot.Rt. a.a.O. S. 2205 ff.

86 Prot.Rt. a.a.O. S. 2210.

87 Prot.Rt. a.a.O. S. 2211.

88 Felske, a.a.O. S. 111.

89 Prot.Rt. a.a.O. S. 2217.

E) Résumé

Die in dieser Periode unternommenen Versuche, die Äußerungsfreiheit durch Strafbestimmungen einzuschränken und auch die indirekte Agitation unter Strafe zu stellen, waren nur im Bereich des SprengstoffG erfolgreich[90]. Zwar richtete sich nur das Sozialistengesetz ausdrücklich gegen die sozialdemokratische Bewegung und ihr zugerechnete Bestrebungen und die weiteren Gesetzgebungsvorhaben bewegten sich auf dem Boden des gemeinen Rechts, des ungeachtet waren standen jedoch vermeintlich „aufrührerische“ Äußerungen im Fokus dieser Gesetzgebungsvorhaben. Dass derartige Äußerungen und „umstürzlerische Bestrebungen“ gerade den Sozialdemokraten angelastet wurden, beruht wohl darauf, dass in den maßgeblichen Kreisen nicht zwischen den verschiedenen sozialreformerischen Ansätzen unterschieden wurde, sondern der sozialdemokratischen Bewegung die radikalen Positionen der Anarchisten und Nihilisten unterstellt wurden[91]. Während die Vorlagen von 1874 und 1876 in erster Linie wegen handwerklicher Fehler als „Kautschukparagraphen“ abgelehnt wurden und der 1. Entwurf eines Sozialistengesetzes 1878 nicht unerwartet und aus Sicht *Bismarcks* nicht unwillkommen am Widerstand der Nationalliberalen scheiterte[92], eröffneten die Mehrheitsverhältnisse zugunsten der konservativen Parteien nach den Neuwahlen vom 30. Juli 1878[93] und die aufgeheizte Stimmung nach dem zweiten auf den Kaiser verübtem Attentat die Möglichkeit, durch das bis zum 30. September 1890 mehrfach befristete Sozialistengesetz vom 17. Oktober 1878 nicht nur gegen agitatorische Brandreden vorzugehen, sondern organisierte sozialdemokratische Bestrebungen insgesamt zu verbieten, Vereinsvermögen einzuziehen und Druckschriften zu beschlagnahmen. Obwohl von diesen exekutiven Möglich-

---

90 Der „Erfolg“ im Sinne einer wirksamen Bekämpfung etwaiger Attentate ist jedoch in Zweifel zu ziehen. Insoweit hat *Biereck* (Prot.Rt. 1886, S. 1633 ff) darauf hingewiesen, daß die Anregung zur Planung von Sprengstoffanschlägen in aller Regel gezielt von Polizeiagenten initiiert wurden, um Repressalien zu ermöglichen. Tatsächlich habe das handwerklich mangelhaft formulierte Gesetz nicht zur Verhinderung von Anschlägen sondern lediglich zu schwerwiegenden Beeinträchtigungen im Bereich des legalen Umgangs mit Sprengstoffen, z.B. durch Grubenbesitzer geführt. Eine Erwiederung erfolgte durch *Dr. Windhorst* (a.a.O. S. 1642) und *Lenzmann* (a.a.O. S. 1643), die sich zwar gegen die Ausführungen gewandt, jedoch inhaltlich nicht ernsthaft wiedersprochen haben.

91 *Pack*, a.a.O. S. 8 f.

92 *Pack*, a.a.O. S. 30.

93 *Pack*, a.a.O. S. 73: Die Neuwahlen waren erforderlich, nachdem der Reichstag durch Beschluss des Bundesrats aufgelöst worden war. Sitzverluste betrugen: Nationalliberale 99 zu 127, Sozialdemokraten 9 zu 12 und Fortschrittspartei 26 zu 35. Sitzgewinne betrugen: Deutschkonservative 59 zu 40, Reichspartei 57 zu 38 und Zentrum 99 zu 93.

keiten in weitem Umfang und durch effektives Vorgehen durch die politische Polizei Gebrauch gemacht wurde[94], gelang zwar die Schwächung, nicht jedoch die Vernichtung der sozialdemokratischen Bewegung. Die Sozialdemokraten waren jedoch auch während der Geltung des Sozialistengesetzes im Reichstag vertreten. Als letztlich positiver Effekt des Sozialistengesetztes dürfte die erzwungene deutliche Mäßigung in Sprache und Auftreten sowie die ausdrückliche Distanzierung zu den negierenden Gruppierungen der Anarchisten und Kommunisten gewertet werden, die letztlich eine gesteigerte Akzeptanz in der Bevölkerung und in liberalen Kreisen bewirkt und die sozialdemokratische Bewegung insgesamt gestärkt haben dürfte. Im Ergebnis sind jedenfalls die Bemühungen *von Bismarcks* und seiner Amtsnachfolger im Kampf gegen die sozialdemokratische Bewegung sowohl durch Spezialgesetze als auch durch Änderungen des Strafgesetzbuchs gescheitert.

94 *Jensen*, Presse, S. 40 beziffert die in allein im Zeitraum vom 1. Februar 1878 bis zum 1. Februar 1879 vorgenommenen richterlichen Handlungen gegen 133 Zeitungen und 20 Broschüren mit 217, wobei er den schnellen polizeilichen Zugriff auf die bereits vor Erlaß des Sozialistengesetzes seitens der Regierung gesammelten Erkenntnisse über die sozialdemokratische Presse zurückgeführt hat.

Fünftes Kapitel: Beginn der Strafrechtsreform

A) Vorarbeiten zur deutschen Strafrechtsreform

Zur Vorbereitung der Strafrechtsreform beauftrage Staatssekretär im Reichsjustizsamt *Niederding* am 16. Juli 1906 ein wissenschaftliches Komitee, bestehend aus acht Professoren[1], mit der Erarbeitung einer rechtsvergleichenden Darstellung des deutschen und ausländischen Strafrechts und Unterbreitung von Anregungen für die künftige Strafgesetzgebung. Die Bewältigung dieser Aufgabe gelang durch die Heranziehung nahezu aller Strafrechtslehrer deutscher Universitäten und wurde 1909 durch Vorlage der aus 16 Bänden bestehenden „Vergleichenden Darstellung des deutschen und ausländischen Strafrechts" abgeschlossen. Für den Abschnitt „Widerstand gegen die Staatsgewalt" zeichnete *Mayer* aus Straßburg verantwortlich.

Mayer setzte sich intensiv mit dem Anwendungsbereich des § 110 StGB unter besonderer Berücksichtigung der Strafbarkeit der öffentlichen Aufforderung zum Streik und der Wirksamkeit des Tatbestandes im Kampf gegen den Anarchismus auseinander. Er kam zu dem Schluss, § 110 StGB sei in der gegenwärtigen Fassung wirkungslos und entbehrlich. Grundsätzlich bejahte *Mayer* die Frage, ob auch bürgerliche Gesetze dem Schutzbereich unterfallen mit der Formel „diejenigen Gesetze, welche die Entstehung von Rechtspflichten zur Folge haben, fordern Gehorsam. Die bürgerlichen Gesetze seien daher Gesetze im Sinne des § 110"[2]. Gleichzeitig wies er jedoch durchaus zutreffend darauf hin, die durch die höchstrichterliche Rechtsprechung geforderte Missachtung der unpersönlichen Grundlagen der Rechtsordnung stehe einer Verurteilung in aller Regel entgegen, weil dem Bürger diese Grundlagen gleichgültig seien[3]. Nach seiner Auffassung blieben nach Ausscheidung der Fälle, die ohnehin bereits von § 111 StGB erfasst seien und der Kritik, die sich zwar gegen das Gesetz als solche richte, jedoch das Tatbestandsmerkmal der Aufforderung zum Ungehorsam zu umgehen wisse, lediglich nicht strafwürdige Konstellationen übrig. Zur Begründung führte er plastisch das Beispiel eines

---

1 *Schmidt*, Rechtsgeschichte, S. 364: Der Kommission gehörten als Vertreter der klassischen Schule *Birkemeyer*, *Wach und Kahl*, als Vertreter der soziologischen Schule *v. Liszt*, *v. Lilienthal*, und *v. Hippel* (ursprünglich war *Seuffert* berufen, er verstarb jedoch am 23. November 1902 und wurde durch *v. Hippel* ersetzt) und als Vertreter der vermittelnden Schule *van Calker* und *Frank.*

2 *Mayer*, a.a.O. S. 369.

3 *Mayer*, a.a.O. S. 371.

Hauseigentümers an, der verurteilt wurde, weil er zum Boykott der Verordnung zur Beseitigung von Ofenklappen aufgefordert hatte. Als Waffe im Kampf gegen den Anarchismus war § 110 StGB seiner Auffassung nach bedeutungslos, weil die Agitation gegen die Rechtsordnung, die einen Aufruf zur Tat vermeide, ebenso wenig erfasst werde wie die geheime, nicht öffentliche Verbreitung anarchistischer Lehren[4]. *Mayer* vertrat die Auffassung, eine Strafdrohung auch gegen die „nicht provokatorische, agitatorische, staatsfeindliche Einwirkung auf die Überzeugung der Volksmassen" sei zwar notwendig, wies aber im gleichen Atemzug auf die Probleme hin, die sich bei der Formulierung eines solchen Tatbestandes zwangläufig ergeben würden. Als wirksame Ergänzung des § 111 StGB anstelle des nach seiner Auffassung im Kampf gegen anarchistische Bestrebungen nutzlosen § 110 StGB schlug er vor, „auch gegen die Absicht, das Bewusstsein der Verbindlichkeit der Gesetze zu schwächen, strafend einzuschreiten, sofern diese Absicht durch die öffentliche Verherrlichung oder Rechtfertigung von Verbrechen zu verwirklichen versucht wird". Zu § 111 StGB vertrat er die Auffassung, der Tatbestand sei überflüssig, wenn die Anstiftung des AT auch eine nicht an bestimmte Personen gerichtete Aufforderung erfasse; sei dies nicht der Fall, dann stelle § 111 StGB eine notwendige Ergänzung der Anstiftung dar und solle auch bei den Teilnahmevorschriften eingestellt werden[5].

B) Die Entwürfe von 1909 bis 1919

I. Der Vorentwurf 1909

Parallel erarbeitete eine Kommission aus fünf praktischen Juristen im Auftrag des Reichsjustizsamts in 117 Sitzungen vom 1. Mai 1906 bis zum 22. April 1909 einen mit einer Begründung versehenen Vorentwurf zu einem Deutschen Strafgesetzbuch[6], der auf Anordnung des Reichsjustizsamts veröffentlicht wurde.

Die §§ 110, 111 StGB dienten als Basis für § 131 des Vorentwurfs, wurden jedoch inhaltlich erheblich revidiert, zu einem Tatbestand zusammengefasst und aus dem 6. Abschnitt „Widerstand gegen die Staatsgewalt" in den nachfolgenden 7. Abschnitt „Verbrechen und Vergehen gegen die öffentliche Ordnung" überführt. Weitere in diesen Abschnitt eingestellte Straftatbestände waren Landfriedensbruch, Volksverhetzung, Amtsanmaßung, Pfandbruch, Verletzung amtlicher Bekanntmachungen und Hoheitszeichen, Auswanderungsbetrug und Tierquälerei.

---

4 *Mayer*, a.a.O., S. 373.

5 *Mayer*, a.a.O., S. 380 f.

§ 131 des Entwurfs war als Gefährdungsdelikt ausgestaltet und die „Gefährdung der gesetzlichen Ordnung“ Tatbestandsvoraussetzung. Erneut wurde auch die indirekte Aufforderung durch „Anreizen“ und „Verherrlichung begangener Verbrechen“ von der Strafandrohung erfasst. Die Differenzierung zwischen einer erfolgreichen und einer erfolglosen öffentlichen Aufforderung wie im geltenden Recht wurde hingegen aufgegeben. Gem. § 131 des Entwurfs war mit Gefängnis oder Haft bis zu zwei Jahren zu bestrafen, wer „die gesetzliche Ordnung dadurch gefährdet, dass er öffentlich oder durch Verbreitung von Schriften, Abbildungen oder Darstellungen zur Begehung von Verbrechen oder Vergehen oder zur Auflehnung gegen Gesetze oder rechtsgültige Verordnungen oder gegen die von der Obrigkeit innerhalb ihrer Zuständigkeit getroffenen Anordnungen auffordert oder aufreizt oder begangene Verbrechen verherrlicht“.

1. Die amtliche Begründung

Zur Stellung im Gesetz wurde in der Begründung[7] ausgeführt, Zielrichtung der in diesem Abschnitt eingestellten Delikte sei die öffentliche Ordnung im engeren Sinn. Die von *Mayer* vertretene Auffassung, die Tatbestände seien entbehrlich, wurde zurückgewiesen und die Aufrechterhaltung im Interesse des Schutzes der öffentlichen Ordnung vor Verhetzung und Aufreizung zum Widerstand als dringend erforderlich bezeichnet. Die im geltenden § 111 StGB bestehende Bindung der öffentlichen Aufforderung an das zu begehende Delikt wurde als gelöst und § 131 des Entwurfs als „Vergehenstatbestand eigener Art“ bezeichnet.

Nach Auffassung der Entwurfsverfasser sollte die erfolgreiche öffentliche Aufforderung nicht nach § 131 des Entwurfs mit seinem Strafrahmen von bis zu zwei Jahren Gefängnis bestraft werden sondern als Anstiftung entsprechend der Teilnahmeregeln des AT. Nur die erfolglos gebliebene Aufforderung sollte von § 131 des Entwurfs[8] erfasst werden. Wenn der Nachweis der Anstiftung im Einzelfall nicht zu führen sei, solle der Auffordernde nicht „wie ein Anstifter“ bestraft werden, da er genau dies eben nicht sei.

Das Tatbestandsmerkmal „vor einer Menschenmenge“ sei wie bei der öffentlichen Auforderung zum Hochverrat als zu unbestimmt gestrichen worden.

6 Einleitung der Begründung des Entwurfs.

7 Begründung, BT, S. 477 ff.

8 Begründung, a.a.O. S. 480.

Zudem ergebe sich die Strafwürdigkeit nicht aus dem Aufruf am eine Menschenmenge, sondern aus der Öffentlichkeit der Tathandlung[9].

Der Begriff des „aufreizens“ sollte nach der Begründung enger verstanden werden als der des „anreizens“ in Form einer „intensiven, der Aufforderung nahekommenden Art des Anreizens“. Die Einbeziehung auch einer indirekten Aufforderung wurde für unumgänglich gehalten, weil „gerade die geschicktesten und gefährlichsten Volksaufwiegler die Form der Aufforderung vermeiden und dafür die der bisher straflosen Anreizung zu wählen verstehen“. Diese Art der Agitation sei als Angriff auf die innere Sicherheit zu bekämpfen. Zudem sei der Tatbestand durch die Tatbestandsvoraussetzung der Gefährdung der öffentlichen Ordnung, auf die sich der Vorsatz beziehen müsse, ausreichend eingeschränkt.

Die in der Begründung genannte „agitatorische Glorifikation“ sollte als „eine die gesetzliche Ordnung bewusst gefährdende Verherrlichung von begangenen Verbrechen“ verstanden werden und war Konsequenz der „nicht hinzunehmenden wohlwollenden Berichterstattung über ausländische Anschläge auf Staatsoberhäupter“. Derartiger Berichterstattung müsse durch die Strafbarkeit der „Verherrlichung begangener Verbrechen“ begegnet werden. Die Straflosigkeit historischer Betrachtungen, fachlicher Kritik oder literarischer Werke sei durch das objektive Tatbestandsmerkmal der „Gefährdung der gesetzlichen Ordnung“ und der Strafbarkeit nur der Verherrlichung tatsächlich begangener und nicht lediglich erdachter Verbrechen sichergestellt. Der Vorschlag *Mayers*[10], auf die Absicht des Täters zur Untergrabung der staatlichen Ordnung oder des Bewusstseins der Verbindlichkeit der Gesetze zu erschüttern abzustellen, wurde als unpraktikabel verworfen.

2. Gutachterliche Äußerungen

Der Vorentwurf erhielt durch Presse, Lehre und Strafrechtspflege vielfache Resonanz. Diese Besprechungen wurden im Reichsjustizsamt zusammengefasst und als „Zusammenstellung der gutachterlichen Äußerungen über den Vorentwurf zu einem Deutschen Strafgesetzbuch“ im Jahr 1911 in gedruckter Form veröffentlicht[11].

Von den Regierungen wurde nur durch Preußen eine Stellungnahme zu § 131 des Vorentwurfs abgegeben und dieser Tatbestand ausdrücklich gebilligt[12].

---

9 Begründung, a.a.O.. S. 429, 478.

10 Z. vergl. 5. Kap. B I.

11 Zusammenstellung der gutachterlichen Äußerungen.

12 Äußerungen der Bundesregierungen, S. 40.

Neben pauschal ablehnenden Beurteilungen als „juristische Möglichkeit zur Knebelung politischer Gegner" im sozialdemokratischen *Vorwärts* und als „Kautschukbestimmung und Grundlage der Klassenjustiz" in der *Leipziger Volkszeitung*[13] wurde § 131 des Entwurfs auch im Detail kritisch gewürdigt.

Insbesondere *Goldschmidt*[14] hat sich intensiv mit § 131 des Entwurfs auseinandergesetzt und einen eigenen Fassungsvorschlag erarbeitet. Die Entwurfsfassung als eigenständiger und von der Teilnahme gelöster Tatbestand fand seine grundsätzliche Billigung, nicht jedoch die Zusammenfassung der bisherigen §§ 110, 111 StGB zu einem Tatbestand. Hier schlug *Goldschmidt* eine Zweiteilung unter anderen Gesichtspunkten vor. Nach seiner Auffassung sollte der Schutzbereich der Aufforderung zum Ungehorsam nur inländische Gesetze, Verordnungen und Anordnungen umfassen und ohne das an dieser Stelle entbehrliche Tatbestandsmerkmal „Gefährdung der öffentlichen Ordnung" im Abschnitt „Widerstand gegen die Staatsgewalt" verbleiben. Der Schutzbereich der Aufforderung zur Begehung von Verbrechen und deren Verherrlichung sollte nach seiner Auffassung auf Auslandsstraftaten ausgedehnt werden, um so auch die inländische Verherrlichung von im Ausland begangener Anschläge zu erfassen. Nur durch die Einbeziehung auch ausländischer staatlicher Autorität stehe eine „Waffe gegen den internationalen Anarchismus" zur Verfügung[15].

Während *Lang* in den *Sozialistischen Monatsheften* die Streichung des Tatbestandsmerkmals „vor einer Menschenmenge" grundsätzlich missbilligte, wurde dies von *Goldschmidt* differenziert beurteilt. Er verurteilte die Streichung für den Fall einer Aufforderung zur Begehung eines Verbrechens oder Vergehens als unbegründete Einschränkung der Strafbarkeit, bezeichnete die Streichung bei der Aufforderung zum Ungehorsam jedoch als hinnehmbar. Ausdrücklich billigte er den Begriff „Auflehnung" anstelle des Begriffs „Ungehorsam", weil damit klargestellt werde, dass auch zivilrechtliche Pflichten erfasst seien.

Den von *Lang* in den *Sozialistischen Monatsheften*, *Heine* im *März*, *Weinberg* in der *Neuen Zeit* und im *Vorwärts* kritisierten Begriff „Aufreizung" beurteilte *Goldschmidt* ebenfalls differenziert. Nach seiner Ansicht war die Strafwürdigkeit der indirekten Aufforderung zur Begehung von Verbrechen zu bejahen, bei Vergehen jedoch wegen der untergeordneten Bedeutung des geschützten Rechtsguts zu verneinen.

---

13 Zusammenstellung, S. 267.

14 Zusammenstellung S. 267 ff. Ausführlich in: *Aschrott*, *v. Liszt*, Reform des Reichsstrafgesetzbuchs, 2, S. 62 ff.

15 Zusammenstellung, S. 267 ff.

Die Handlungsalternative der „Verherrlichung von Verbrechen" lehnten *Lang*, *Heine*, *Weinberg* und namentlich nicht bekannte Verfasser im *Vorwärts* und der *Freisinnigen Zeitung* als Behinderung wahrheitsgetreuer historischer Forschung ab. *Goldschmidt* teilte diese Auffassung und schlug als Alternative vor, die Anpreisung müsse die Tat vorsätzlich als nachahmungswürdig erscheinen lassen, was durch die Hervorhebung der Verherrlichung als besonderes Aufreizungsmittel geschehen könne.

Darüber hinaus empfahl *Goldschmidt* die Einarbeitung von § 10 Sprengstoffgesetz sowie eine stärkere Differenzierung der Strafrahmen, um so die Verschiedenheit denkbarer verherrlichter Verbrechen berücksichtigen zu können[16].

II. Gegenentwurf zum Vorentwurf

Zur „Weiterführung der großen und wichtigen Vorarbeit auf der Grundlage des Vorentwurfs", der „nach Form und Inhalt nicht allen Anforderungen genügt"[17] erarbeiteten die Rechtslehrer *Kahl, Lilienthal, Liszt und Goldschmidt* einen 1911 veröffentlichten Gegenentwurf zum Vorentwurf eines deutschen Strafgesetzbuchs.

Zunächst wurde vorgeschlagen, in § 12 im AT die Rechtsbegriffe „öffentliche Begehung" und „Verbreiten von Schriften, Abbildungen und Darstellungen" zu definieren.

Die Zusammenfassung der §§ 110, 111 StGB zu einem Tatbestand fand keine Zustimmung. Vorgeschlagen wurde, beide Tatbestände wieder zu trennen und in unterschiedliche Abschnitten einzustellen. Zur Begründung wurde darauf verwiesen, dass die Aufforderung zum Ungehorsam nur die inländische

---

16 Die von *Goldschmidt* vorgeschlagene Fassung lautete:
Im 6. Abschnitt unter der Überschrift „Aufwiegelung"
„Wer öffentlich vor einer Menschenmenge oder in einer öffentlichen Versammlung oder durch Verbreitung von Schriften, Abbildungen oder Darstellungen zur Auflehnung gegen Gesetze oder rechtsgültige Verordnungen oder gegen die von der Obrigkeit innerhalb ihrer Zuständigkeit getroffenen Anordnungen auffordert, wird mit Gefängnis oder Haft bis zu einem Jahre oder mit Geldstrafe bis zu eintausend Mark bestraft"
Im 7. Abschnitt unter der Überschrift „Öffentliche Aufforderung zu Verbrechen oder Vergehen"
„Wer öffentlich zur Begehung von Verbrechen oder Vergehen auffordert, oder wer die gesetzliche Ordnung dadurch gefährdet, daß er öffentlich zur Begehung von Verbrechen, namentlich auch durch Verherrlichung begangener Verbrechen, aufreizt, wird mit Gefängnis oder Haft bis zu zwei Jahren oder mit Geldstrafe bis zu zweitausend Mark bestraft. War der Gegenstand der Aufforderung oder Aufreizung ein landesverräterisches oder gemeingefährliches Verbrechen oder Mord, so ist die Strafe Zuchthaus bis zu fünf Jahren oder Haft von einem bis zu fünf Jahren, bei mildernden Umständen Gefängnis oder Haft von sechs Monaten bis zu zwei Jahren."

17 *Kahl u.a.* Gegenentwurf, Vorwort, III.

Staatsgewalt und die Aufforderung zur Begehung von Verbrechen und Vergehen die gesetzliche Ordnung als solche schütze[18].

Der Begriff des „Aufreizens" wurde als zu unbestimmt verworfen und die Ausführungen in der Entwurfsbegründung als gerade nicht geeignet bezeichnet, diese Bedenken auszuräumen. Grundsätzlich wurde das gesetzgeberische Bedürfnis, auch die indirekte Aufforderung unter Strafe zu stellen, verneint[19]. Durch die Streichung des „Aufreizens" meinten die Verfasser auf das einschränkende Tatbestandsmerkmal der „Gefährdung der öffentlichen Ordnung" verzichten zu können[20].

Die „Verherrlichung von Verbrechen" bezeichneten die Verfasser als politisch nicht durchsetzbar und schlugen die ersatzlose Streichung vor[21].

Der Gegenentwurf sah vor, die öffentliche Aufforderung neben anderen Delikten[22], die den Staat als Angriffsobjekt schützen[23], unter der Überschrift „Aufwiegelung" im vierten Abschnitt „Widerstand gegen die Staatsgewalt" einzustellen. Die öffentliche Aufforderung zu Verbrechen und Vergehen sollte unter der Überschrift „Aufforderung zu strafbaren Handlungen" im achten Abschnitt „Störung des Rechtsfriedens und der öffentlichen Ordnung[24]" geregelt werden[25]:

Auch traten die Verfasser dafür ein, § 10 SprengstoffG als „gemeingefährliches Verbrechen" in § 111 StGB einzuarbeiten und die Aufforderung zu einem

18 *Kahl u.a.* Begründung, S. 178.

19 *Kahl u.a.* a.a.O. zu § 115, S. 143 f.

20 *Kahl u.a* a.a.O. S. 178.

21 *Kahl u.a.* a.a.O. S. 196.

22 Dies Staatsverleumdung, Verletzung von Hoheitszeichen und amtlichen Bekanntmachungen, Verwahrungs- Pfand- und Amtssiegelbruchs, Ausweisungsbruchs und Amtsanmaßung sowie die aus Nebengesetzen überführten Tatbestände der Verbreitung von Druckschriften und der Anmaßung von Abzeichen.

23 *Kahl u.a.* Begründung, a.a.O. S. 171.

24 Unter Störung des Rechtsfriedens wurden auch die im Vorentwurf selbstständig behandelten „Vergehen in Beziehung auf die Ausübung der Religion" subsumiert und die entsprechenden Tatbestände in diesem Abschnitt eingestellt.

25 „§ 142. Wer öffentlich zur Auflehnung gegen Gesetze oder rechtsgültige Verordnungen oder gegen die von der Obrigkeit innerhalb ihrer Zuständigkeit getroffenen Anordnungen auffordert, wird mit Gefängnis bestraft."

„§ 178: Wer öffentlich zur Begehung von Verbrechen oder Vergehen auffordert, wird mit Gefängnis bestraft.
Ist zur Begehung von Mord oder eines gemeingefährlichen Verbrechens (§§ 215, 218, 220) aufgefordert worden, so ist die Strafe Zuchthaus bis zu fünf Jahren."

solchen Verbrechen und zum Mord mit einem erhöhten Strafrahmen zu versehen.

Die in § 16 PreßG unter Strafe gestellte öffentliche Aufforderung zur Aufbringung fremder Geldstrafen sollte ebenfalls unter der Überschrift „Aufforderung zur Aufbringung von Geldstrafen" in diesen Abschnitt eingestellt werden[26].

III. Der Kommissionsentwurf 1913

Am 4 November 1911 nahm die auf Antrag des Reichskanzlers vom 17. Juni 1911 eingesetzte Strafrechtskommission die Arbeit an der Reform des Strafgesetzbuchs auf. Der Kommission gehörten neben *Lukas* und *Kahl*, der nach dem Ausscheiden *Lukas* dessen Amt als Vorsitzender übernahm, Repräsentanten des Reichs und der größeren, im Justizausschuss vertretenen Bundesstaaten, sowie drei Richter, ein Rechtsanwalt und die Hochschullehrer *Frank* und *v. Hippel* an[27]. Der Vorentwurf wurde in zwei Lesungen bis zum 27. September 1913 beraten, wobei neben dem Vorentwurf auch der Gegenentwurf, der Österreichische Vorentwurf von September 1909 und der Schweizer Vorentwurf von 1908 bei der Erarbeitung des Kommissionsentwurfs von 1913 Berücksichtigung fanden[28].

1. Erste Lesung

§ 131 des Entwurfs wurde in der 100. und 101. Sitzung am 19. und 20. Februar 1912 beraten[29]. Durch die weitgehende Umgestaltung der bisherigen §§ 110, 111 StGB ergab sich einiger Beratungsbedarf. Der Schwerpunkt lag bei der Frage, ob es bei der Zusammenfassung beider Tatbestände, wie dies in § 131 des Entwurfs vorgesehen war, bleiben sollte und in welcher Form die Strafbarkeit indirekter Aufforderungen auf tatsächlich strafwürdiges Verhalten beschränkt werden könne.

Bereits bei den Beratungen der öffentlichen Aufforderung zum Hochverrat war Übereinstimmung erzielt worden, im AT in § 12 u.A. den Begriff der „öffentlichen Begehung" zu definieren[30]. Dadurch sollten die Tatbestandsmerkmale

---

26 „§ 179. Wer öffentlich zur Aufbringung der wegen einer strafbaren Handlung erkannten Geldstrafe auffordert oder den Empfang von zu diesem Zwecke geleisteten Zahlungen bescheinigt, wird mit Gefängnis bis zu sechs Monaten oder mit Geldstrafe bis zu eintausend Mark bestraft."

27 *Schubert*, Protokolle, 1, S. XIX. Für das Reich waren *v. Tischendorf*, *Joël* und Reichsgerichtsrat *Ebermayer*, für Preußen der Kommissionsvorsitzende *Lucas* und vier weitere Mitglieder, während die Bundesstaaten Bayern, Württemberg, Baden, Elsaß-Lothringen und Hamburg mit je einem Mitglied in der Kommission vertreten waren.

28 *Schubert*, Protokolle, a.a.O. S. XX.

29 *Schubert*, Protokolle, 2, S. 218 bis 225.

30 *Schubert*, Protokolle, 2, S.81 f.

des „Verbreiten von Schriften etc.“ in den Tatbeständen selbst entbehrlich werden.

Es wurde ebenfalls schnell Einigkeit erzielt, den Begriff „Aufreizen“ durch „Anreizen“ als die präzisere und sprachlich eindeutigere Formulierung zu ersetzen.

a) Gefährdung der öffentlichen Ordnung

Zum Tatbestandsmerkmal „Gefährdung der gesetzlichen Ordnung“ wurden mehrere Anträge gestellt.

Am weitesten ging der Antrag, das Tatbestandsmerkmal ersatzlos zu streichen. Dieser Antrag wurde damit begründet, die Formulierung sei je nach Auslegung durch die Rechtsprechung entweder bedeutungslos oder zu weit. Entweder werde das Tatbestandsmerkmal durch die Rechtsprechung, dem Wortsinn folgend, dahin ausgelegt, jede nahe Möglichkeit der Verletzung der gesetzlichen Ordnung durch die Aufforderung oder Anreizung zum Ungehorsam etc. sei ausreichend, dann sei die bezweckte Einschränkung des Tatbestandes misslungen und eine selbstständige Tatbestandsvoraussetzung in Wirklichkeit gar nicht gegeben. Oder aber es werde durch die Rechtsprechung eine einschränkende Auslegung vorgenommen die in die Richtung gehen könne, der Gesamtbestand der gesetzlichen Ordnung müsse infolge der Aufforderung oder Anreizung gefährdet worden sein. In diesem Fall sei der Tatbestand wirkungslos, denn neben erheblichen Beweisschwierigkeiten in objektiver und subjektiver Hinsicht hätte eine solche einschränkende Auslegung eine deutliche Abschwächung gegenüber dem geltenden Recht zur Folge. Hinzu komme die Unbestimmtheit des Begriffs, der zur Kritik einlade und den Vorwurf provoziere, die Rechtsprechung folge bei Einzelfallentscheidungen nicht rechtlichen, sondern politischen Erwägungen.

Ein zweiter Antrag verfolgte das Ziel, die „Gefährdung der gesetzlichen Ordnung“ bei der direkten Aufforderung zu streichen, bei der indirekten Aufforderung jedoch beizubehalten. Dieser Antrag wurde damit begründet, bei einer direkten Aufforderung liege regelmäßig eine Gefährdung der öffentlichen Ordnung vor und das Tatbestandsmerkmal daher überflüssig.

Der dritte Antrag schlug ebenfalls vor, die „Gefährdung der gesetzlichen Ordnung“ bei der Aufforderung zu streichen und bei der indirekten Aufforderung als objektive Strafbarkeitsbedingung zu fassen. Dadurch sollte die Irrtumsproblematik bei der Frage, ob ein Gesetz rechtsgültig sei, vermieden werden.

Der zweite Antrag, also Streichung bei der Aufforderung, wurde mit 10 gegen 6 Stimmen angenommen.

b) Verherrlichung begangener Verbrechen

Zur „Verherrlichung begangener Verbrechen“ wurde der Antrag gestellt, die Verherrlichung nicht pauschal unter Strafe zu stellen, sondern nur dann, wenn die Verherrlichung als Mittel der Aufforderung oder Anreizung zur Begehung eines Verbrechens anzusehen sei. Zur Begründung wurde ausgeführt, der Täter müsse das Bewusstsein haben, andere zur Tatbegehung zu animieren, so dass grundsätzlich auch ein „Auffordern oder Anreizen zu Verbrechen oder Vergehen“ vorliege.

Gegen diese Auffassung konnte sich das Argument, ein solcher Vorsatz sei gerade bei geschickten und darum besonders gefährlichen Agitatoren kaum nachzuweisen, durchsetzen und der Antrag wurde mit 10 gegen 4 Stimmen abgelehnt. Es bestand jedoch Einigkeit, dass die „Verherrlichung begangener Verbrechen“ ebenso wie die indirekte Aufforderung eines einschränkenden Tatbestandsmerkmals bedürfe.

Der Antrag, statt auf die „Gefährdung der gesetzlichen Ordnung“ auf die bereits im geltenden Recht verwendete und durch gesicherte Rechtsprechung als „subjektiv empfundene Störung des geschützten befriedeten Zusammenlebens“ ausgelegten „Gefährdung des öffentlichen Friedens“ abzustellen, wurde in der Kommission gebilligt.

Mit einem weiteren Antrag wurde die Beschränkung auf tatsächlich begangener Verbrechung angegriffen und die Streichung des Wortes „begangener“ vorgeschlagen. Begründet wurde dieser Antrag mit dem Hinweis, auch lediglich erdachte oder ausgeschmückte Verbrechen könnten geeignet sein, eine friedensstörende Wirkung auslösen. Die Gegenansicht, der Tatbestand werde dadurch zu weit gefasst, konnte nicht durchdringen und der Antrag wurde mit 13 gegen 1 Stimme angenommen. Damit korrespondiert der Antrag, insoweit den Vorsatz ausdrücklich hervorzuheben, der einstimmig angenommen wurde.

c) Neufassung der Tatbestände

Die Kommission fasste den einstimmigen Beschluss, § 131 des Entwurfs in drei gesonderte Tatbestände aufzuteilen. Hier war die Kommission der Ansicht, die Aufforderung zum Ungehorsam sei gegen die Staatsgewalt gerichtet, die Aufforderung zur Begehung von Straftaten und die Verherrlichung von Verbrechen hingegen richte sich gegen den öffentlichen Frieden.

Daran schloss sich eine Debatte über die Strafrahmen und die Einarbeitung von § 10 SprengstoffG an. Schließlich wurde beschlossen, in § 131 des Entwurfs die „öffentliche Aufforderung zur Auflehnung gegen Gesetze oder rechtsgültige Verordnungen“ oder „Anreizung in einer die gesetzliche Ordnung gefährdenden Weise“, in § 131a des Entwurfs die „öffentliche Aufforderung oder Anreizung zur Begehung von Verbrechen oder Vergehen“ mit der Qualifikation der „öffentlichen Aufforderung zum Mord oder zu einem gemeingefährlichen Verbrechen“ und in § 131b des Entwurfs die „vorsätzliche Verherrlichung von Verbrechen in einer den öffentlichen Frieden gefährdenden Weise“ unter Strafe zu stellen. Die Tatbestände lauteten nach den Beschlüssen erster Lesung:

> „§ 131. Wer öffentlich zur Auflehnung gegen Gesetze oder rechtsgültige Verordnungen oder gegen die von der Obrigkeit innerhalb ihrer Zuständigkeit getroffenen Anordnungen auffordert oder in einer die gesetzliche Ordnung gefährdenden Weise anreizt, wird mit Gefängnis oder Einschließung bis zu zwei Jahren oder Geldstrafe bis zu dreitausend Mark bestraft.“
>
> „§ 131a. Wer öffentlich zur Begehung von Verbrechen oder Vergehen auffordert oder anreizt, wird mit Gefängnis oder Einschließung bis zu zwei Jahren oder mit Geldstrafe bis zu dreitausend Mark bestraft.
>
> Erfolgt die Aufforderung oder Anreizung zum Mord oder zu einem gemeingefährlichen Verbrechen, so ist die Strafe Zuchthaus bis zu zehn Jahren, bei mildernden Umständen Gefängnis nicht unter drei Monaten.“
>
> „§ 131b. Wer vorsätzlich in einer den öffentlichen Frieden gefährdenden Weise Verbrechen verherrlicht, wird mit Gefängnis oder Einschließung bis zu zwei Jahren oder mit Geldstrafe bis zu dreitausend Mark bestraft“.

2. Zweite Lesung

Im Entwurf nach den Beschlüssen erster Lesung wurde § 131 als § 178 *(Aufwiegelung)* in den 8. Abschnitt „Widerstand gegen die Staatsgewalt“ eingestellt. Vorgenommene Änderungen waren lediglich redaktioneller Art, vor das Wort „Gesetz“ wurde „ein“ eingefügt und die Worte „gegen die von der Obrigkeit“ durch die Worte „eine von der Obrigkeit“ ausgetauscht. § 131a wurde als § 197 mit der Randbezeichnung: *Öffentliche Aufforderung zu strafbaren Handlungen* und § 131b als § 198 *Randbezeichnung*: *Verherrlichung von Verbrechen* in den 9. Abschnitt „Friedensstörung“ eingestellt. Auch hier erfolgten lediglich redaktionelle Änderungen. Bei § 197 wurde in Satz 1 die Worte „zur Begehung von“ gestrichen und in Satz 2 das Wort „Erfolgt“ durch „Betrifft“, „zum Mord“ durch „einen Mord“ und „zu einem gemeingefährlichen“ durch „ein gemeingefährliches“ ersetzt. In § 198 wurde die Formulierung „Verbrechen verherrlicht“ um die Tatbestandsvoraus-setzung „öffentlich“ ergänzt.

a) Aufforderung zum Ungehorsam

Die in erster Lesung beschlossene Definition der „öffentlichen Begehung“ in § 12 Nr. 5 wurde wieder gestrichen und die Begriffe „oder durch Verbreitung von Schriften, Abbildungen oder Darstellungen“ hinter dem Begriff „öffentlich“ wieder in die Tatbestände eingefügt[31].

Soweit bereits in erster Lesung beantragt worden war, die Rechtsgültigkeit der Verordnung und Zuständigkeit der Obrigkeit als objektive Strafbarkeitsbedingung zu fassen, wurde diese Frage durch den Antrag, der Vorsatz müsse sich auf die Rechtsgültigkeit beziehen, wieder aufgegriffen. Die Begründung, bei rechtsirriger Annahme, die Verordnung oder Anordnung seien rechtsunwirksam, läge kein schuldhaftes und strafwürdiges Handeln vor, war nicht mehrheitsfähig. Gegen den Antrag wurde vorgebracht, die von einer Aufwiegelung ausgehende Gefährdung staatlicher Autorität erfordere den Schutz rechtsgültiger Verordnungen und Anordnungen unabhängig davon, ob der Täter dies irrig verkenne. Der Antrag wurde mit 12 gegen 4 Stimmen abgelehnt.

Angenommen wurde dagegen mit 10 gegen 6 Stimmen der Antrag, die Formulierung „wenn das Gesetz oder die Verordnung rechtsgültig ist oder wenn die Obrigkeit zu der getroffenen Anordnung zuständig war“ zu wählen. Gem. § 178 war daher strafbar, wer „öffentlich oder durch Verbreiten von Schriften etc.“ zu einer „Auflehnung gegen ein rechtsgültiges Gesetz oder eine rechtsgültige Verordnung oder eine von der zuständigen Behörde getroffenen Anordnung anreizt oder in einer die gesetzliche Ordnung gefährdenden Weise anreizt“[32].

b) Aufforderung zu Straftaten

In der Sitzung am 3. Juni 1913 wurden §§ 197 und 198 des Kommissionsentwurfs beraten[33].

Mit nur knapper Mehrheit wurde der Antrag abgelehnt, auch Übertretungen in die Strafbarkeit aufzunehmen. Zur Begründung wurde ausgeführt, Übertretungen seien nicht pauschal als geringfügige Delikte anzusehen, sondern erlangten im Gegenteil bei massenweiser Begehung erhebliche Bedeutung. Dem wurde

31 Kom.Prot. a.a.O. S. 338 f.

32 Kom.Prot. a.a.O. Bd. 4, S. 363.

33 Kom.Prot. a.a.O. Bd. 4, S. 358 bis 363.

entgegengehalten, die Agitation zu massenweiser Begehung von Übertretungen werde bereits als Aufforderung zum Ungehorsam von § 179 erfasst. Zudem sei eine erfolgreiche öffentliche Aufforderung zu einer Übertretung nach den Regeln der Anstiftung strafbar, ein Bedürfnis zu einer weitergehenden Regelung bestehe nicht. Einstimmig beschlossen wurde dagegen, die Formulierung „zu einem Verbrechen oder Vergehen" statt „zu Verbrechen oder Vergehen" zu wählen um zu verdeutlichen, dass sich die Aufforderung auf konkrete, wenn auch nicht unbedingt genau bestimmte Taten beziehen müsse.

Der Antrag, § 10 SprengstoffG einzuarbeiten wurde mit 9 gegen 7 Stimmen abgelehnt, weil das SprengstoffG nach mehrheitlicher Auffassung eine in sich abgeschlossene Materie darstelle und von der Einarbeitung der Nebengesetze aus grundsätzlichen Erwägungen Abstand genommen werden solle.

Einstimmig wurde dagegen beschlossen, § 179 Abs. 2, also die Strafrahmenanhebung bei der Anreizung zum Mord oder zu einem gemeingefährlichen Verbrechen, zu streichen, weil ein praktisches Bedürfnis nicht bestehe. Den aus der Streichung resultierenden Antrag, den Strafrahmen von zwei auf drei Jahre Gefängnis und von 3000 auf 5000 Mark Geldstrafe zu erhöhen, wurde mit 10 gegen 6 Stimmen angenommen. Danach beschränkte sich § 197 auf die „öffentlich oder durch Verbreitung von Schriften etc begangene Aufforderung oder Anreizung zu Verbrechen oder Vergehen".

c) Verherrlichung von Verbrechen

Zu § 198 wurde beantragt, den Tatbestand zu streichen und § 197 um die Worte „insbesondere durch Verherrlichung solcher Taten" oder eine sinngemäße ähnliche Formulierung zu ergänzen. Die Begründung, der Vorsatz müsse sich auch bei der Verherrlichung auf die Anreizung zur Tatbegehung richten, fand nur wenig Zuspruch und der Antrag wurde mit 13 gegen 3 Stimmen abgelehnt.

Die in erster Lesung erzielte Einigkeit, die Verherrlichung müsse in einer „den öffentlichen Frieden gefährdenden Weise" erfolgen, wurde von verschiedenen Seiten als zu weit und unbestimmt kritisiert. Zudem wurde die höchstrichterliche Rechtsprechung zum Begriff des „öffentlichen Friedens" kritisiert. Die Auslegung dieses bereits bei § 130 StGB verwendeten Begriffs, nach der die Gefährdung des subjektiven Gefühls der Rechtssicherheit ausreichend sei, um eine Friedensstörung anzunehmen, wurde als zu weitgehend bezeichnet und eine Beschränkung auf eine objektive Gefährdung gefordert. Diese Auffassung wurde damit begründet, die Strafbarkeit dürfe nicht von dem vom Zufall bestimmten mehr oder weniger furchtsamen Charakter der Zuhörer abhängen. Dies könne zu dem nicht tragbaren Ergebnis führen, dass bei nur leichten Taten, die nicht zu einem tatsächlichen Bruch der Rechtsordnung sondern lediglich zu einer Beunruhigung einer furchtsamen Person geführt hätten, eine Bestrafung vorzunehmen sei während Anreizungen zu schwerwiegenden Taten unbestraft bleiben müssten, nur weil sich niemand ernstlich in seinem Rechtsfrieden bedroht gefühlt habe. Es wurde dann auch das Einvernehmen hergestellt, die Strafbarkeit von einer objektiven Gefährdung abhängig zu machen. Schließlich wurde beschlossen, statt der Gefährdung des „öffentlichen Friedens" auf die Gefährdung der „öffentlichen Ordnung" abzustellen, da es nur auf die Gefährdung der gesetzlichen Ordnung durch Ungesetzlichkeiten ankomme. Gem. § 198 des Entwurfs war damit strafbar, wer „vorsätzlich Verbrechen öffentlich oder durch Verbreiten von Schriften etc. verherrlicht und damit die gesetzliche Ordnung gefährdet".

Die Tatbestände lauteten nach den Beschlüssen zweiter Lesung:

> „§ 178. Wer öffentlich oder durch Verbreiten von Schriften, Abbildungen oder Darstellungen zur Auflehnung gegen ein Gesetz, eine Verordnung oder eine von der Obrigkeit getroffene Anordnung auffordert oder in einer die gesetzliche Ordnung gefährdenden Weise anreizt, wird, wenn das Gesetz oder die Verordnung rechtsgültig ist oder wenn die Obrigkeit zu der getroffenen Anordnung zuständig war, mit Gefängnis oder Einschließung bis zu zwei Jahren oder mit Geldstrafe bis zu dreitausend Mark bestraft."

> „§ 197. Wer öffentlich oder durch Verbreiten von Schriften, Abbildungen oder Darstellungen zu einem Verbrechen oder Vergehen auffordert oder anreizt, wird mit Gefängnis bis zu drei Jahren oder mit Geldstrafe bis zu fünftausend Mark bestraft."

> „§ 198. Wer vorsätzlich Verbrechen öffentlich oder durch Verbreiten von Schriften, Abbildungen oder Darstellungen verherrlicht und dadurch die gesetzliche Ordnung gefährdet, wird mit Gefängnis bis zu zwei Jahren oder mit Geldstrafe bis zu dreitausend Mark bestraft."

Die Beratungen wurden in der Schlusssitzung am 27. September 1913 durch den Staatssekretär des Reichsjustizsamts für geschlossen erklärt. Die Veröffentlichung des Kommissionsentwurfs unterbleib zunächst aus politischen Gründen, nachdem der Vorentwurf in der Literatur durchaus kritisch aufgenommen wurde[34]. Das Vorhaben, den als Manuskript gedruckten Kommissionsentwurf dem Bundesrat als Regierungsvorlage vorzulegen, scheiterte am Ausbruch des 1. Weltkrieges, der zu einem Stillstand der weiteren Reformen führte[35]

34 *Hippel*, Strafrecht, S. 364.

35 Protokolle 1911–1913, 1, S. XX.

C) Der Entwurf 1919

Im Frühjahr 1919 wurden die Reformarbeiten wieder aufgenommen, und eine aus Mitgliedern der früheren Strafrechtskommission zusammengesetzte kleine Kommission[36] erarbeitete unter Vorsitz des Staatssekretärs im Reichsjustizsamt *Krause* den mit Motiven versehenen Entwurf von 1919, der 1920 auf Anordnung des Reichsjustizsamts zusammen mit dem Entwurf von 1913 veröffentlicht wurde[37].

In der Eingangsbesprechung im April 1918 wies Staatssekretär *Krause* darauf hin, dass die Beschlüsse der Strafrechtskommission so weit als möglich beizubehalten und der Schwerpunkt der weiteren Arbeit auf den BT zu legen sei. Vor dem Hintergrund des „durch den Krieg gefestigten Zusammenhalts der Bürger" seien „bei denjenigen Vorschriften, welche die Beziehungen des Staates zu seinen Gliedern regeln, der Gesichtspunkt des Vertrauens des Staates zu seinen Volksgenossen mehr als bisher in den Vordergrund zu stellen"[38].

In den Beratungen wurden die hier behandelten Tatbestände diesen Vorgaben entsprechend behandelt. Insbesondere die Irrtumsproblematik bei der öffentlichen Aufforderung zum Ungehorsam wurde intensiv beraten. Entgegen den Beschlüssen der Vorkommission wurde die Verherrlichung von Verbrechen ersatzlos gestrichen.

Bei den verbleibenden Tatbeständen bemühte sich die Kommission um eine engere und präzisere Fassung. Bei der öffentlichen Aufforderung zum Ungehorsam wurde die Fassung des Entwurfs von 1913 wiederhergestellt, so dass ausschließlich rechtsgültige Gesetze und Verordnungen dem Schutzbereich unterfielen. Nachdem zunächst die Überlegung angestellt worden war, den tatsächlichen Eintritt einer Gefährdung der gesetzlichen Ordnung als Tatbestandsmerkmal auszugestalten, wurde beschlossen, diese Formulierung ganz zu streichen und den Begriff des „Anreizens" durch den des enger gefassten „Aufwiegelns" im Sinne der Erzeugung einer feindseligen Stimmung breiter Massen zu ersetzen. Der Möglichkeit eines Irrtums über die Rechtsgültigkeit oder Zuständigkeit wurde mit einem geminderten Strafrahmen und im Falle des unverschuldeten Irrtums mit Straffreiheit Rechnung getragen.

---

36 Kommissionsmitglieder waren unter Vorsitz des Direktors im Reichs-Justizamt Joël, Reichsjustizrat Ebermayer, der Königlich-Preußische Geheime Ober-Justizrat Cormann, der Geheime Ober-Regierungsrat Bumke und der Amtsrichter Schäfer. Dem Reichs-Justizamt und den Kommissionsmitgliedern Bumke, Ebermayer und Cormann kamen je eine Stimme zu, das Stimmrecht für das Reichs-Justizamt wurde durch Joël ausgeübt. (BA R3001/5969, S. 1–4).

37 Entwürfe, 1920.

38 BA R 3001/5969, S. 1.

Bei den Beratungen zur öffentlichen Aufforderung zu Straftaten wurde der erwogene Austausch des Begriffs „anreizen“ durch „aufwiegeln“ abgelehnt, da nicht eine feindselige Stimmung erzeugt, sondern eine bestimmte Straftat veranlasst werden solle. Die Einarbeitung des § 10 SprengstoffG wurde auch hier, wie schon in der 2. Lesung der Strafrechtskommission, als systemwidrig abgelehnt. Geändert wurde bei diesem Tatbestand im Ergebnis nur der wieder auf zwei Jahre herabgesetzte Strafrahmen; die im Entwurf von 1903 generell mögliche Verhängung der Einschließung als mildere Form des Strafvollzugs wurde gestrichen[39].

Die erzielten Ergebnisse fanden sich im Entwurf von 1919 wieder. Gem. § 206 des Entwurfs war die „öffentlich oder durch Verbreiten von Schriften etc. begangen Aufforderung oder Aufwiegelung zur Auflehnung gegen rechtsgültige Gesetze oder Verordnungen oder Anordnungen einer zuständigen Behörde“ und in § 207 die in gleicher Weise erfolgte „Aufforderung oder Anreizung zu einem Verbrechen oder Vergehen“ unter Strafe gestellt.

> „§ 206. Wer öffentlich oder durch Verbreitung von Schriften, Abbildungen oder Darstellungen zur Auflehnung gegen rechtsgültige Gesetze oder Verordnungen oder gegen Anordnungen, die eine Behörde innerhalb ihrer Zuständigkeit erlassen hat, auffordert oder aufwiegelt, wird mit Gefängnis oder Einschließung bis zu zwei Jahren oder mit Geldstrafe bestraft.
>
> Wer eine solche Handlung in der irrigen Annahme begeht, das Gesetz oder die Verordnung sei nicht rechtsgültig oder die Anordnung der Behörde liegen außerhalb ihrer Zuständigkeit, wird mit Gefängnis oder Einschließung bis zu sechs Monaten oder mit Geldstrafe bis zu dreitausend Mark bestraft. War der Irrtum unverschuldet, so ist der Täter straffrei.“
>
> „§ 207. Wer öffentlich oder durch Verbreitung von Schriften, Abbildungen oder Darstellungen zu einem Verbrechen oder Vergehen auffordert oder aufreizt, wird mit Gefängnis bis zu zwei Jahren oder mit Geldstrafe bestraft.
>
> Ist das Verbrechen oder Vergehen allein oder wahlweise mit Einschließung bedroht, so kann an Stelle von Gefängnis auf Einschließung erkannt werden.“

Zu dem Entwurf erarbeitete die Kommission eine ebenfalls veröffentlichte Denkschrift[40], in der ausführlich auf die §§ 206, 207 des Entwurfs eingegangen wurde.

Zur Verwendung des Begriffs „Auflehnung“ wurde angemerkt, dadurch solle die von der Rechtsprechung zu § 110 StGB entwickelte Auslegung, die Aufforderung zum Ungehorsam sich müsse gegen die unpersönlichen Grundsätze des Gesetzes richten, ausdrücklich in den Tatbestand aufgenommen werden.

39 BA R3001/5969, S. 1–4.

40 Entwürfe a.a.O, zu §§ 206, 207.

Durch den Begriff „aufwiegeln" statt der bisher verwendeten Begriffe „aufreizen" oder „anreizen" solle deutlich zum Ausdruck gebracht werden, dass die indirekte Agitation eine Einwirkung an einen größeren Personenkreis voraussetze.

Zu § 207 des Entwurfs wurde ausdrücklich darauf hingewiesen, die erfolgreiche öffentliche Aufforderung sei in aller Regel als Anstiftung zu bestrafen. Nur im einer erfolglos gebliebenen öffentlichen Aufforderung, oder wenn im Einzelfall die Tatbestandsvoraussetzungen der Anstiftung, namentlich die an bestimmte Personen gerichtete Aufforderung zur Tatbegehung nicht festzustellen sei, greife der im Verhältnis zur Anstiftung selbstständige Tatbestand des § 207 des Entwurfs. Wenn eine Anstiftung nicht festgestellt werden könne, müsse der Erfolg der öffentlichen Aufforderung im Rahmen der Strafzumessung angemessen berücksichtigt werden.

D) Résumé

Eine einheitliche Linie ist in dieser Periode nicht festzustellen; die von verschiedenen Stellen erarbeiteten Fassungen und Formulierungsvorschläge wichen erheblich voneinander ab. Eine Übereinstimmung ist nur in der durch den Entwurf 1909 vorgenommenen Trennung der öffentlichen Aufforderung zur Begehung von Straftaten von der Anstiftung und der Ausgestaltung als eigenständiger Tatbestandes festzustellen. Insoweit wurde allerdings in allen mit der Reform des StGB befassten Gremien einhellig davon ausgegangen, dass die erfolgreiche öffentliche Aufforderung in aller Regel von der Anstiftung erfasst werde. § 111 StGB erfasste danach nur die erfolglose öffentliche Aufforderung. Nur dann, wenn die erfolgreiche Aufforderung im Ausnahmefall nicht als Anstiftung bestraft werden könne, sollte eine Strafbarkeit gem. § 111 StGB greifen. Von der im Entwurf von 1909 vorgesehenen Zusammenfassung von §§ 110, 111 StGB zu nur einem Straftatbestand wurde nach durchweg negativer Aufnahme in den gutachterlichen Stellungnahmen, durch die Verfasser des Gegenentwurfs und auch innerhalb der Kommission selbst schnell wieder Abstand genommen. Obwohl die Strafwürdigkeit indirekter Aufforderungen nicht in Frage gestellt wurde, ist doch versucht worden, einen möglichst präzisen und eng gefassten Begriff zu verwenden. Auch die „Verherrlichung begangener Verbrechen" als Form indirekter Aufforderungen löste erheblichen Beratungsbedarf aus. Während im Entwurf von 1909 entsprechend der Anregung *Mayers* die „Aufreizung" und die „Verherrlichung begangener Verbrechen" als Handlungsalternativen in den Tatbestand einbezogen werden sollte, wenn auch eigeschränkt durch das Tatbstandsmerkmal der „Gefährdung der gesetzlichen Ordnung", wurde im Gegenentwurf und im Entwurf 1913 darauf verzichtet. Es wurde deutlich, dass seinerzeit kein Konsens hergestellt werden konnte, ob ausschließlich die „Anreizung" oder auch die „Verherrlichung" als Form der Aufforderung erfasst werden sollte und wie einer uferlosen Strafbarkeit Schranken gesetzt werden könnte. Im Entwurf von 1913 ist schließlich versucht worden, die Strafbarkeit öffentlicher Aufforderungen, die in den vorangegeben Entwürfen deutlich ausgedehnt wurde, wieder einzuschränken und möglichst präzise zu fassen, ohne dass sich die Verfasser freilich zu einem völligen Verzicht auf die Strafbarkeit indirekter Aufforderungen hätte durchringen können.

Sechstes Kapitel: Weimarer Republik

A) Fortsetzung der Strafrechtsreform

Auch während der Zeit der Weimarer Republik wurde intensiv an der Reform des Strafrechts gearbeitet, ohne dass es zu einem Abschluss im Sinne eines verabschiedeten neuen Strafgesetzbuchs gekommen wäre. Während dieser Periode wurde eng mit Österreich kooperiert, um ein möglichst angeglichenes Strafrecht zu erarbeiten. Von 1922 bis 1930 wurden insgesamt vier Entwürfe auf den Weg gebracht, ohne dass das StGB durch ein reformiertes Strafgesetzbuch hätte ersetzt werden können.

I. Der Entwurf 1922 (Radbruch'scher Entwurf)

Die Reformarbeiten nahmen nach der Berufung des Sozialdemokraten *Radbruch* in das Amt des Reichsjustizministers am 26. Oktober 1921 ihren Fortgang. *Radbruch* betrachtete die Reform des Strafrechts als eine seiner wichtigsten Aufgaben[1]. In Beratungen mit Staatssekretär *Joël*, Ministerialdirektor *Bumke*, den Geheimräten *Kiesow* und *Schaefer*, dem Ersten Staatsanwalt *Koffka* und in enger Zusammenarbeit mit dem Vertreter des österreichischen Justizministeriums, Hofrat *Kadecka*, wurde auf der Grundlage des Entwurfs von 1919 und unter Berücksichtigung des österreichischen Gegenentwurfs[2] in 1115 Sitzungen ein konsolidierter deutsch / österreichischer Entwurf (sogenannter Radbruch`scher Entwurf) erarbeitet.

---

1 *Radbruch*, Der innere Weg, S. 155.

2 Der BT des Gegenentwurfs wurde nicht veröffentlicht. Der dem Reichsjustizministerium am 26.01.1922 übersandte Text befindet sich in BA R 3001 5915; eine Begründung war nicht beigefügt. Bei diesem Gegenentwurf handelte es sich nicht um einen amtlichen Entwurf der österreichischen Regierung oder des Justizressorts sondern um eine Ausarbeitung des an den Beratungen beteiligten *Kadecka* (so ausdrücklich S. 1 der im Gegensatz zum BT veröffentlichten Begründung zum AT des Entwurfs). Die hier einschlägigen Tatbestände waren in den 9. Abschnitt „Störung der öffentlichen Ordnung" eingestellt und lauteten:
„§ 206. Aufwiegelung zum Ungehorsam
Wer öffentlich oder durch Verbreitung von Schriften, Bildern oder anderen Darstellungen zur Auflehnung gegen ein Gesetz, gegen eine Verordnung oder gegen die Anordnung einer Behörde auffordert oder aufwiegelt, wird mit Gefängnis bis zu zwei Jahren oder mit Geldstrafe bestraft, wenn das Gesetz, die Verordnung oder die Anordnung rechtsgültig ist."
„§ 207. Öffentliche Aufforderung zu strafbaren Handlungen
Wer öffentlich oder durch Verbreiten von Schriften, Bildern oder anderen Darstellungen zu einem Verbrechen oder Vergehen auffordert oder aufreizt, wird, sofern nicht nach anderen Vorschriften eine schwerere Strafe verwirkt ist, mit Gefängnis oder mit Geldstrafe bestraft.

Im Entwurf von 1922[3] wurde in wesentlichen Punkten vom Entwurf 1919 und dem eng an den Entwurf von 1919 angelehnten österreichischen Gegenvorschlag[4] abgewichen. Da in den Ministerialakten keine Protokolle der Besprechungen vorhanden sind[5], kann die zugrundeliegende Motivation nicht nachvollzogen werden. Bemerkenswert ist zunächst die Definition der öffentlich begangenen Handlung in § 10 Nr. 5 des Entwurfs. Hier wurde in einem von einem sozialdemokratischen Minister geführten Justizressort über die ohnehin schon sehr weite Auslegung der höchstrichterlichen Rechtsprechung[6] hinausgegangen und ausdrücklich auch „die in einer geschlossenen Versammlung“ geäußerte Aufforderung als „öffentlich begangene Handlung“ angesehen.

Unter der Überschrift „Störung der öffentlichen Ordnung“ wurde in §§ 158, 159 des Entwurfs die öffentliche Aufforderung zum Ungehorsam und zur Begehung von Straftaten normiert. Die indirekte Aufforderung durch „aufwiegeln“ oder „aufreizen“ wurde wieder gestrichen. In § 158 des Entwurfs wurden Aufforderungen gegen Anordnungen der Obrigkeit aus dem Schutzbereich der Norm herausgenommen, im Gegenzug jedoch auch nicht rechtsgültige Gesetze erfasst. Die „Auflehnung“ wurde ersetzt durch die „Absicht, ein Gesetz oder eine Verordnung wirkungslos zu machen“. Die in § 206 Abs. 2 des Entwurfs von 1919 vorgesehene Privilegierung des vermeidbaren und unvermeidbaren Irrtums über die Rechtsgültigkeit wurde wieder gestrichen.

Die öffentliche Aufforderung zur Begehung von Straftaten, also auch zu Übertretungen, wurde mit der Anreizung zu Gewalttaten[7] (§ 130 StGB, § 208 des Entwurfs von 1909) zusammengefasst, wobei die dort geforderten Tatbe-

---

Ist das Verbrechen oder Vergehen allein oder wahlweise mit Einschließung bedroht, so kann an Stelle von Gefängnis auf Einschließung erkannt werden.“

3 Entwurf Radbruch.

4 Siehe FN 301.

5 *Schubert / Regge*, Entwürfe, 1, Seite X.

6 Siehe Kapitel Drei, IV, 1.

7 Der Entstehung, Reformdiskussion und dem Gesetzgebungsverfahren dieses Tatbestandes widmet sich *Rohrßen*, a.a.O. § 208 des Entwurfs von 1909 lautete: „Wer die Bevölkerung zu Gewalttaten untereinander öffentlich oder durch Verbreitung von Schriften, Abbildungen oder Darstellungen auffordert oder aufwiegelt und dadurch die gesetzliche Ordnung gefährdet, wird mit Gefängnis bis zu zwei Jahren oder mit Geldstrafe bestraft.
Im derzeit geltenden Recht lautete § 130: „Wer in einer den öffentlichen Frieden gefährdenden Weise verschiedene Klassen der Bevölkerung zu Gewaltthätigkeiten gegen einander öffentlich anreizt, wird mit Geldstrafe bis zu zweihundert Thalern oder mit Gefängniß bis zu zwei Jahren bestraft.“

standsvoraussetzung der „Gefährdung der gesetzlichen Ordnung“ gestrichen wurde und es nicht mehr auf die „Anreizung der Bevölkerung zu Gewalttaten gegeneinander“ ankam, sondern der Aufruf zu „Gewalttaten gegen Menschen oder Sachen“ ausreichte. Die ausdrückliche Aufnahme von „Gewalt gegen Menschen oder Sachen“ neben der Aufforderung zur Begehung von Straftaten war notwendig, weil die Aufforderung zu Straftaten auf eine bestimmte Straftat gerichtet sein musste, der Aufruf zur Gewalt dagegen pauschal und allgemein gehalten sein konnte. Gem. § 158 des Entwurfs machte sich daher strafbar, wer „in der Absicht, ein Gesetz oder eine rechtsgültige Verordnung unwirksam zu machen, öffentlich zur Auflehnung dagegen aufruft“ und gem. § 159 des Entwurfs, wer „öffentlich zu einer strafbaren Handlung oder zu Gewalttätigkeiten gegen Menschen oder Sachen auffordert“. Die Tatbestände lauteten:

> „§ 158. Wer in der Absicht, ein Gesetz oder eine Verordnung wirkungslos zu machen, öffentlich zur Auflehnung dagegen auffordert, wird mit Gefängnis bis zu zwei Jahren bestraft.
>
> Die Aufforderung zur Auflehnung gegen eine Verordnung ist nur strafbar, wenn die Verordnung rechtsgültig ist.“
>
> „§ 159. Wer öffentlich zu einer strafbaren Handlung oder zu Gewalttaten gegen Menschen oder Sachen auffordert, wird mit Gefängnis bis zu zwei Jahren oder mit Geldstrafe bestraft.“

Der Entwurf wurde dem Kabinett am 13. September 1922 zugeleitet. In Abwesenheit von Reichskanzler *Wirth* betonte *Radbruch* während der Kabinettsitzung am 5. November die Dringlichkeit einer zeitnahen Billigung durch das Kabinett, wobei er besonders darauf hinwies, dass etwaige Änderungen Nachverhandlungen mit den Vertretern Österreichs nach sich ziehen würden und schlug vor, dem Entwurf ohne Erörterung von Einzelfragen die Zustimmung zu erteilen. Das Kabinett stimmte diesem Vorschlag zwar zunächst zu, der ortabwesende Reichskanzler *Wirth* schloss sich jedoch der per Fernschreiben übermittelten Anregung von Staatsekretär *Hemmer* an, den Vorgang bis seiner Rückkehr zurückzustellen. Er erteilte im Telegramm vom 6. November 1922 die Order, die Erörterung im Kabinett entsprechend zu verschieben. Am 9. November 1922 wurde der Entwurf zunächst auf die Tagesordnung gesetzt, jedoch ohne Angabe von Gründen wieder abgesetzt und auch in der Folgezeit nicht wieder aufgegriffen. Die Hoffnung *Radbruchs* auf eine zeitnahe Zustimmung des Kabinetts und Verabschiedung noch vor den Neuwahlen 1924 erfüllte sich daher nicht[8].

---

8 Entwürfe, 1, Seite XI.

II. Gesetze und Verordnungen zum Schutz der Republik

1922 wurde die noch junge Republik durch die von rechtsgerichteten Zeitungen[9] beifällig aufgenommenen Ermordung des Zentrumspolitikers *Erzberger* nach einem „üblen Hetzefeldzug" und dem Mord am liberalen jüdischen Außenminister *Rathenau* am 24. Juni 1922 in Berlin erschüttert. Durch die von Abgeordneten der linksgerichteten Parteien geschürten tumultartigen Zustände während der Trauerfeier wurde die ohnehin bereits explosive Stimmung noch zusätzlich angeheizt. Die Regierung sah sich veranlasst, im Wege der Ausnahmegesetze gegen die staatsbedrohende Stimmungsmache vorzugehen und neben der Möglichkeit, Schriften und Versammlungen verbieten zu können, auch Strafvorschriften gegen politische Hetze zu erlassen. Dies waren die Republikschutzverordnungen vom 26. Juni 1922, 29. Juni 1922 und die Republikschutzgesetze vom 21. Juli 1922 und 25. März 1930.

1. Republikschutzverordnung und Republikschutzgesetz

In der Republikschutzverordnung[10]. vom 26. Juni 1922 war in § 5 die Strafbarkeit indirekter Aufforderungen unter Strafe gestellt[11]. Danach war gem. § 5 Abs. 1 mit Freiheitsstrafe von drei Monaten bis zu fünf Jahren, neben der noch eine Geldstrafe von bis zu fünfhunderttausend Mark verhängt werden konnte, zu bestrafen, wer „öffentlich Gewalttaten gegen die republikanische Staatsform oder Mitglieder der jetzigen oder einer früheren republikanischen Regierung des Reichs oder eines Landes verherrlicht oder billigt, oder wer solche Gewalttaten belohnt oder begünstigt". Die „Aufforderung, Aufwiegelung oder

---

9 *Erzberger* hatte als Leiter der Waffenstillstandskommission das Abkommen unterzeichnet, in dem Deutschland hohe Lasten auferlegt wurden und den Abschluß des Versailler Vertrages befürwortet. Dafür wurde er als „Novemberverbrecher" diffamiert und von nationalsozialistischen Fanatikern am 26. August 1921 in Griesbach als „Volksschädling und Reichsverderber" erschossen. Die Täter wurden in republikanischen Kreisen mit Tell und Brutus vergleichen und die Tat als Befreiungsschlag bezeichnet. Ausführlich m.w.N. *Jasper*, Republik, 1963, S. 6, 34 ff.

10 Verordnung zum Schutz der Republik, RGBl I, 1922, S. 521 f

11 „§ 5. Mit Gefängnis vor drei Monaten bis zu fünf Jahren, neben dem auf Geldstrafe bis zu fünfhunderttausend Mark erkannt werden kann, wird, soweit nicht andere Vorschriften eine schwerere Strafe androhen, bestraft:
1. wer öffentlich Gewalttaten gegen die republikanische Staatsform oder gegen Mitglieder der jetzigen oder einer früheren republikanischen Regierung des Reichs oder eines Landes verherrlicht oder billig, oder wer solche Straftaten belohnt oder begünstigt;
2. wer zu Gewalttaten gegen Mitglieder der jetzigen oder einer früheren republikanischen Regierung des Reichs oder eines Landes auffordert, aufwiegelt oder solche Gewalttaten mit einem anderen verabredet.
(3....)
(4...)
(5....)".

Verabredung zu Gewalttaten“ gegen die vorgenannten Regierungsmitglieder war in § 5 Abs. 2 mit gleichem Strafmaß bedroht.

In der Zweiten Verordnung zur Republikschutzverordnung[12] vom 29. Juni 1922 wurde § 5 Nr. 1 um den Zusatz „oder wer die toten Opfer solcher Gewalttaten verleumdet oder öffentlich beschimpft“ ergänzt.

Durch § 25 Abs. 1 Nr. 2 des Republikschutzgesetzes vom 21. Juli 1922[13] wurde § 111 Abs. 2 StGB durch den Zusatz „war die Aufforderung auf eine Tötung gerichtet, so ist die Strafe Gefängnis nicht unter drei Monaten, neben der auf Geldstrafe bis zu einer Million Mark erkannt werden kann“ ergänzt. Das zeitlich auf fünf Jahre befristete Republikschutzgesetz wurde wenige Jahre nach dem es ausgelaufen war, durch das Zweite Republikschutzgesetz[14] vom 25. März 1930 ersetzt, das vergleichbare Straftatbestände enthielt.

2. Verordnung zur Wiederherstellung der öffentlichen Sicherheit und Ordnung

Die Verordnung zur Wiederherstellung der öffentlichen Sicherheit und Ordnung[15] von 1923 sah in § 1 die Bestrafung der öffentliche Aufforderung zur Steuerverweigerung[16] und in § 2 die zur Zurückhaltung von zum Verkauf bestimmten Lebens- und Futtermitteln[17] mit Gefängnis nicht unter einem Monat und Geldstrafe unbeschränkter Höhe vor. Zusätzlich konnte auf Verlust der bürgerlichen Ehrenrechte und öffentliche Bekanntmachung der Verurtei-

---

12 Zweite Verordnung zum Schutze der Republik vom 29. Juni 1922, RGBl I, 1922, S. 532.

13 Gesetz zum Schutz der Republik, RGBl. I, 1922, S. 585 ff.

14 RGBl. I 1930, S. 91 ff.

15 RGBl I, 1923, S. 879.

16 „§ 1. Wer öffentlich oder in einer Versammlung oder durch Verbreitung von Schriften oder anderen Darstellungen dazu auffordert oder anreizt, einer Steuerpflicht oder der öffentlich-rechtlichen Verpflichtung zur Leistung von Geld oder Geldwert an das Reich, die Länder oder Gemeinden (Gemeindeverbände) nicht zu genügen oder die Durchführung der Vorschriften oder diese Pflichten auf andere Weise zu hindern, wird, sofern nicht eine schwerere Strafe verwirkt ist, mit Gefängnis nicht unter einem Monat und mit Geldstrafe bestraft; das Höchstmaß der Geldstrafe ist unbeschränkt.“

17 „§ 2. Wer öffentlich oder in einer Versammlung oder durch Verbreitung von Schriften oder anderen Darstellungen zur Zurückhaltung von Lebens- oder Futtermitteln, die zur Veräußerung oder Weiterveräußerung bestimmt sind, auffordert oder anreizt, wird, sofern nicht eine schwerere Strafe verwirkt ist, mit Gefängnis nicht unter einem Monat und mit Geldstrafe bestraft; das Höchstmaß der Geldstrafe ist unbeschränkt.“

lung erkannt werden. Diese Verordnung wurde erst durch Art. 287 des EGStGB vom 2. März 1974 aufgehoben[18]

III. Der Entwurf 1925

Nach Übernahme des Reichsjustizministeriums durch *Heintze* am 23. September 1922 wurden zunächst keine weiteren Initiativen zur Fortführung der Strafrechtsreform ergriffen. Die zwischenzeitig durch die Ressorts eingebrachten Änderungsvorschläge wurden im Mai 1923 zusammengestellt; die hier behandelten Tatbestände waren von Änderungen nicht betroffen. Die Kabinettvorlage wurde am 12. November 1924 verabschiedet und der Entwurf nebst amtlicher Begründung wenige Tage später in den Reichsrat eingebracht und 1925 als Buchausgabe auch der Öffentlichkeit zugänglich gemacht[19].

1. Begründung des Entwurfs

Die §§ 158 und 159 des Entwurfs von 1922 wurden unverändert als §§ 159 und 160 in den 9. Abschnitt „Störung der öffentlichen Ordnung" des Entwurfs von 1924 übernommen.

Zu der Einbeziehung auch einer geschlossenen Versammlung als „öffentlich" wurde in der Begründung[20] zu § 11 Nr. 5 des Entwurfs ausgeführt, die Zweifelsfrage, wann eine Versammlung als öffentlich anzusehen sei, werde nunmehr eindeutig entschieden. Auch die Neufassung der öffentlichen Aufforderung zum Ungehorsam sei im Sinne der bisherigen höchstrichterlichen Rechtsprechung lediglich präzisiert worden.

Die Streichung der „Anordnungen der Obrigkeit" wurde damit begründet, über die bereits in anderen Tatbeständen enthaltenen Strafdrohungen hinaus sei ein Festhalten an dieser Tatbestandsalternative nicht geboten. Im übrigen sei auch auf dem Boden gesicherer Rechtsprechung die Aufforderung zum Ungehorsam gegen Gesetze straffrei, wenn nur zur Verletzung einzelner Rechtspflichten und nicht zum Widerstand gegen das Gesetz als solches aufgefordert werde. Bei Gesetzen dürfe es im Gegensatz zu Verordnungen nicht auf die Rechtsgültigkeit ankommen, weil der „Volkswille, der in die äußere Form des Gesetzes gekleidet sei, unbedingten Schutz verlange[21]".

---

18 BGBl I 1974, S. 469 ff.

19 Zum Gang der Behandlung im Kabinett ausführlich: Quellen I 2 S. XII ff.

20 Quellen I, 1 Begründung zu § 11.

21 Quellen, a.a.O. Begründung zu § 159.

Zur der in § 160 des Entwurfs geregelten öffentlichen Aufforderung zur Begehung von Straftaten wurde weiterhin davon ausgegangen[22], dass die erfolgreiche Aufforderung als Anstiftung zu ahnden sei. Auch wurde nunmehr davon ausgegangen, der Begriff des „Aufforderns" erfasse auch die indirekte Aufforderung, so dass eine besondere Erwähnung etwa durch Verwendung des Begriffs „anreizen" nicht erforderlich sei. Die Verschmelzung des § 130 StGB mit § 160 des Entwurfs wurde als sachgerecht und Vereinfachung der Rechtsanwendung angesehen, insbesondere vor dem Hintergrund der Diskussionen um die Rechtsbegriffe der „Bevölkerungsklassen" und des „öffentlichen Friedens". Die Anforderungen an die Tatbestandsverwirklichung waren nach Auffassung der Verfasser des Entwurfs durch die Neufassung deutlich präzisiert und vereinfacht worden.

Die durch § 25 Abs. 2 des Republikschutzgesetzes vorgenommene Erhöhung des Strafrahmens für den Fall der Aufforderung zu einem Tötungsdelikt wurde nicht in § 160 des Entwurfs übernommen, sondern als § 226 in den 17. Abschnitt „Tötung" überführt. Danach war die öffentliche Aufforderung zum Mord[23] laut Begründung[24] als besonders schwerer Fall der Aufforderung zu Straftaten mit Zuchthaus bis zu fünf Jahren bedroht.

2. Behandlung im Reichsrat

Der Reichsrat[25] überwies den Entwurf unmittelbar nach Eingang den Ausschüssen III, V und VII, die jedoch erst ab Oktober 1926 in die Beratungen eintraten, weil sich die Versendung des Entwurfs nebst Begründung an die Länder bis Mitte 1925 hinzog und mit dem Beginn der Ausschussberatungen der Eingang der Anträge Preußens, der am 1. Juni 1926 erfolgte, abgewartet wurde[26]. Die erste Lesung des Entwurfs unter Berücksichtigung der Anträge der Länder fand von Oktober bis Dezember 1926 statt, die

---

22 Quellen, a.a.O. Begründung zu § 160.

23 Gem. § 221 des Entwurf war Mord anzunehmen, wenn ein anderer getötet wurde, besondere Mordmerkmale wurden nicht gefordert. Totschlag war gem. § 222 nur dann anzunehmen, wenn der Täter durch „Jähzorn oder entschuldbare heftige Gefühlsbewegungen" zu der Tat hingerissen wurde.

24 Quellen, a.a.O., Begründung zu § 226.

25 Der Reichsrat war die nach Art. 60 der Reichsverfassung gebildete Vertretung der Länder bei Gesetzgebung und Verwaltung des Reichs. Jede Land hatte mindestens eine Stimme; größere Länder hatten je 700.000 Einwohner eine Stimme, jedoch nicht mehr als 2/5 aller Stimmen. Mit Stand von 1926 hatte Preußen mit 27 Stimmen die Stimmmehrheit, gefolgt von Bayern mit 11 Stimmen. Sachsen hatte 7, Württemberg 4, Baden 3, Thüringen, Hessen und Hamburg hatten je 2 Stimmen und die übrigen Länder je 1 Stimme (z.vergl. Quellen, 2, S. X f).

26 Quellen, a.a.O. S. XII.

zweite Lesung mit Beteiligung des Vertreters Österreichs, *Kadecka*, erfolgte von März bis April 1927[27].

Die Beratung begann mit der Erörterung des AT. Da die Länder wie auch die Reichsregierung eine Vielzahl von Anträgen eingebracht hatten[28], schlug der Vorsitzende *Bumke* in der ersten Beratung am 8. Oktober 1926 vor, die vor Eingang des Antrags der Reichsregierung eingebrachten Anträge für erledigt zu erklären, sofern sie nicht ausdrücklich aufrechterhalten würden[29]. Diesem Vorschlag wurde gefolgt, so dass der Antrag der Reichsregierung[30] als Beratungsgrundlage diente.

In der ersten Lesung zu § 159[31] wurde der Antrag Bayerns beraten, auch das „anreizen" indirekte Aufforderung wieder ausdrücklich in den Tatbestand aufzunehmen. Dies wurde vom Reichsfinanzminister ausdrücklich begrüßt, weil die indirekte Aufforderung seiner Ansicht nach häufig der Organisation eines Steuerstreiks diene. Der Vorsitzende hielt den Begriff für zu weitgehend und unbestimmt, der Antrag wurde mit 12 gegen 8 Stimmen abgelehnt. Zu § 160 des Entwurfs stellte Bayern einen gleichlautenden Antrag, der ebenfalls abgelehnt wurde.

Abgelehnt wurde auch die von Hamburg beantragte Streichung der Worte „Gewalttaten gegen Sachen und Menschen" als überflüssig, die hilfsweise beantragte Relativierung durch Einfügung des Begriffs „insbesondere" wurde dagegen angenommen.

IV. Der Entwurf von 1927

Im Entwurf von 1927[32] war nach den Ergebnissen der Lesung im Reichsrat die „Aufforderung zur Auflehnung gegen ein Gesetz oder eine rechtsgültige Verordnung" in § 169 und entsprechend des Antrags der Reichsregierung zur 2. Lesung auch die „Aufforderung oder Anreizung" zur Steuerverweigerung in § 170 und die *Aufforderung zu Straftaten, insbesondere zu Gewalttaten gegen Menschen und Sachen* in § 171 des Entwurfs unter Strafe gestellt. Die Tatbestände lauteten:

---

27 Quellen, a.a.O. S. XII f.

28 Quellen, a.a.O. S. 187 f.

29 Quellen, *a.a.O., S. 1.*

30 Quellen,*a.a.O. S. 347 ff.* Antrag Nr. 18 war ein gemeinsamer Antrag der Reichsregierung und der Länder Bremen, Oldenburg, Würtemberg, Braunschweig und Bayern, dem gemeinsame Besprechungen vorangegangen waren.

31 Quellen, a.a.O. S. 31.

32 Entwürfe, a.a.O. S. 437 ff.

„§ 169. Wer öffentlich zur Auflehnung gegen ein Gesetz oder eine Verordnung auffordert, wird mit Gefängnis bis zu zwei Jahren bestraft.

Die Aufforderung zur Auflehnung gegen eine Verordnung ist nur strafbar, wenn die Verordnung rechtsgültig ist."

„§ 170. Wer öffentlich dazu auffordert oder dazu anreizt, einer steuerrechtlichen Verpflichtung nicht nachzukommen, wird mit Gefängnis bis zu zwei Jahren oder mit Geldstrafe bestraft."

„§ 171. Wer öffentlich zu einer strafbaren Handlung, insbesondere zu Gewalttaten gegen Menschen oder Sachen auffordert, wird mit Gefängnis bis zu zwei Jahren bestraft."

In der Begründung[33] wurde zu § 169 des Entwurfs ausgeführt, die Rechtsgültigkeit von Gesetzen solle einer Überprüfung im Strafverfahren entzogen werden, die von Verordnungen sei jedoch als eine nicht vom Vorsatz umfasste objektive Strafbarkeitsbedingung ausgestaltet worden.

Bei § 170 des Entwurfs sei das „anreizen" als besonders gefährlichen mittelbaren Einwirkung auf die Leidenschaften aufgenommen worden und bei § 171 des Entwurfs wurde die Verschmelzung mit § 130 StGB (Klassenkampf) als notwendige Vereinfachung betrachtet. An dieser Stelle wurde erneut ausdrücklich darauf hingewiesen, dass die erfolgreiche öffentliche Aufforderung als Anstiftung nach den Teilnahmevorschriften zu bestrafen sei.

V. Der Entwurf 1930 (Entwurf Kahl)

Der Entwurf nach den Beschlüssen des Reichsrats wurde am 14. Mai 1927 in den Reichstag eingebracht und durch *Kahl*[34] einer ausführlichen Würdigung unterzogen, verbunden mit der Hoffnung auf einen baldigen Abschluss der seit mehreren Jahrzehnten andauernden Reformarbeiten. Der Entwurf wurde nach allgemeiner Debatte am 21. und 22. Juni 1927 einem Strafrechtsausschuss überwiesen, der in der konstituierenden Sitzung am 6. Juli 1927 unter dem Vorsitz *Kahls*[35] die Arbeit aufnahm[36]. Aufgrund des von *Kahl* und Genossen am 18. Februar 1928 eingebrachten[37] und mit verfassungsändernder Mehrheit[38] beschlossenen Gesetzes zur Fortsetzung der Strafrechtsreform vom 31. März 1928[39] konnte der Entwurf in der folgenden Legislaturperiode weiter behandelt werden, ohne dass eine erneute Einbringung erforderlich gewesen wäre.

---

33 Entwürfe, a.a.O. S. 568 f.

34 Prot.Rt. 1927, S. 10942 ff.

35 Zur Person und Bedeutung *Kahls* ausführlich: Quellen, 3, S. X ff.

36 Quellen, a.a.O. S. 3.

37 Drs.Rt., 1927, Nr. 3999.

38 *Schmidt*, a.a.O. S. 377.

39 RGBl. I, 1928, S. 135 f. Durch das Gesetz mußte der Entwurf nach den Neuwahlen nicht erneut eingebracht werden sondern galt als neue Vorlage.

Zeitgleich wurde die angestrebte Rechtsangleichung des deutschen und österreichischen Rechts durch parlamentarische deutsch / österreichische Strafrechtskonferenzen weiter betrieben.

1. Behandlung im Ausschuss: Erste Lesung

a) Aufforderung zum Ungehorsam

Die hier behandelten Tatbestände wurden in den Sitzungen des Strafrechtsausschusses vor der vorzeitigen Auflösung des Reichstags am 31. März 1928 im Strafrechtsausschuss nicht beraten. In der folgenden Legislaturperiode war der 21. Ausschuss wiederum unter dem Vorsitz *Kahls* von Juli 1928 bis Juli 1930 mit dem Entwurf befasst[40].

In erster Lesung wurden §§ 169 bis 171 des Entwurfs in der 36. Sitzung am 29. Januar 1929 beraten[41].

Zu § 169 des Entwurfs wurde beantragt, die Rechtsgültigkeit auch von Gesetzen in den Tatbestand aufzunehmen.

In einem weiteren Antrag wurde die Streichung des § 169 des Entwurfs, hilfsweise wie im vorgenannten Antrag die Aufnahme der Rechtsgültigkeit auch von Gesetzen beantragt.

In einem dritten Antrag wurde vorgeschlagen, auch die Verhängung einer Geldstrafe zu ermöglichen[42]. Seitens des Berichterstatters *Hanemann*[43] wurde die Fassung des Entwurfs verteidigt und die Anträge und Anregungen zurückgewiesen.

Soweit in den Anträgen und der Anregung des Deutschen Beamtenbundes die Beschränkung der Strafbarkeit nur auf rechtsgültige Gesetze gefordert wurde, vertrat *Hanemann* den Standpunkt, einen formgerecht erlassenen Gesetz sei Gehorsam geschuldet. Die ebenfalls vom Deutschen Beamtenbund gewünschte Feststellung, zivilrechtliche Gesetze und Verordnungen seien von der Strafbarkeit ausgenommen, wurde unter Hinweis auf die ständige Rechtsprechung in dieser Frage zurückgewiesen.

Abschließend wies *Hanemann* darauf hin, bei besonders leichte Fällen, z.B. bei kaum bekannten Verordnungen, könne bereits nach den Strafzumessungsregeln von der Verhängung einer Freiheitsstrafe abgesehen und auf Geldstrafe

---

40 Quellen, I. 3, 2. S. 385 ff.

41 Quellen, a.a.O. S. 385–392.

42 Quellen, a.a.O. S. 385.

43 Quellen, a.a.O. S. 385 f.

erkannt werden. Im weiteren Verlauf der Erörterung verteidigte *Alexander*[44] (KPD) seinen Antrag auf Streichung, hilfsweise auf Beschränkung der Strafbarkeit auf rechtsgültige Gesetze mit dem Hinweis, der Tatbestand richte sich gegen die „proletarische politische Betätigung", bei der wenigstens die „Anfechtung der Rechtsungültigkeit durch Massenagitationen" ermöglicht werden müsse. *Landsberg*[45], *Lobe*[46] und *Wegmann*[47] gingen zwar nicht so weit, die von *Alexander* gewünschte Streichung zu unterstützen, vertraten aber gleichwohl den Standpunkt, nur rechtsgültigen Gesetzen gebühre strafrechtlicher Schutz. Der Vertreter des Reichsjustizministeriums, *Bumke*[48] verteidigte die Fassung des Entwurfs und wies auf die praktischen Probleme hin, die eine Nachprüfung der Verfassungsmäßigkeit von Gesetzen im Strafverfahren nach sich ziehe. Die Anträge wurden sämtlich abgelehnt und § 169 in der Fassung des Entwurfs angenommen[49].

b) Aufforderung zum Steuerboykott und zu Straftaten

Die Beratungen zu §§ 170, 171 des Entwurfs wurden verbunden.

Zu § 170 des Entwurfs beantragten *Alexander*, *Jörissen* und *Hanemann* die Streichung des Tatbestandes, die beiden letztgenannten darüber hinaus hilfsweise die Streichung des „Anreizens". *Alexander* beantragte auch die Streichung von § 171 des Entwurfs, *Hanemann* dagegen wollte den Strafrahmen für besonders schwere Fälle allgemein und nicht nur bei Mord auf fünf Jahre Zuchthaus ausgedehnt wissen. *Hanemann*[50] führte zur Begründung seines Antrags auf Streichung von § 170 des Entwurfs aus, dieser aus dem Republikschutzgesetz übernommene Tatbestand sei überflüssig und die Aufforderung zum Steuerboykott bereits von § 169 des Entwurfs erfasst. Aus welchem Grund gerade für diese Aufforderung auch das „Anreizen" der Strafbarkeit unterfallen solle, sei nicht nachvollziehbar. Vielmehr sei der Argumentation der Industrie- und Handelskammer Berlin zu folgen, die völlig zu Recht darauf hingewiesen habe, durch die Ausdehnung der Strafbarkeit der Aufforderung zur Steuerverweigerung werde nicht nur der Staatsbürger jeder noch so zweifelhaften Auffassung der Steuerbehörde ausgeliefert, sondern auch die Steuer-

---

44 Protokolle, a.a.O. S. 389.
45 Protokolle, a.a.O. S. 386.
46 Protokolle, a.a.O. S. 387.
47 Protokolle, a.a.O. S. 386.
48 Protokolle, a.a.O. S. 387.
49 Protokolle, a.a.O. S. 388.
50 Protokolle, a.a.O. S. 388.

beratungsstellen in ihrer Arbeit massiv behindert. Zu dem Antrag, in § 171 des Entwurfs einen erhöhten Strafrahmen einzufügen, führte *Hanemann* aus, in diesem Fall könne die öffentliche Aufforderung zur Tötung gestrichen und für die öffentliche Aufforderung zu vergleichbar schwerwiegenden oder gemeingefährlichen Delikten eine im Einzelfall angemessene Zuchthausstrafe verhängt werden. *Jörissen*[51] begründete den Antrag auf Streichung von § 170 des Entwurfs mit den gleichen Argumenten, während *Alexander*[52] auf die politische Untragbarkeit einer solchen Vorschrift hinwies, durch die es den von harten Steuern betroffenen Bauern unmöglich gemacht werde, sich gegen die Steuerlast zur Wehr zu setzen. *Trapp*[53] wies für das Reichsfinanzministerium darauf hin, anders als § 110 StGB und § 169 des Entwurfs sei es bei einem Verstoß gegen § 170 des Entwurfs ausreichend, wenn zur Verweigerung einer konkreten Steuerpflicht aufgefordert oder angereizt werde und vertrat die Auffassung, dass der Tatbestand in der Fassung des Entwurfs notwendig und begründet sei. Einen interessanten Standpunkt vertrat *Rosenfeld*[54] mit seinen Ausführungen, gerade durch Großindustrielle und Großgrundbesitzer würden erhebliche Anstrengungen unternommen, steuerlichen Verpflichtungen zu entgehen, weshalb die Sanktionierung ausdrücklich zu begrüßen und einer Abschwächung energisch zu widersprechen sei. Auch *Wegmann*[55], *Kahl*[56] und Reichsminister der Justiz *Koch-Weser*[57] sprachen sich für die Beibehaltung des § 170 in der Fassung des Entwurfs aus. Im Ergebnis wurden auch die §§ 170, 171 des Entwurfs unverändert angenommen.

2. Behandlung in der deutsch-österreichischen Kommission

Parallel zu den Sitzungen des Strafrechtsausschusses befasste sich auch die deutsch-österreichische parlamentarische Strafrechtskommission unter Leitung des mittlerweile 80 jährigen *Kahl* mit den deutschen und österreichischen Entwürfen und den Möglichkeiten einer Rechtsangleichung. In der 9. Sitzung am 29. Juni[58] wurden die §§ 170, 171 des Entwurfs beraten, auf § 169 des Entwurfs wurde jedoch nicht eingegangen.

---

51 Protokolle, a.a.O. S. 389.

52 Protokolle, a.a.O. S. 389.

53 Protokolle, a.a.O. S. 389 f.

54 Protokolle, a.a.O. S. 390 f.

55 Protokolle, a.a.O. S. 391.

56 Protokolle, a.a.O. S. 391.

57 Protokolle, a.a.O. S. 391.

58 Quellen, 3 1. S. 681–703.

Bei der Erörterung von § 170 des Entwurfs vertrat der Vertreter Österreichs die Auffassung, der Begriff der „Aufforderung“ erfasse nach allgemeinem Sprachgebrauch nicht nur die direkte, sondern auch die indirekte Aufforderung. Dem schlossen sich überwiegend auch die deutschen Verhandlungsführer an, lediglich der Vertreter des Finanzministeriums bestand auf der ausdrücklichen Sanktionierung der indirekten Aufforderung durch Beibehalten des „Anreizens“. Die Streichung dieses Begriffs wurde so auch mit 26 gegen 19 Stimmen beschlossen.

Zu § 171[59] des Entwurfs wurde Einvernehmen erzielt, statt der als irreführend bezeichneten Formulierung „insbesondere“ die Formulierung „allgemein“ zu verwenden um deutlich zu machen, dass neben der Aufforderung zu einer konkreten strafbaren Handlung auch die allgemein gehaltene Aufforderung zur Gewalt gegen Menschen und Sachen von der Strafbarkeit erfasst werde.

3. Behandlung im Ausschuss: Zweite Lesung

Während der zeitlich nachfolgenden zweiten Lesung im Strafrechtsausschuss[60] beantragte *Alexander* erneut erfolglos die Streichung der §§ 169, 170 des Entwurfs, weil er es ablehnte „gewisse Arten der Kritik gegen unerträgliche Gesetze auszuschließen“. Der Antrag, das nach den Beschlüssen der deutsch-österreichischen Strafrechtskommission gestrichene „anreizen“ wieder in § 170 des Entwurfs einzufügen, war jedoch erfolgreich. Nach den Beschlüssen zweiter Lesung wurden die §§ 169, 170 des Entwurfs in der Fassung der Regierungsvorlage und § 171 des Entwurfs in der von der deutsch-österreichischen Kommission vorgeschlagenen Fassung angenommen.

Noch vor Abschluss der zweiten Lesung wurde der Reichstag im Juli 1930 erneut vorzeitig aufgelöst. Da es *Kahl* nicht gelungen war, erneut ein Überleitungsgesetz zu erreichen[61], musste der Entwurf eines Strafgesetzbuchs erneut in den Reichstag eingebracht werden. Dieser sog. „Entwurf Kahl“ wurde zwar auf der Basis der bisherigen Beschlüsse nach den Neuwahlen noch 1930 eingebracht[62] und am 10. Dezember 1930 mit den Beratungen begonnen, die Beratungen des mit der Prüfung beauftragen 18. Strafrechtsausschusses wurden jedoch von den radikalen Parteien boykottiert[63]. Nach dem Tode *Kahls* am 14. Mai 1932 kamen die Arbeiten an der Strafrechtsreform in der Weimarer Republik endgültig zum Erliegen.

---

59 Ausführlich: *Rohrßen*, a.a.O. S. 114 f.

60 Quellen, 3, 3, S. 494 ff.

61 *Schmidt*, a.a.O. S. 377.

62 Drs.Rt. 1930, Nr. 395.

63 Ausführlich: *Rohrßen*, a.a.O. S. 114 f.

B) Résumé

Bemerkenswert ist zunächst die enge Zusammenarbeit mit Österreich, die in dieser Form wohl einmalig war. Kernfrage war auch in der Zeit der Weimarer Republik, wie die indirekte Aufforderung erfasst werden könnte, ohne zu sehr in die Freiheit der Meinungsäußerung einzugreifen. In den verschiedenen Entwürfen wurde der Begriff „anreizen" aufgenommen und wieder gestrichen, wobei letztlich weitgehende Übereinstimmung erzielt wurde, der Begriff des „*Aufforderns*" erfasse auch die indirekte Aufforderung. Bemerkenswert ist hier insbesondere die Zusammenlegung der öffentlichen Aufforderung zu Straftaten mit der zum Klassenhass durch die „Aufforderung zu Gewalttaten gegen Menschen und Sachen", weil der in der Kaiserzeit relativ eindeutige Begriff „Bevölkerungsklassen" offenbar zunehmend schwerer greifbar war. Auch in dieser Periode wurde die Ansicht vertreten, die erfolgreiche öffentliche Aufforderung sei unproblematisch als Anstiftung strafbar und daher die erfolglose öffentliche Aufforderung zu Straftaten als von der Anstiftung losgelöster eigenständiger Tatbestand im BT zu regeln. Die Reformarbeiten wurden durch die Literatur begleitet und gewürdigt. *Kahl* hat die Entstehung des Entwurfs von 1919 eingehend geschildert und auf die Schwierigkeiten hingewiesen, die sich für die Strafrechtsreform durch Weltkrieg und Revolution ergeben haben.

Dennoch war die Ausarbeitung des Entwurfs nach seiner Auffassung eine gelungene Fortsetzung der durch den Ausbruch des ersten Weltkriegs zunächst zum Erliegen gekommenen Arbeiten an der Reform des Strafrechts[64]. Der Entwurf von 1925 wurde eingehend in der auf Veranlassung der Deutschen Landesgruppe der Internationalen Kriminalistischen Vereinigung von *Aschrott und Kohlrausch* herausgegebenen Abhandlung besprochen[65]. Zwar beklagte *Aschrott* ausdrücklich ein „Übermaß an Strafbestimmungen", das in letzter Konsequenz der staatlichen Autorität nur schade, weil die in zahlreichen Tatbeständen geregelten Straftaten häufig leicht zu umgehen seien und deshalb ungesühnt blieben[66]. In der gleichen Abhandlung begrüßte *Höpler* allerdings die Strafbarkeit der öffentlichen Aufforderung zum Ungehorsam, um Versuche zu erfassen *auf der Straße durchzusetzen, was verfassungsrechtlich nicht möglich ist*[67], und schlug vor, die Strafbarkeit nicht davon abhängig zu machen, ob es dem Täter darauf ankam, das Gesetz unwirksam zu machen sondern auf die vom Vorsatz umfasste Gefährdung der öffentlichen Ordnung

64 *Kahl*, Strafgesetzentwurf, ZStW, 205–223.

65 *Aschrott / Kohlrausch*, Reform des Strafrechts.

66 *Aschrott*, a.a.O. S. 215.

67 *Höpler*, a.a.O. S. 266.

abzustellen. Die Zusammenfassung der Aufforderung zu Straftaten und zum Klassenhass begrüßte er ebenso wie die Ausdehnung der Strafbarkeit auch auf Übertretungen. Auch der Verzicht auf die Strafbarkeit einer „Verbrechensverherrlichung“ fand seine Zustimmung, allerdings aufgrund der Erwägung, dass bei konsequenter Anwendung eines entsprechenden Straftatbestandes allzu leicht ein Märtyrertum geschaffen werden könne. Dagegen sprach sich *Leipmann* entschieden für eine ersatzlose Streichung von § 110 StGB aus, allerdings aus Gründen, die in der Rechtsanwendung durch die höchstrichterliche Rechtsprechung lagen, die zwar nur dann von einer Tatbestandserfüllung ausging, wenn zu einer grundsätzlichen Missachtung des Gesetzes provoziert wurde, eine solche Provokation aber in Fällen bejaht hat, bei denen dies gerade nicht hätte festgestellt werden dürfen[68].

68 *Liepmann*, Reform, S. 118 ff. Das Urteil, nach dem ein Redakteur nach § 110 StGB bestraft wurde, weil er dazu aufgefordert hat, die polizeiliche Verordnung zur Beseitigung von Ofenklappen nicht zu befolgen, bezeichnete er zu Recht als lächerlich und die Verurteilung eines Arbeiters, weil er mit den Worten: „Heute fahren wir noch ein, morgen aber nimmermehr!“ zum Streik aufgefordert hatte, ebenfalls völlig zu Recht als unerträgliche juristische Künstelei.

Siebentes Kapitel: Zeit des Nationalsozialismus

A) Verordnungen gegen die Presse- und Versammlungsfreiheit.

Die Einschränkungen der Presse- und Versammlungsfreiheit wurden in weiten Teilen durch die Verordnung zur Erhaltung des inneren Friedens vom 19. Dezember 1932[1] wieder aufgehoben. Dies wurde jedoch bereits am 4. Februar 1933, also kurz nach der Machtergreifung Hitlers am 30. Januar 1933 wieder rückgängig gemacht. Zuerst erging die Verordnung zum Schutz des deutschen Volkes, wenige Tage später folgten die Verordnung zum Schutz von Volk und Staat, die Verordnung gegen Verrat am Deutschen Volke.

I. Verordnung zum Schutz des Deutschen Volkes vom 4. Februar[2]

Nach § 2 der Verordnung konnten Versammlungen aufgelöst werden, wenn u.a. zu einer Straftat im Sinne des § 110 StGB oder zu einer Gewalttat gegen eine bestimmte Person oder allgemein zu Gewalttätigkeiten gegen Personen aufgefordert oder angereizt wurde. Noch weiter war die Möglichkeit eines Verbots ausgestaltet, wenn eine Druckschrift öffentliche Aufforderungen enthielt. Gem. § 9 konnten periodische Druckschriften verboten werden, wenn darin zum Hochverrat, zur Begehung von Gewalttaten, zum Generalstreik oder zum Streik in einem lebenswichtigen Betrieb aufgefordert oder aufgereizt oder derartige Taten nach ihrer Begehung verherrlicht wurden, Die in § 15 geregelten Strafvorschriften bedrohten die öffentliche Aufforderung oder Anreizung zu einer Gewalttat gegen eine bestimmte Person oder allgemein zu Gewalttätigkeiten gegen Personen oder Sachen mit Gefängnis nicht unter drei Monaten, im Falle mildernder Umstände mit Gefängnis nicht unter einem Monat.

In der Strafverfolgungspraxis erlangte § 15 eine erhebliche Bedeutung; *Rohrßen*[3] nennt etwa 600 Verurteilungen für das Jahr 1933 und eine deutlich zweistellige Zahl von Schuldsprüchen im Jahr 1934.

---

1 RGBl. I, 1932, S. 548 ff.

2 RGBl. I, 1933, S. 35 ff.

3 *Rohrßen*, a.a.O. S. 121 f, m.w.N.

II. Verordnung gegen Verrat am Deutschen Volke und hochverräterische Umtriebe vom 28. Februar 1933[4]

Nach dieser Verordnung war gem. § 5 mit Gefängnis von einem Monat bis zu drei Jahren zu bestrafen, wer eine Druckschrift herstellte, verbreitete oder vorrätig hielt, deren Inhalt er bei sorgfältiger Prüfung hätte kennen müssen und in der zum gewaltsamen Kampf gegen die Staatsgewalt oder dessen Vorbereitung oder zu einem hochverräterischen Bestrebungen dienenden Streik in einem lebenswichtigen Betrieb, General- oder Massenstreik oder in anderer Weise zum Hochverrat aufgefordert oder angereizt wurde. Die Verordnung wurde allerdings durch Artikel VIII Nr. 4 des Gesetzes zur Änderung des Strafrechts und des Strafverfahrens vom 24. April 1934[5], das keinen vergleichbaren Tatbestand aufwies, wieder außer Kraft gesetzt.

III. Verordnung zum Schutz von Volk und Staat vom 28. Februar 1933[6]

Diese Verordnung diente gem. der Präambel der Bekämpfung kommunistischer, staatsgefährdender Gewalttaten und setzte auf der Grundlage des § 48 Abs. 2 der Reichsverfassung im Verordnungswege wesentliche in der Verfassung selbst geregelte Grundrechte wie das Recht auf freie Meinungsäußerung, Presse-, Vereins- und Versammlungsfreiheit außer Kraft. Gleichzeitig wurde die Reichsregierung ermächtigt, bei Untätigkeit der Länder die zur Wiederherstellung der öffentlichen Sicherheit und Ordnung erforderlichen Maßnahmen zu ergreifen. Die öffentliche Aufforderung, einer solchen Maßnahme der Reichsregierung oder der Länder zuwiderzuhandeln, war gem. § 4 mit Gefängnis nicht unter einem Monat oder mit Geldstrafe zu ahnden. In besonders schweren Fällen, etwa wenn Menschenleben gefährdet, der Tod eines Menschen verursacht oder zu einer gemeingefährlichen Zuwiderhandlung aufgefordert wurde, erhöhte sich der Strafrahmen entsprechend bis hin zur Todesstrafe.

B) Wiederaufnahme der Strafrechtsreform

Die Arbeiten an der Reform des Strafgesetzbuchs wurden im Jahr 1933 wiederaufgenommen, waren aber von Anfang an von dem Kompetenzstreit zwischen Reichsjustiz-

4 RGBl. I, 1933 S. 65 ff.

5 RGBl I, 1934, S. 341.

6 RGBl. I, 1933, S. 83.

minister *Gürtner*[7] und Reichsjustizkommissar *Frank*[8] überschattet. Während im Justizministerium bis September 1833 ein Referentenentwurf erarbeitet wurde, beanspruchte *Frank* die Gesetzgebungskompetenz für die NSDAP. Zwar war er ursprünglich „kraft Amtes“ Stellvertreter *Gürtners* in der ab Herbst 1933 mit der Beratung des am 25. September 1933 an die Landesjustizministerien übersandten Entwurfs[9] befassten Kommission[10], forderte jedoch eine gleichberechtigte Stellung und die Mitwirkung der von ihm gegründeten Akademie für Strafrecht und Strafprozess in der Kommission[11]. *Frank* konnte sich zwar nicht durchsetzen und nahm zunächst an den Beratungen zum StGB teil, erklärte jedoch bei Beginn der zweiten Lesung am 22. März 1935, das Zustandekommen des StGB hänge von seiner vorherigen Billigung ab, stellte einen eigenen Entwurf der NSDAP in Aussicht und beendete die Mitarbeit in der Kommission[12]. Wenige Tage zuvor hatte unter seinem Vorsitz der Strafrechtsausschuss der NSDAP während der Tagung vom 11. bis 16. März 1935 „Nationalsozialistische Leitsätze für ein neues deutsches Strafrecht“[13] erarbeitet.

I. Die Denkschrift Kerrl

In dieser bereits 1933 veröffentlichten Denkschrift hat der Preußische Justizminister *Kerrl* mit Unterstützung des damaligen Staatssekretärs *Freisler* und weiterer Ministerialbeamter des Justizministeriums Vorschläge für ein „nationalsozialistisches Strafrecht“ ausgearbeitet, das dem Ziel dienen sollte „die Schranken aufzurichten, die der Willkür des Einzelnen notwendig gesetzt sind, damit nicht das Ganze Schaden leide“[14]. Die während der Weimarer Republik erarbeiteten Entwürfe wurden als Grundlage für die Ausgestaltung eines Strafrechts im Nationalsozialistischen Staate verworfen[15] und Vorschläge für die künftige Gesetzgebung unterbreitet. So sollte im ersten Abschnitt „Schutz

---

7 Zum Werdegang ausführlich: *Gruchmann*, Justiz, S. 9 ff.

8 *Frank* war Leiter der Rechtsabteilung der NSDAP. Die Ernennung zum Reichsjustizkommissar am 22. April 1933 beruhte auf einem Vorschlag *Gürtners*, der sich die Unterstützung des „prominenten Parteijuristen“, der seinerseits selbst die Ernennung zum Justizminister erhofft hatte, bei den anstehenden Gesetzgebungsvorhabens sichern wollte. Z. vergl. m.w.N. *Gruchmann*, a.a.O. S. 88 f.

9 *Regge / Schubert*, Quellen, II, 1, 1. S. XV.

10 Der Kommission gehörten neben *Gürtner* und *Frank* der Preußische Justizminister *Kerr*, die Staatssekretäre *Freisler* und *Schlegelberger*, Mitarbeiter der Ministerialbürokratie des Reichs, Preußens, Bayerns und Sachsen sowie Vertreter der Rechtswissenschaft und der Praxis an. Zur Zusammensetzung und Biografie der Kommissionsmitglieder ausführlich: Schubert / Regge, 2.1, S. XVIII ff.

11 *Gruchmann*, a.a.O. S. 754 ff.

12 *Gruchmann*, a.a.O. S. 768.

13 *Frank*, Nationalsozialistische Leitsätze, 1. Teil.

14 *Kerrl*, Strafrechtserneuerung, S. 5.

15 *Kerrl*, a.a.O. S. 4.

der Staatsordnung“ im dritten Kapitel „Angriffe auf die Staatsgewalt“ neben den §§ 110, 111 StGB als weiterer Tatbestand das „volksschädigende Verhalten“ sanktioniert werden, um „den Volksschädling und den Saboteur auch dann zu fassen, wenn er es versteht, sich zwischen den Maschen des geschriebenen Rechts durchzuwinden.“ Vorgeschlagen wurde ein Tatbestand der lautete:

> „Wegen Aufforderung zu volksschädlichem Tun ist zu bestrafen, wer wissentlich zu einem Tun oder Unterlassen auffordert, das dem Wohl des Reiches oder eines Landes schadet.“

Angriffe auf die nationale Arbeitskraft wollte *Kerr* in einem eigenen Kapitel im Abschnitt *Der Schutz des Volksgutes* geregelt wissen. Zur Begründung nahm er auf Punkt 10 des Parteiprogramms Bezug, wo die Pflicht der Volksgenossen zur körperlichen oder geistigen Arbeit festschrieben war und zog daraus die Konsequenz, die Schwächung der nationalen Arbeitskraft sei dann auch strafrechtlich zu ahnden. Die Verantwortung für das Funktionieren lebenswichtiger Betriebe sollten gleichermaßen Unternehmer und Arbeitnehmer tragen und nicht nur die Arbeitsniederlegung, sondern erstmalig auch die Aussperrung und die Aufforderung oder Anreizung dazu strafrechtlich sanktioniert werden. Sofern diese Aufforderungen das Ziel des Umsturzes verfolgten, sollte der Täter sogar als Hochverräter bestraft werden. Zudem wurde vorgeschlagen, die Straftatbestände aus den Republikschutzverordnungen in den Tatbestand des Hochverrats einzuarbeiten.

II. Der Entwurf 1933

Der Referentenentwurf 1933 war entgegen der ablehnenden Stellungnahme in der Denkschrift *Kerrls* eng an den Entwurf von 1927 angelehnt. In die Beratungen flossen aber auch die in der Denkschrift aufgestellten Grundsätze und die Anschauungen des Nationalsozialismus[16] ein. Begleitend wurden die erzielten Fortschritte in dem von *Gürtner* herausgegebenen „Bericht über die Arbeit der amtlichen Strafrechtskommission“[17]. Der Abschnitt *Störung der öffentlichen Ordnung* wurde in einer Ausarbeitung

16 *Frank* hat die politische Anschauung, auf derem Boden sich ein nationalsozialistisches Strafrecht zu bewegen hatte und der die Kommission während der Beratungen gefolgt sei, im Vorwort der „*Leitsätze*“ plakativ dahingehend zusammengefaßt „*daß die Ehre im Mittelpunkt des deutschen Mannesbewußtseins und des deutschen Volkslebens steht und daß der Verbrecher um so schärfer zu bestrafen ist, je stärker das Pflichtband war, das ihn an die Allgemeinheit oder einen engeren Pflichtenkreis knüpfte. Wichtig ist, es einfaches, volksnahes Strafrecht zu schaffen, das dem gesamten Volk zeigt, daß im nationalsozialistischem Staat der Verbrecher vor der unerbittlichen Strenge des Volkes zu zittern hat.*“

17 *Gürtner*, Strafrecht .

eines Gerichtsassessors *Meyer* ausführlich erörtert, die sich in den Akten des Reichsjustizministeriums befindet[18]. Die Strafrechtskommission tagte von 1933 bis 1936.

Die öffentliche Aufforderung zum Ungehorsam und zur Begehung von Straftaten waren in §§ 169, 171 des Entwurfs im Abschnitt *Störung der öffentlichen Ordnung* unter Strafe gestellt. Neu hinzugekommen war die öffentliche Aufforderung zur Steuerhinterziehung in § 170 des Entwurfs. Die Verschmelzung der Aufforderung zu Straftaten mit der Volksverhetzung wurde beibehalten und alle drei Tatbestände erfassten neben der direkten auch die indirekte Aufforderung durch „anreizen".

Die Tatbestände lauteten:

„§ 169. Wer öffentlich zur Auflehnung gegen ein Gesetz, eine Verordnung oder eine behördliche Anordnung auffordert oder anreizt, wird mit Gefängnis bis zu zwei Jahren bestraft.

Die Aufforderung zur Auflehnung gegen eine Verordnung ist nur strafbar, wenn die Verordnung rechtsgültig oder die Anordnung rechtsgültig ist."

„§ 170. Wer öffentlich dazu auffordert oder dazu anreizt, einer steuerrechtlichen Verpflichtung nicht nachzukommen, wird mit Gefängnis bis zu zwei Jahren bestraft."

„§ 171. Wer öffentlich zu einer strafbaren Handlung, insbesondere zu Gewalttaten gegen Menschen oder Sachen auffordert oder anreizt, wird mit Gefängnis bis zu zwei Jahren oder mit Geldstrafe bestraft."

1. Erste Lesung

In der Kommission wurde zunächst die als *schwammig und wenig klar* bezeichnete Überschrift *Störung der öffentlichen Ordnung* einhellig abgelehnt und Einigkeit erzielt, statt dessen den Begriff der *Störung des Volksfriedens* zu wählen[19]. Im Mittelpunkt der Beratungen zu § 169 des Entwurfs standen die Frage, ob auch nicht rechtsgültige Verordnungen und Anordnungen schützenswert seien und wie die in der preußischen Denkschrift vorgeschlagene *Aufforderung zu volksschädlichem Tun* in den Tatbestand eingearbeitet werden könne.

---

18 BA R 3001/20984 Bl. 1 ff.
Meyer schlug vor, die bislang in mehreren Verordnungen pönalisierte Herstellung etc. von Hetzschriften und die von Kerrl vorgeschlagene Strafbarkeit volksschädlichen Verhaltens in das StGB aufzunehmen und die gesonderte Strafbarkeit der öffentlichen Aufforderung zur Steuerverweigerung als überflüssig zu streichen, weil dies bereits als Ungehorsam gegen Gesetze erfaßt sei.

19 Quellen, 2.2, S. 100 So zusammenfassend *Gürtner*.

a) Umfang der Gehorsamspflicht

Zur Frage der Rechtsgültigkeit vertrat *Dahm* die Auffassung, das Wesen des autoritären Staates verlange eine uneingeschränkte Gehorsamspflicht[20]. *Nagler* vertrat mit der Auffassung, nicht nur die Auflehnung gegen rechtswidrige bzw. rechtsunwirksame Verordnungen und Anordnungen, sondern auch gegen rechtsungültige Gesetze müsse straflos möglich sein, die Gegenposition[21]. *Leimer*, *Grau* und *Kohlrausch* gingen nicht so weit wie *Nagler*, sondern forderten unbedingten Gehorsam nur gegenüber Gesetzen. Zu Verordnungen und Anordnungen wiesen sie darauf hin, dass deren Rechtmäßigkeit durchaus in Zweifel gezogen werden könne, insbesondere wenn diese durch nachgeordnete oder untere Behörden erlassen werden[22]. *Klee* hingegen wollte Verordnungen uneingeschränkt schützen und nur bei Anordnungen die Rechtmäßigkeit fordern[23]. *Kohlrausch* schlug als Kompromiss vor, Verordnungen der Regierung unbedingt zu schützen, bei Verordnungen nachgeordneter Behörden aber die Strafbarkeit nur bei Feststellung der Rechtsgültigkeit eintreten zu lassen[24].

b) Aufforderung zu volksschädlichem Verhalten

Unter einer Aufforderung zu volksschädlichem Verhalten wurde die Aufforderung, einer Empfehlung keine Folge zu leisten, verstanden. Hier wurde diskutiert, ob und welche Empfehlungen strafrechtlichen Schutz genießen sollten. *Gürtner* sprach sich zunächst grundsätzlich gegen die Strafbarkeit einer solchen Aufforderung aus[25]. Der Fassungsvorschlag *Gleichspachs*: *wer böswillig dazu auffordert, eine von der Behörde empfohlene Veranstaltung zur Förderung des Volkswohls zu sabotieren*[26], fand jedoch die Billigung *Gürtner* und war mehrheitsfähig[27]. Einzig *Schäfer* sprach sich gegen die Gleichstellung von Empfehlungen mit Gesetzen, Verordnungen und Anordnungen aus und schlug vor, die Aufforderung zur Auflehnung gegen eine bloße Empfehlung allenfalls mit einer Polizeistrafe zu ahnden[28]. Letztlich wurde Einigkeit erzielt, nur Empfehlungen der Reichsregierung, nicht aber nachgeordneter Behörden zu

20 Quellen, a.a.O. S. 99.
21 Quellen, a.a.O. S. 101 f.
22 Quellen, a.a.O. S. 96, 101, 102.
23 Quellen, a.a.O. S. 104.
24 Quellen, a.a.O. S. 105.
25 Quellen, a.a.O. S. 102.
26 Quellen, a.a.O. S. 103.
27 Quellen, a.a.O. S. 103.
28 Quellen, a.a.O. S. 104.

schützen und die Strafbarkeit nur eintreten zu lassen, wenn die Aufforderung *böswillig* war[29].

c) Aufforderung zur Steuerverweigerung

Die öffentliche Aufforderung zur Steuerverweigerung in § 170 des Entwurfs fand allgemeine Billigung, wobei die von *Dahm* geäußerte Auffassung, der Tatbestand sei auch dann erfüllt, wenn zur Verweigerung einzelner steuerlicher Pflichten aufgefordert werde und eine Auflehnung gegen das Steuergesetz als solches nicht erforderlich[30], in der Kommission geteilt wurde.

d) Aufforderung zu Straftaten

Bei der Erörterung zu § 171 des Entwurfs warf *Gürtner* die Frage auf, wie das Verhältnis der öffentlichen Aufforderung zu Straftaten zur versuchten Anstiftung zu Verbrechen zu beurteilen sei[31]. *Dohnani* führte dazu aus, § 30 Abs. 1 StGB erfasse ausschließlich die an eine bestimmte Person gerichtete Aufforderung, ein bestimmtes Verbrechen zu begehen. § 171 des Entwurfs richte sich im Gegensatz dazu gegen die öffentliche Aufforderung an eine bestimmte oder unbestimmte Personen, eine bestimmten Straftat oder allgemein Gewalttaten gegen Menschen oder Sachen zu begehen[32]. Die während der Vorarbeiten zur Strafrechtsreform und der Weimarer Republik vertretene Auffassung, die erfolgreiche öffentliche Aufforderung sei im Regelfall als Anstiftung zu ahnden, wurde in der Kommission also nicht geteilt. Der Vorschlag *Dohnanis*, wie in § 110 Abs. 1 des geltenden Rechts die erfolgreiche öffentliche Aufforderung der Anstiftung gleichzustellen[33], fand keine Fürsprecher. In der Kommission wurde mehrheitlich die Auffassung vertreten, es hänge vom Zufall ab, ob die Aufforderung eine Tat nach sich ziehe und eine von einem bloßen Zufall abhängige Erfolgshaftung sei abzulehnen.

Indes dessen konnten sich *Gleiwitz*[34], *Klee*[35] und *Gürtner*[36] mit ihrer Forderung durchsetzen, die erfolgreiche öffentliche Aufforderung als besonders schweren Fall mit einem erhöhten Strafrahmen zu versehen. Im Zuge dieser Einigung

29 Quellen, a.a.O. S. 108.

30 So die gefestigte Rechtsprechung zu § 110.

31 Quellen, a.a.O. S. 109.

32 Quellen, a.a.O. S. 109 f.

33 Quellen, a.a.O. S. 110 f.

34 Quellen, a.a.O. S. 111.

35 Quellen, a.a.O. S. 112 .

36 Quellen, a.a.O. S. 111 f.

wurde beschlossen, die bislang selbstständig im Abschnitt Tötungsdelikte als gesonderter Tatbestand geregelte öffentliche Aufforderung zur Tötung zu streichen und für die öffentliche Aufforderung im besonders schweren Fall einen Strafrahmen von nicht lebenslänglichem Zuchthaus ohne Höchstrahmen vorzusehen.

Ohne Gegenstimmen blieb die von mehreren Kommissionsmitgliedern gewünschte Änderung, nicht nur bei Gewalttaten sondern auch bei allen anderen Straftaten eine Aufforderung zu unbestimmten Taten zur Tatbestandserfüllung ausreichen zu lassen. Die von *Dahm*[37] angeregte Einfügung der *Verherrlichung* nach italienischem Vorbild wurde allgemein positiv aufgenommen und lediglich die Art und Weise der Umsetzung kontrovers diskutiert. Schließlich setzte sich die Auffassung, durch, die *Verherrlichung* von Straftaten oder Ungehorsam sei bereits von dem Begriff der *Anreizung* erfasst. Als gesondert strafwürdig angesehen wurde darüber hinaus die Erzeugung einer staats- und rechtsfeindlichen Gesinnung, etwa durch das Verhöhnen der Rechtspflege. Insoweit wurde beschlossen, die Erarbeitung eines entsprechenden Tatbestandes im Abschnitt der Delikte über die Rechtspflege zu erwägen[38].

Auch der in der Ausarbeitung von *Meyer*[39] angeregte Tatbestand der Verbreitung von Hetzschriften wurde als sinnvoll gebilligt.

Die bisherige Verschmelzung der öffentlichen Aufforderung zu Straftaten mit der Volksverhetzung wurde aufgegeben und dieser Tatbestand wie im geltenden Recht einer gesonderten Regelung zugeführt[40].

Im Entwurf nach den Ergebnissen erster Lesung wurden die Tatbestände in den Abschnitt *Auflehnung gegen die Staatsgewalt* eingestellt und lauteten:

> „§ 152. Aufforderung zur Auflehnung gegen Gesetze
>
> Wer öffentlich zur Auflehnung gegen ein Gesetz, eine Verordnung oder eine behördliche Anordnung auffordert oder anreizt oder böswillig dazu auffordert oder anreizt, eine Empfehlung der Reichsregierung zu missachten, wird mit Gefängnis bestraft.
>
> Die Aufforderung zur Auflehnung gegen eine Verordnung oder Anordnung, die nicht von der Reichsregierung ausgeht, ist nur strafbar, wenn die Verordnung rechtsgültig oder die Anordnung rechtmäßig ist.“

---

37 Quellen, a.a.O. S. 112.

38 Quellen, a.a.O. S. 114.

39 Z. vergl. Kap. 7 B II.

40 Ausführlich: *Rohrßen*, a.a.O. S. 124 ff.

Die Aufforderung zur Steuerverweigerung wurde unverändert als § 153 übernommen.

> „§ 154. Aufforderung zu strafbaren Handlungen
>
> Wer öffentlich zu strafbaren Handlungen auffordert oder anreizt, wird, soweit die Tat nicht nach anderen Vorschriften mit schwererer Strafe bedroht ist, mit Gefängnis bestraft.
>
> In besonders schweren Fällen ist die Strafe Zuchthaus.“

Neu hinzugekommen war § 155, der lautete:

> „Herstellen von Hetzschriften
>
> Wer Schriften, Schallplatten oder bildliche Darstellungen, deren Inhalt den äußeren Tatbestand der §§ 152 bis 154 begründet, herstellt, verbreitetet oder zum Zweck der Verbreitung vorrätig hält, obwohl er bei sorgfältiger Prüfung den strafbaren Inhalt hätte erkennen können, wird mit Gefängnis bestraft.“

2. Zweite Lesung

Die §§ 152 bis 154 des Entwurfs wurden in der 79. Sitzung am 27. Juni 1935[41] nach nur kurzer Erörterung angenommen.

Der mündlich gestellte Antrag *Klees*, einen besonderen Tatbestand der Verbrechensverherrlichung zu schaffen, fand keinen Fürsprecher und wurde zurückgezogen.

Angenommen wurde jedoch der Antrag *Leimers*[42], § 155 des Entwurfs redaktionell zu ändern und nicht nur auf die Tatbestände der §§ 152 bis 154 des Entwurfs zu verweisen, sondern die jeweiligen Überschriften in den Wortlaut des § 155 des Entwurfs aufzunehmen. Begründet wurde dies damit, weil bei noch nicht an die Öffentlichkeit gelangten Schriften die in Bezug genommenen Tatbestände gerade nicht erfüllt seien. Umgesetzt wurde auch der von *Leimers* angebrachte Einwand, nach dem bisherigen Wortlaut werde nur der bestraft, der den Inhalt hätte kennen müssen, nicht aber, wer tatsächlich positive Kenntnis hatte. Der Entwurf[43] wurde in der Schlusssitzung am 31. Oktober 1935[44] angenommen, am 2. Dezember 1936 in das Reichskabinett eingebracht[45] und die Begründung einige Tage später nachgereicht.

---

41 Schubert / Regge, Quellen, 2.3 S. 647 ff.

42 Schubert / Regge, a.a.O. S. 864.

43 Abgedruckt in Schubert / Regge, 1.1 S. 409 ff.

44 Schubert / Regge, 2.4 S. 494.

45 Rohrßen, a.a.O. S. 137 m.w.N.

III. Der Entwurf 1936

In der Begründung zu den im Entwurf von 1936 im Abschnitt *Auflehnung gegen die Staatsgewal* als §§ 290 bis 293 eingestellten Tatbeständen wurden die in den Beratungen erwogenen Grundsätze ausführlich dargelegt.

Zu der in § 290 des Entwurfs geregelten Aufforderung zum Ungehorsam wurde auf die Notwendigkeit hingewiesen, auch Appelle des nationalsozialistischen Staates an den Opferwillen oder den Gemeinschaftssinn der Volksgemeinschaft gegen Sabotage zu schützen und betont, dass Gesetze und Verordnungen sorgfältig geprüft und auch Auflehnungen gegen Anordnungen nur in dem seltenen Ausnahmefall eines groben Missbrauchs der Dienstgewalt straflos bleiben dürfen.

Die gesondert in § 291 des Entwurfs unter Strafe gestellte öffentliche Aufforderung zur Steuerverweigerung wurde damit begründet, diese Aufforderung sei zwar häufig von der Aufforderung zum Ungehorsam erfasst. Weil die Aufforderung zum Ungehorsam die Auflehnung gegen das Gesetz als solches erfordere, sei mit der Aufforderung zur Verletzung bestimmter steuerlicher Pflichten eine Strafbarkeitslücke geschlossen worden.

Hinsichtlich der Aufforderung zur Begehung von Straftaten in § 292 des Entwurfs wurde ausdrücklich betont, dass der Tatrichter im Erfolgsfall zu prüfen habe, ob ein besonders schwerer Fall vorliege und es nicht erforderlich sei, zu einer bestimmten Straftat aufzufordern.

Die Herstellung von Hetzschriften in § 293 des Entwurfs schließlich wurde als gefährliche Vorbereitungshandlung zu einer der in §§ 290 bis 292 des Entwurfs sanktionierten Straftaten bezeichnet[46].

Die Strafbarkeit öffentlicher Aufforderungen war jedoch nicht auf die vorgenannten Tatbestände beschränkt, sondern es finden sich über den gesamten Entwurf verteilt Straftatbestände, durch die nationalsozialistischen Grundsätzen nicht zu vereinbarende Aufforderungen oder bloße Meinungsäußerungen sanktioniert wurden. An erster Stelle sind die in einem besonderen Abschnitt *Angriffe auf die Arbeitskraft* geregelten öffentlichen Aufforderungen zum Streik, die Zersetzung des völkischen Arbeitswillens und die Aufwiegelung von Angehörigen des Reichsarbeitsdienstes in §§ 159 bis 163 des Entwurfs zu nennen, durch die ein *volksschädigendes Verhalten, das die Arbeitskraft der Nation aus Empfindlichste schwächt*, für die *im nationalsozialistischen Staat*

46 Quellen, 1.2, S. 191 f.

überhaupt kein Raum mehr sei[47], bestraft werden sollte. Allerdings wurde nur die Aufforderung zum Streik unter Strafe gestellt, die Teilnahme am Streik selbst sollte straflos bleiben. Dies beruhte auf der pragmatischen Erwägung, dass bei Massenstreiks eine strafrechtliche Verfolgung nicht praktikabel sei und zu unerwünschter Solidarisierung führen könne. Strafrechtlichen Schutz sollte auch die *völkische Tugend* der Fortpflanzungswilligkeit genießen und für die Aufforderung oder Anreizung zur Beschränkung der Kinderzahl in der Ehe war die Verhängung einer Freiheitsstrafe vorgesehen. Gleiches galt für die öffentliche Schmähung oder das böswillige Verächtlichmachen von Ehe und Mutterschaft. Strafbewehrt war auch die öffentliche Anpreisung von Abtreibungsmitteln und das Anerbieten, eine Abtreibung durchzuführen. Die Strafbarkeit der öffentlichen Aufforderung zum Landesverrat und der Zersetzung des völkischen Wehrwillens durch die öffentliche Aufforderung, den Dienst in der Wehrmacht zu verweigern oder sonst öffentlicher Wehrkraftzersetzung waren – nahezu selbstverständlich – ebenfalls mit empfindlichen Strafen bedroht.

IV. Beratungen im Reichskabinett und deren Scheitern

Gürtner ging von einer Verkündung noch am 20. Januar 1937 aus. Im Begleitschreiben zur Übersendung an die Staatskanzlei führte er aus, der Reichskanzler habe die Verkündung an diesem Tage angeordnet und bat darum, den Entwurf auf die Tagesordnung der diesem Termin vorangehenden Kabinettsitzung zu setzen[48]. Das Vorhaben *Gürtners* rief *Frank* auf den Plan, der zunächst vergeblich versuchte, die Verabschiedung durch eine vorherige Befassung der von ihm gegründeten Akademie für Deutsches Recht durchzusetzen. Nachdem er mit diesem Vorstoß nicht durchdringen konnte, trug er seine Bedenken dem Chef der Reichskanzlei *Lammers* vor. Dies führte zu einem Schreiben *Lammers* an *Gürtner* in dem mitgeteilt wurde, dass *Hitler* „aufgrund nachträglicher Erwägungen von der vorgesehenen Verkündung am 20. Januar abgerückt sei und eingehende Beratungen für unumgänglich halte.“ Auch *Heß* meldete Bedenken und Beratungsbedarf im Kabinett an, so dass die erhoffte schnelle Verabschiedung vorerst blockiert war[49].

---

47 Antrag Nr. 86 vom 11. August 1934, abgedruckt in: Quellen, 2, S. 800 ff.
Im Referentenentwurf war die Aufforderung zum Streik in § 88 Abs. 5 als Vorbereitungshandlung zum Hochverrat mit Zuchthaus bis zu fünf Jahren bedroht, sofern zum Streik in einem lebenswichtigen Betrieb, zum General- oder Massenstreik aufgefordert wurde.

48 Schreiben in: BA R 20/854 S. 291 f.
Tatsächlich hatte *Gürtner* die Vorlage des Entwurfs überraschend außerhalb der Tagesordnung auf der Kabinettsitzung am 1. Dezember 1936 angekündigt und die Verkündung für den 30. Januar 1937 in Aussicht gestellt. was seitens *Hitlers* unwidersprochen blieb. z. vergl. *Gruchmann*, a.a.O. S 792 m.w.N.

49 Ausführlich m.w.N. *Gruchmann*, a.a.O. S. 793 f.

Der Entwurf 1936 wurde in der Kabinettsitzung am 26. Januar lediglich auf die Tagesordnung der Sitzung am 9. März, gesetzt und bis zum 9. Dezember 1937 folgten mehrere weitere Kabinettberatungen, während derer umfangreiche Änderungen beschlossen und durch jeweils aktualisierte Kabinettvorlagen umgesetzt wurden[50]. In der Kabinettsitzung am 9. März 1937 wurde der Aufbau der Tatbestände der Aufwiegelung zum Streik und der Hetze zum Arbeitskampf als *reichlich kompliziert* bezeichnet und in der am 23. Juni 1937 Änderungen an den im Abschnitt *Angriffe auf die Arbeitskraft* eingestellten Tatbeständen vorgenommen, die in der Kabinettvorlage von Oktober 1937 umgesetzt wurden. Die Tatbestände der öffentlichen Aufforderung zum Ungehorsam, zur Steuerverweigerung, zur Begehung von Straftaten und der Herstellung von Hetzschriften wurden nicht behandelt, weil die Beratungen bei den Tatbeständen zum *Schutz der Volksordnung* auf der Sitzung am 9. Dezember 1937 ihr Ende fanden. Die angestrebten weiteren Beratungen im Juni / Juli 1938 fanden nicht statt. Die von *Gürtner* angeregte schriftliche Beratung der im Kabinett noch nicht angenommenen §§ 215 bis 483 mit einer als erteilt geltenden Zustimmung, wenn bis zum 1. Oktober 1938 keine Änderungswünsche eingegangen seien, scheiterte an *Heß* und *Frank*, die am letzten Tag vor Fristablauf umfangreiche Änderungen verlangten[51]. Damit war auch die Verabschiedung im schriftlichen Verfahren gescheitert. Das Reichsjustizministerium erarbeitete bis Dezember 1939 einen weiteren Entwurf, in dem die Änderungswünsche *Franks* und der Ressorts berücksichtigt wurden. Die in § 178 des Entwurfs geregelte öffentliche Aufforderung zum Arbeitskampf war in dem Entwurf nunmehr mit Zuchthaus oder Gefängnis nicht unter sechs Monaten bedroht. Als Aufforderung zum Ungehorsam sollte nunmehr auch die zum Ungehorsam gegen rechtmäßige Anordnungen der Partei strafbar sein ohne dass sich der Täter darauf berufen konnte, er habe die Anordnung für unrechtmäßig gehalten.

Zu einer Verabschiedung kam es indes nicht. Zwar war *Frank* zwischenzeitig zum Generalgouverneur von Polen ernannt worden und daher mit anderen Aufgaben betraut, dennoch scheiterte der Versuch *Gürtners*, den Entwurf durch den mit Führererlass vom 30. August 1939 nach Ausbruch des Krieges eingerichteten Ministerrat für die Reichsverteidigung verabschieden zu lassen. Zwar hatte der Vorsitzender des Ministerrats, *Göring*, eine schnelle Behandlung zugesagt, jedoch sprach sich *Hitler* ausdrücklich gegen eine Verabschiedung durch Ministerrat oder Kabinett aus und wies darauf hin, er halte den Zeitpunkt für die Verabschiedung des Strafgesetzbuches derzeit nicht für

50 Die Entwürfe und die Niederschriften über die Beratungen sind abgedruckt in: Quellen, 1.2, S. 617 ff.

51 *Gruchmann*, a.a.O. S. 807 ff.

passend und verlangte eine Verabschiedung im Wege der ordentlichen Gesetzgebung[52]. Weitere Versuche, die Reform des Strafgesetzbuchs abzuschließen, wurden nicht unternommen und das Vorhaben einer umfassenden Reform des Strafgesetzbuchs war während dieser Periode ebenfalls endgültig gescheitert.

C. Résumé

Hier fällt zunächst auf, wie schnell nach der Machtergreifung die mit der Strafrechtsreform befassten Justizminister und Kommissionsmitglieder auf die „neue Linie" umgeschwenkt sind und Meinungsäußerungen in einem geradezu ungeheuren Ausmaß mit Gefängnis- oder sogar Zuchthausstrafen geahndet wissen wollten[53]. Auch wenn der Entwurf von 1933 auf dem von 1927 basierte, ist doch der Einfluss der Denkschrift *Kerrl* und die strikt an nationalsozialistischen Grundsätzen ausgerichtete Position der Mehrheit der Kommissionsmitglieder nicht zu verkennen. Allerdings war bereits nach Ende des 1. Weltkriegs eine zunehmende antiliberale Stimmung in der Strafrechtswissenschaft zu bemerken, die sich Ende der zwanziger Jahre zuspitzte[54]. Der Beitrag von *Höpler* in der Besprechung zum Entwurf von 1925 bringt eine solche antiliberale Tendenz deutlich zum Ausdruck, wenn er die Friedensgefährdung durch Einwirkung auf eine *unorganisierte, undisziplinierte, zufällig zusammengelaufene nicht homogene Masse* als gefährlicher ansieht als das *Entfesseln einer Naturgewalt im engeren Sinn des Wortes*[55] und die Friedensgefährdung systematisch den gemeingefährlichen Handlungen zugeordnet wissen wollte. Dadurch wird verständlich, dass in der Kommission so schnell und konsequent auf die „neue Linie" umgeschwenkt wurde. Gerade *Gürtner* hatte sich bereits zur Zeit der Weimarer Republik als Gegner des *liberalen Systems* hervorgetan[56].

Die Freiheit der Meinungsäußerung sollte erheblich eingeschränkt werden und die Abgrenzung der strafbaren indirekten Aufforderung von erlaubter oder gar wünschenswerter Kritik wurde nicht länger problematisiert. Gegen die Ziele

---

52 *Gruchmann*, a.a.O. S. 821 m.w.N.

53 Während *Frank* und *Freisler* bereits während der Weimarer Republik in die NSDAP eingetraten, waren *Gürtner* und *Kerrl* während dieser Zeit Justizminister in Bayern bzw. Preußen; auch der berufliche Werdegang anderer Kommissionsmitglieder vor der Machtergreifung weist jedenfalls keine eindeutigen Hinweise auf frühe Sympatien mit nationalsozialistischem Gedankengut auf. Kurzbiografien und w.N. in: Quellen, 2.1, S. XIX ff.

54 Ausführlich m.w.N. *Marxen* Antiliberalismus, S. 76 ff.

55 *Höpler*, a.a.O. S. 264 f.

56 *Marxen*, m.w.N. S. 87 ff.

und Grundlagen nationalsozialistischen Selbstverständnisses gerichtete Äußerungen sollten in weitem Umfang sanktioniert und selbst Boykottaufrufe gegen den Fortpflanzungswillen oder staatliche Spendenaufrufe mit Freiheitsstrafen geahndet werden.

Interessant ist allerdings die in der Kommission mehrheitlich vertretene Auffassung, die erfolgreiche öffentliche Aufforderung stelle sich weder als Anstiftung dar noch solle der erfolgreich Auffordernde für den vom Zufall abhängenden Erfolg wie ein Anstifter behandelt werden.

Dass der von der Kommission erarbeitete Entwurf letztlich aufgrund der Spannungen zwischen *Gürtner* und *Frank* keine Gesetzeskraft erlangt hat, dürfte auf die Rechtswirklichkeit während der NS-Zeit allerdings keine Auswirkungen gehabt haben, weil zur Unterdrückung missliebiger Meinungsäußerungen die Mittel und Methoden einer absoluten Diktatur uneingeschränkt zur Verfügung standen und nicht auf förmliches Strafrecht zurückgegriffen werden musste.

Achtes Kapitel: Reformdiskussion und Gesetzgebung nach 1945

A) Strafgesetzgebung der Fünfziger Jahre

Weil durch das Kontrollratsgesetz Nr. 11 vom 30. Januar 1946 neben einiger Terrorinstrumente der NS-Justiz auch 40 Straftatbestände, insbesondere auf dem Gebiet des Staatsschutzes, aufgehoben worden waren[1] sah sich die Bundesregierung veranlasst, zügig Neuregelungen zu schaffen. Bereits im Frühjahr 1950 wurde der Entwurf eines Strafrechtsänderungsgesetzes, das Staatsschutzdelikte zum Gegenstand hatte, verabschiedet. Die hier behandelten Tatbestände wurden allerdings weder durch den Entwurf noch durch das schließlich am 1. September 1951 in Kraft getretene Erste Strafrechtsänderungsgesetz[2] berührt, sondern durch das Dritte. Strafrechtsänderungsgesetz vom 4. August 1953[3], in dem die durch das Erste. Strafrechtsgesetz nicht erledigten Teile des Entwurfs geregelt wurden.

I. § 140 StGB: Belohnung und Billigung von Straftaten

Der Bundesrat schlug während der Erarbeitung eines Referentenentwurfs zum dritten Strafrechtsänderungsgesetz vor, in einem neuen § 140 StGB[4] die Belohnung oder öffentliche Billigung einer der in § 138 StGB einzustellenden Katalogstraftaten[5], so die Tat begangen wurde, mit Gefängnis oder Geldstrafe zu ahnden. Das BMJ trat diesem Vorschlag bei und sah die von Bundesrat und Rechtsausschuss gewünschte Vorschrift als unproblematisch an[6]. Durch das BMJ wurde vorgeschlagen, neben den Katalogstraftaten des § 138 auch die in §§ 5, 6 SprengstoffG[7] geregelten Straftaten in § 140 aufzunehmen und eine

---

1 Dies waren die „Volksschädlingsverordnung". die „Verordnung über außerordentliche Rundfunkmaßnahmen" und das „Gesetz über Verhängung und Vollzug der Todesstrafe". Z. vergl. *Etzel*, Aufhebung, S. 86 ff m.w.N.

2 BGBl I S. 739.

3 BGBl I, 1953, S. 735 ff.

4 So ausdrücklich: *Hanack*, LK, 11. Aufl. § 140, Entstehungsgeschichte.

5 Katalogtatbestände waren Hoch- und Landesverrat, Mord und Totschlag, Münzverbrechen, Raub und räuberische Erpressung, Verschleppung, erpresserische Kindesentführung, Mädchenhandel und gemeingefährliche Verbrechen.

6 B 141/3065, Ministervorlage vom 22. August 1952.

7 Gesetz gegen den verbrecherischen und gemeingefährlichen Gebrauch von Sprengstoffen, z. vergl. 3. Kap. IV, 3.

Subsidiaritätsklausel für den Fall aufzunehmen, dass die Tat auch als Vorbereitung zum Hochverrat zu ahnden wäre.

Die im 1. Strafrechtsänderungsgesetz nicht erledigten Gesetzesänderungen und der Entwurf des Strafrechtsbereinigungsgesetzes vom 29. September 1952[8] wurden im Rechtsausschuss des Bundestages gemeinsam beraten und dort zu einem einheitlichen Entwurf zusammengeführt[9]. Der Entwurf wurde ohne inhaltliche Erörterung am 3. Juli 1953 in zweiter Lesung mehrheitlich angenommen[10] und § 140 StGB des Entwurfs unverändert in das Dritte Strafrechtsänderungsgesetz vom 4. August 1953[11] eingestellt. § 140 StGB hatte den Wortlaut:

> „Wer eine der in § 138 Abs. 1 oder eine der in § 5 und § 6 des Gesetzes gegen den verbrecherischen und gemeingefährlichen Gebrauch von Sprengstoffen mit Strafe bedrohten Handlungen belohnt oder öffentlich billigt, nachdem sie begangen oder ihre Begehung versucht worden ist, wird, soweit nicht in anderen Vorschriften eine schwerere Strafe angedroht ist, mit Gefängnis bestraft. Daneben kann auf Geldstrafe erkannt werden.
>
> In besonders schweren Fällen ist die Freiheitsstrafe Zuchthaus bis zu fünf Jahren.“

Weder im BMJ noch durch den Gesetzgeber wurde die Diskussion über die Abgrenzung erlaubter Kritik zu strafbaren indirekten Aufforderungen wieder aufgegriffen. Auch die Einschränkung der Meinungsfreiheit wurde nicht thematisiert, ebensowenig wie das gesetzgeberische Bedürfnis, eine öffentliche Billigung und sogar die nicht notwendig an die Öffentlichkeit getragene nachträgliche Belohnung einer der Katalogstraftaten unter Strafe zu stellen. Eine Prüfung, ob eine Billigung oder Belohnung der Katalogstraftaten überhaupt geeignet ist, Nachahmungstäter zu werben, hat ebenfalls nicht stattgefunden, obwohl dies bei Delikten wie Raub, räuberischem Diebstahl, Kindesentführung, Mädchenhandel und Münzverbrechen zumindest fraglich ist. Im Gegenteil wurde ein solcher Tatbestand in der Fassung des Formulierungsvorschlags des BMJ, jedoch mit der Erhöhung des Strafrahmens auf Zuchthaus von bis zu fünf Jahren wie im Entwurf zu § 139 vorgesehen, als *wichtig und vordringlich* erachtet[12].

Insgesamt wird jedoch nicht deutlich, was den Gesetzgeber veranlasst hat, diesen Tatbestand, dessen Anwendungsbereich in späteren Gesetzgebungsver-

---

8 BT-Drucksache I-3713.

9 BT-Drucksache I-4250.

10 BT-Prot. 1953, S. 14072.

11 BGBl. I 1953, S. 735.

12 So der mündliche Bericht des Ausschusses für Rechtswesen und Verfassungsrecht, BT-Prot. 1953, S. 12996.

fahren auf weitere Straftatbestände ausgedehnt wurde, in das Strafgesetzbuch aufzunehmen und bis heute daran festzuhalten. Soweit im Rahmen der Debatte anlässlich einer spätren Novellierung darauf hingewiesen wurde, der Tatbestand diene in erster Linie der strafrechtlichen Ächtung der Verherrlichung von NS-Massenverbrechen[13] würde dies allerdings bedeuten, dass durch diesen Tatbestand moralisch verwerfliche Äußerungen noch unterhalb der Schwelle der Propagandadelikte in §§ 86, 86a und der Volksverhetzung in § 130 StGB erfasst werden sollen.

II. Öffentliche Aufforderung zu Straftaten

Während der geltende § 111 StGB für den Fall der erfolglos gebliebenen öffentlichen Aufforderung lediglich einen Strafrahmen von Geldstrafe oder Gefängnis bis zu einem Jahr vorsah, war im Entwurf vom 29. September 1952 lediglich eine fakultative Strafmilderung nach den Grundsätzen des Versuchs vorgesehen[14].

> „§ 111 Abs. 2. Dasselbe gilt, wenn die Aufforderung ohne Erfolg geblieben ist. Die Strafe kann jedoch gemildert werden (§ 44)."

In der Begründung wurde ausgeführt, § 111 StGB bilde zwar keinen Fall der Anstiftung im technischen Sinn, werde aber als schwerer angesehen als die eigentliche Anstiftung, so dass anders als bei der versuchten Anstiftung auch die erfolglos gebliebene Aufforderung zu einem Vergehen oder einer Übertretung unter Strafe gestellt werden müsse[15].

Eine konkrete Begründung, aus welchem Grund die öffentliche Aufforderung als schwerer angesehen wurde als die Anstiftung als Einwirkung auf eine bestimmte andere Person, bei welcher der Anstifter zumindest davon ausgeht, diese käme als potentieller Täter in Betracht und dem Anstifter verschiedenste Mittel der Einwirkung, z.B. Versprechungen, Drohungen, Ausnutzen eines Abhängigkeitsverhältnisses, persönliche oder familiäre Beziehungen, zur Verfügung stehen, fehlte indes. Die seit 1848/1849 beschworene *besondere Gefahr*, die von einer an eine Personenmehrzahl gerichtete öffentliche Aufforderung ausgehen soll, hat sich in der Strafverfolgungspraxis nicht niedergeschlagen und auch das Beispiel von der *geworfenen Fackel* ist wenig überzeu-

---

13 Z. Vergl. B I 3.

14 Die Strafmilderung für den Versuch führte durch die Strafrahmenverschiebung dazu, daß bei gänzlich folgenlos gebliebenen Aufforderungen z.B. zu Mord und Todschlag zwingend mehrjährige Haftstrafen zu verhängen waren, ohne daß „Bagatellfälle" angemessen hätten berücksichtigt werden können.

15 BT-Drucks. I/3713, Begründung S. 34.

gend. Insoweit war das Argument während der Strafrechtsreformdiskussion in der NS-Zeit, die Zufallshaftung sei abzulehnen, überzeugender als der Hinweis auf die besondere Strafwürdigkeit, die sich aus der Öffentlichkeit der Aufforderung ergibt. Es erscheint allerdings auch als möglich, dass auch hier die moralische Verwerflichkeit einer derartigen Aufforderung, Strafgesetze zu brechen, unausgesprochen als Strafgrund herangezogen wurde. Ebenso erscheint es möglich, dass sich der Glaube an die *besondere Gefahr* seit 1848/1849 derartig verfestigt hat, dass der bloße Hinweis darauf als ausreichende Begründung angesehen wurde.

Durch die hohen Mindeststrafrahmen zahlreicher Delikte, z.B. Tötungsdelikte, war die gänzlich erfolglose öffentliche Aufforderung auch bei der Milderung nach den Regeln des Versuchs mit der entsprechenden Strafrahmenverschiebung mit vollstreckbaren Freiheitsstrafen zu ahnden. Der Bundesrat schlug in seiner Stellungnahme vor, zur Klarstellung ausdrücklich auf die Strafrahmenverschiebung des Versuchs zu verweisen[16]. Der Rechtsausschuss erachtete die seitens des Bundesrats vorgeschlagene Formulierung als die geeignetere[17] und der Tatbestand wurde mit dem Wortlaut

> „§ 111 Abs. 2. Dasselbe gilt, wenn die Aufforderung ohne Erfolg geblieben ist. Die Strafe kann nach den Vorschriften über den Versuch gemildert werden."

ohne inhaltliche Diskussion angenommen und hat Gesetzeskraft erlangt.

B) Die Große Strafrechtsreform

Zur Vorbereitung einer umfassenden Reform des am 25. August 1953 neu bekannt gemachten StGB[18] ließ Bundesminister der Justiz *Dehler* Gutachten zu Grundsatzfragen der Strafrechtserneuerung erarbeiten. Gleichzeitig beauftragte er gleichzeitig das Institut für ausländisches und internationales Strafrecht der Universität Freiburg mit rechtsvergleichenden Studien zum Strafgesetzbuch[19]. Im Frühjahr 1954 berief sein

16 Anlage 2 zum Entwurf.

17 BT-Prot. 1953, S. 12995.

18 BGBl I, 1953, S. 1083.

19 *Holtz*, Strafrechtsreform, S. 9.
Die Studien sind veröffentlicht als Materialien zur Strafrechtsreform, Bände 1–15, Bonn 1954–1960. Im rechtsvergleichenden Gutachten: „Die Angriffe gegen die öffentliche Ordnung" von *Kögler* wurde dargelegt, daß die öffentliche Aufforderung in zehn von zwölf zum Vergleich herangezogenen Strafgesetzen bzw. in Frankreich im Pressegesetz in vergleichbarer Weise unter Strafe gestellt war und in England und im US-Bundesrecht zwar nicht ausdrücklich aber als Gewohnheitsrecht.
Weit weniger verbreitet war jedoch die öffentliche Verherrlichung strafbarer Handlungen, die nur sechs von zwölf Strafgesetzen kannten und die öffentliche Aufforderung

Amtsnachfolger *Neumayer* eine große Strafrechtskommission ein. In die Kommission wurden 24 Mitglieder einberufen und zwar je ein Abgeordneten jeder im Bundestag vertretenen Fraktion[20], sechs Strafrechtslehrer[21] je ein Vertreter der Landesjustizverwaltungen Hessens, Nordrhein-Westfalens und Bayerns[22], je ein Vertreter des Deutschen Richterbundes, des Strafrechtsausschusses der deutschen Rechtsanwaltskammer, des Bundesgerichtshofs und der Bundesanwaltschaft[23] und fünf durch das Bundesministerium der Justiz benannte Richter des BGH und der obersten Gerichte der Länder[24]. Die konstituierende Sitzung fand am 6. April 1954 statt.

Der Strafrechtskommission wurde eine Sammlung von Materialien an die Hand gegeben, unter anderem mehre gutachterliche Äußerungen verschiedener Strafrechtslehrer zu Einzelfragen, rechtsvergleichende Arbeiten, Entwürfe aus der Zeit der Weimarer Republik und ärztliche Gutachten zu Fragen des Maßregelvollzugs. Die Arbeiten wurden durch das BMJ intensiv begleitet, das jeweils Fassungsvorschläge unterbreitete. Die Vollkommission erörtere in erster Lesung Grundsatzfragen, mit der Ausarbeitung der Details waren Unterkommissionen befasst, deren Vorschläge anschließend in der Vollkommission erörtert wurden.

I. Erste Lesung

Grundlage der ersten Lesung war die vorläufige Zusammenstellung des Entwurfs des BT nach den Beschlüssen der Unterkommission, die an den Entwurf von 1927 angelehnt war. Die Aufforderungsdelikte waren dort im 9. Abschnitt *Störung der öffentlichen Ordnung* als Auflehnung gegen Gesetze in § 216 des Entwurfs, Aufforderung zu Straftaten in § 117 des Entwurfs und Belohnung oder Billigung von Straftaten in § 223 des Entwurfs eingestellt.

In erster Lesung wurde in der Vollkommission unter dem Oberbegriff *Begünstigung und Strafvereitelung* lediglich § 223 des Entwurfs behandelt. Die als *Straftaten gegen den Gemeinschaftsfrieden* behandelten Aufforderungen zum Ungehorsam und zu Straftaten wurden in erster Lesung nur in den Unterkommissionen, nicht aber in der Vollkommission behandelt.

---

zum Ungehorsam, die nur in fünf zum Vergleich herangezogenen Strafgesetzen vergleichbar geregelt war.

20 *Hoogen* für die CDU/CSU, *Rehs* für die SPD, Dr. *Schneider* für die FDP, Dr. *Czermak* für den Gesamtdeutschen Block und Dr. *von Merkatz* für die Deutsche Partei.

21 Prof. Dr. *Gallas*, Prof. Dr. *Jeschek*, Prof. Dr. *Lange*, Prof. Dr. Eberhard *Schmidt* und Prof. Dr. *Welzel*.

22 MinDir. Dr. *Kant*, MinDir Dr. *Krille* und MinRat Dr. *Rösch*.

23 Senatspräsident am Bayrischen OLG *Resch*, Prof. Dr. *Dahs*, Bundesrichter Dr. *Baldus* und Oberbundesanwalt Dr. Wiechmann.

24 Dr. *Koffka*, Prof. Dr. *Niethammer* (a.D.), *Richter*, Dr. *Schäfer* und Dr. *Skott*.

Die öffentliche Billigung und Belohnung bestimmter strafbarer Handlungen wurde in der 62. Sitzung der Vollkommission am 10. Januar 1958 beraten[25]. *Sturm* referierte zu § 223 des Entwurfs und führte aus, das von der II. Unterkommission vorgeschlagene Tatbestandsmerkmal *öffentlich* sei zu eng und durch den Zusatz *in einer Versammlung oder durch Verbreiten von Schriften, Schallaufnahmen, Abbildungen oder Darstellungen* zu ergänzen. Die vorgeschlagene Einschränkung durch die Formulierung *und dadurch zur Begehung derartiger Taten anreizt* sei jedoch zu begrüßen, zumal sich die Billigung z.B. auch auf ein in der Antike begangenes Verbrechen beziehen könne. Daran schloss sich eine Erörterung an, wie der Tatbestand in geeigneter Weise einzuschränken sei, ohne ihn in seiner Anwendbarkeit zu entwerten. Dem Vorstoß von *Dreher*, den Tatbestand ersatzlos zu streichen, wurde von seinem Dienstvorgesetzten *Schaffheutle* deutlich entgegengetreten, der darauf hinwies, der Tatbestand sei auf Verlangen des Parlaments erlassen worden und damit unverzichtbar. Nachdem der Vorschlag der II Unterkommission mehrheitlich als zu weitgehende Einschränkung angesehen wurde, konnte sich *Lange* mit dem Vorschlag *in einer Weise billigt, die geeignet ist, zur Begehung einer solchen Tat anzureizen* durchsetzen. Sowohl der Vorschlag von Sturm, den Begriff „öffentlich" um den Zusatz *in einer Versammlung [...]* zu ergänzen als auch der Vorschlag *Lange*, den Tatbestand durch *in einer Weise billigt [...]* wurden vorbehaltlich einer Nachprüfung in der Unterkommission einstimmig gebilligt[26].

II. Zweite Lesung

Die Aufforderungsdelikte wurden unter dem Begriff *Straftaten gegen den Gemeinschaftsfrieden* in der Vollkommission in zweiter Lesung auf der 126. Sitzung am 8. April 1959 erörtert[27]. Eingangs der Beratungen referierte MR *Schölz* über die in der II. Unterkommission erzielten Ergebnisse[28].

---

25 Niederschriften, Bd. 6, S. 130 f.

26 Der Tatbestand lautete:
„Wer eine der in § 244 bezeichneten rechtswidrigen Taten, nachdem sie begangen oder ihre Begehung versucht worden ist, belohnt oder wer sich öffentlich, in einer Versammlung oder durch Verbreitung von Schriften, Schallaufnahmen, Ablichtungen oder Darstellungen in einer Weise billigt, die geeignet ist, zu einer solchen Tat anzureizen, wird...." Später wurde dieser Tatbestand entsprechend der Anregung des BMJ in den Abschnitt „Straftaten gegen den Gemeinschaftsfrieden" überführt.

27 Niederschriften, a.a.O. S. 91 ff.

28 Niederschriften, a.a.O. S. 91.

1. Aufforderung zum Ungehorsam

Die Vollkommission beschloss in schriftlicher Abstimmung, an dem Tatbestand festzuhalten. Dies lässt den Schluss zu, dass über die Streichung zumindest nachgedacht worden war. Auch die Ausführungen von MR *Schölz* zu der ausdrücklich als nicht sehr umfangreich bezeichneten neueren Rechtsprechung zu § 110 StGB und die angeführten Beispiele, also die Aufforderung zum Ungehorsam gegen Religionsunterricht in deutscher Sprache in Posen, Ungehorsam gegen das Verbot eines Tanzvergnügens aus polizeilichen Gründen und Ungehorsam gegen die Anordnung einer polizeilichen Sperrstunde hätten aufgrund der Banalität der aufgezählten Aufforderungen an sich erst recht Anlass bieten müssen, auch in der Vollkommission ernsthaft über eine Streichung nachzudenken. Dies hätte sich erst recht angeboten, wenn berücksichtigt worden wäre, dass bei konsequenter Anwendung des von der Rechtsprechung entwickelten ungeschriebenen Tatbestandsmerkmals – Provokation gegen das Gesetz als solches – und nicht Verletzung einzelner Pflichten, § 110 StGB nur in seltenen Ausnahmefällen gegriffen hätte und die Beispielsfälle nicht erfasst worden wären.

Die Erörterung der Frage, wie zulässige Kritik hinreichend sicher von der Aufforderung zum Ungehorsam zu scheiden sei, löste einigen Diskussionsbedarf aus. Nachdem in der Kommission anhand von Beispielsfällen erörtert wurde, ob z.B. Kritik an der RistBV von der Strafbarkeit erfasst würden oder straflos möglich seien, wurde der vom BMJ vorgeschlagene Begriff der *Aufforderung zur Auflehnung* als demonstratives Aufbegehren abgelehnt und dem Begriff des *Ungehorsams* festgehalten.

Die Frage, welche Rechtssätze in den Schutzbereich aufzunehmen seien, wurde bis zur Klärung der Irrtumsproblematik zurückgestellt und erst im Anschluss daran erörtert. Letztlich wurde mehrheitlich beschlossen, dass neben Gesetzen und Rechtsverordnungen auch allgemeine Verwaltungsvorschriften, also verwaltungsinterne Rechtssätze ohne unmittelbare Außenwirkung und vollziehbare allgemeine Verfügungen, in den Schutzbereich aufzunehmen seien. Dabei wurde von der Prämisse ausgegangen, dass Gesetzen bis zur Feststellung der Ungültigkeit durch das Bundesverfassungsgericht strafrechtlicher Schutz gebühre. Bei irriger Annahme der Ungültigkeit sollte das Gericht die Möglichkeit haben, von der Verhängung einer Strafe abzusehen[29].

---

29 § 297 Aufforderung zum Ungehorsam lautete nach den Beschlüssen zweiter Lesung:
(1) Wer öffentlich, in einer Versammlung oder durch Verbreiten von Schriften, Schallaufnahmen, Abbildungen oder Darstellungen zum Ungehorsam gegen ein Gesetz, eine

2. Aufforderung zu Straftaten

Zum Tatbestand der öffentlichen Aufforderung zur Begehung von Straftaten erfolgte keine Wortmeldung und der Tatbestand wurde wie vorgeschlagen angenommen[30]. Im Gegensatz zu § 111 StGB des geltenden Rechts war die Strafmilderung entsprechend der Strafrahmenverschiebung bei einer nur versuchten Tat nicht nur fakultativ möglich sondern zwingend vorgeschrieben. Wegen des doppelten Verweises auf Vorschriften des AT sowohl in § 111 Abs. 1 StGB (Bestrafung wie ein Anstifter) als auch in Abs. 2 (Strafmilderung wie bei der versuchten Tat) auf Vorschriften des AT hätte es allerdings nahegelegen, den Verbleib des Tatbestandes im BT zu überdenken und eine Überführung in den AT in Erwägung zu ziehen.

Nach der Erarbeitung eines vorläufigen Gesamtentwurfs im Jahr 1959 endete die Tätigkeit der großen Kommission. Der Entwurf wurde der von den Landesjustizverwaltungen am 9. Juli 1959 gegründeten „Länderkommission für die Große Strafrechtsreform" zugeleitet, die ihre Beratungen im Januar 1962 abschließen konnte. Auf der Grundlage der von beiden Gremien erarbeiteten Empfehlungen wurde im BMJ der Entwurf 1960 ausgearbeitet. Eine Behandlung in Bundesrat und Bundestag unterblieb, so dass der Entwurf als Entwurf 1962 in der neuen Legislaturperiode erneut in den Bundestag eingebracht werden musste[31].

C) Der Entwurf 1962: Text und Begründung[32]

Die Aufforderungsdelikte waren im Entwurf 1962 als §§ 291, 292 und 293 in den Ersten Titel des Vierten Abschnitts *Straftaten gegen den Gemeinschaftsfrieden* eingestellt. Die öffentliche Aufforderung zum Ungehorsam und zur

---

Rechtsverordnung, eine allgemeine Verwaltungsvorschrift oder eine vollziehbare allgemeine Verfügung auffordert, wird mit Gefängnis bis zu zwei Jahren, mit Strafhaft oder mit Geldstrafe bestraft.
(2) Die Aufforderung ist nicht nach Absatz 1 strafbar, wenn das Gesetz, die Rechtsverordnung oder Verwaltungsvorschrift oder die Verfügung nicht strafbar ist. Dies gilt auch dann, wenn der Täter die Gültigkeit irrig annimmt.
(3) Nimmt der Täter irrig an, daß das Gesetz, die Rechtsverordnung, die Verwaltungsvorschrift oder die Verfügung nicht gültig sei, und ist ihm der Irrtum nicht vorzuwerfen, so kann das Gericht von Strafe absehen.
Abgedruckt in: Sitzungsniederschriften, a.a.O. S. 657.

30 § 298 Aufforderung zu Straftaten lautete nach den Beschlüssen zweiter Lesung:
(1) Wer öffentlich, in einer Versammlung oder durch Verbreiten von Schriften, Schallaufnahmen, Abbildungen oder Darstellungen zu einer Straftat auffordert, wird wie ein Anstifter bestraft.
(2) Bleibt die Aufforderung ohne Erfolg, so ist die Strafe nach § 65 Abs. 1 zu mildern.
Abgedruckt in: Sitzungsniederschriften, a.a.O. S. 657.

31 Zum vorstehenden: *Holtz*, a.a.O. S. 9 f.

32 BT-Drs. IV/650.

Begehung von Straften entsprachen den Beschlüssen der Großen Strafrechtskommission. Bei der öffentlichen Billigung und Belohnung von Straftaten wurde allerdings in zwei wesentlichen Punkten von den Beschlüssen abgewichen. Zum einen wurden alle Verbrechen und nicht nur bestimmte Katalogstraftaten in den Schutzbereich einbezogen, zum anderen musste die öffentliche Billigung geeignet sein, den öffentlichen Frieden zu stören[33].

Im Titel *Straftaten gegen den Gemeinschaftsfriede* waren entsprechend der Begründung Straftaten eingestellt, die vor allem dadurch gekennzeichnet sein sollten *dass sie Unruhe, Unfrieden, Schrecken oder Unsicherheit in der Bevölkerung hervorrufen oder die Allgemeinheit wenigstens belästigen.* Neben den hier behandelten Tatbeständen wurden auch die Bildung krimineller Vereinigungen, Volksverhetzung, Androhung von Straftaten und Missbrauch von Titeln als gegen den öffentlichen Frieden gerichtete Straftaten eingeordnet. Der ausdrückliche Hinweis, im Gegensatz zu früheren Entwürfen sei darauf verzichtet worden, die Aufforderung zur Steuerhinterziehung in das StGB aufzunehmen und eine spätere Regelung in der AO vorzunehmen, ging allerdings fehl, denn die Verordnung zur Wiederherstellung der öffentlichen Sicherheit und Ordnung aus dem Jahr 1923, die eben diese Aufforderungen unter Strafe stellte, war noch bis in das Jahr 1974 in Kraft[34].

I. Aufforderung zum Ungehorsam

Zu § 110 StGB wurde ausdrücklich darauf hingewiesen, dass Aufrufen zum Ungehorsam gegen die neu in den Schutzbereich aufgenommenen allgemeinen Verfügungen in der Strafverfolgungspraxis die größte Bedeutung zukommen werden würde. Als Beispiel genannt wurden versammlungsauflösende Verfügungen oder Verfügungen betreffend Park- und Halteverbote. Worin die Strafwürdigkeit der Aufforderung zum Ungehorsam gegen derartige Verfügung gesehen wurde, blieb allerdings ungenannt. Die Gültigkeit wurde auch bei Gesetzen gefordert und mit dem richterlichen Prüfungsrecht durch Art. 100 GG begründet. Im Falle der Ungültigkeit der Rechtsnorm war die irrige Annahme der Gültigkeit straflos, eine Bestrafung als untauglicher Versuch sollte

33 „§ 293. Belohnung oder Billigung von Verbrechen
(1) Wer ein Verbrechen belohnt, nachdem es begangen oder versucht worden ist, wird mit Gefängnis bis zu drei Jahren bestraft, wenn die Tat nicht in anderen Vorschriften mit schwerer Strafe bedroht ist.
(2) Ebenso wird bestraft, wer ein Verbrechen, nachdem es begangen oder versucht worden ist, öffentlich, in einer Versammlung oder durch Verbreiten von Schriften (§ 11 Abs. 3) in einer Weise billigt, die geeignet ist, den öffentlichen Frieden zu stören."

34 Z. vergl. Kap. 6 II 2.

ausgeschlossen werden. Insoweit wurde darauf hingewiesen, dass die Gültigkeit kein Tatbestandsmerkmal sei. Bei irriger Annahme der Ungültigkeit sollte grundsätzlich eine Bestrafung erfolgen, in Ausnahmefällen jedoch von der Verhängung einer Strafe abgesehen werden können.

II. Aufforderung zu Straftaten

Bei der Aufforderung zu Straftaten wurde die Strafwürdigkeit der erfolglosen Aufforderung nicht länger mit der von der Aufforderung ausgehenden besonderen Gefahr, sondern mit der von der Aufforderung ausgehenden *Gefährdung des Gemeinschaftsfriedens* begründet. Die Stellung im Gesetz blieb trotz der Nähe zu den Teilnahmevorschriften durch den Verweis auf die Anstiftung in Abs. 1 und den Versuch in Abs. 2 nicht begründet.

III. Belohnung und Billigung von Straftaten

Auch die Strafwürdigkeit der Belohnung und Billigung von Verbrechen wurde mit dem Schutz des öffentlichen Friedens, insbesondere des Gefühls der Rechtssicherheit begründet. Wie allerdings ein nicht an die Öffentlichkeit gedrungenes nachträgliches Belohnen eines Verbrechens geeignet sein sollte, den öffentlichen Frieden zu stören, blieb ebenso unerläutert wie die Begründung der Strafwürdigkeit einer solchen Handlung. Zur Ausdehnung des Tatbestandes auf alle Verbrechen wurde ausgeführt, nach Herabstufung zahlreicher früherer Verbrechen zu bloßen Vergehen seien nur noch besonders schwere Taten als Verbrechen strafbar. Eine Eignung, andere zur Nachahmung anzureizen sollte ausdrücklich nicht verlangt werden, da ansonsten die Billigung nationalsozialistischer Verbrechen nicht erfasst werden würde, die vor allem getroffen werden sollten. In der Begründung wurde erstmals ausgesprochen, dass gesellschaftspolitisch als nicht tragbar und moralisch verwerflich angesehene Meinungsäußerungen unter Strafe gestellt werden sollten.

IV. Behandlung im Bundestag

Der Entwurf 1962 wurde am 28. März 1963 in erster Lesung beraten[35] und von Bundesminister der Justiz *Bucher* eingangs der Debatte „als erster zur Beratung in einer gesetzgebenden Körperschaft anstehender Entwurf zu einem neuen Strafgesetzbuch seit 1871“ bezeichnet. Obwohl einige grundsätzliche Kritik zu einzelnen Tatbeständen geäußert wurde, fand der Entwurf im Großen

---

35 BT-Prot. IV, S. 3180 ff.

und Ganzen allgemeinen Anklang und wurde am Schluss der Sitzung einem Sonderausschuss überwiesen.

V. Behandlung im BMJ und den Landesjustizveraltungen

Die Straftaten gegen den Gemeinschaftsfrieden waren aus dem Ersten Gesetz zur Reform des Strafrechts ausgeklammert worden und wurden im Sonderausschuss erst in der fünften Wahlperiode beraten, wobei der Fokus auf der Reform der §§ 110, 111 StGB lag und § 140 StGB nur am Rande Erwähnung fand. Mittlerweile hatten die Studentenunruhen, die 1968 ihren Anfang genommen hatten, ihren vorläufigen Höhepunkt erreicht und die strafbewehrten Äußerungen, neben dem Landfriedensbruch Teil der *Demonstrationsdelikte*, erregten das besondere Interesse des Gesetzgebers. Sowohl im BMJ als auch den Landesjustizverwaltungen wurde das Gesetzgebungsverfahren intensiv verfolgt und begleitet. Das Hauptaugenmerk lag dabei auf der Fassung des § 110 StGB, zu §§ 111, 140 StGB bestand kein bzw. wenig Diskussionsbedarf.

Die Beratungen des Sonderausschusses Strafrecht wurden von verschiedenen Stellen intensiv vorbereitet, Formulierungsvorschläge erarbeitet und Stellungnahmen abgegeben.

Der Strafrechtsausschuss der Bundesrechtsanwaltskammer sprach sich für die ersatzlose Streichung von § 110 StGB aus. Zur Begründung wurde darauf verwiesen, die überwiegende Mehrheit des Ausschusses vertrete die Auffassung, die Aufforderung zum Ungehorsam sei kein strafwürdiges Unrecht und weise nicht einmal den Charakter einer Ordnungswidrigkeit auf. Auch sei es den für das Festhalten an dem Tatbestand eintretenden Kommissionsmitgliedern nicht gelungen, Beispiele strafwürdiger Aufforderungen zum Ungehorsam zu finden. Eine Streichung auch von § 111 StGB oder eine Beschränkung auf die Aufforderung zu einem Verbrechen hingegen wurde abgelehnt und auf die intensive Störung der allgemeinen Friedensordnung, die von derartigen Aufforderungen ausgehe, hingewiesen[36].

von Winterfeld, Mitglied des Strafrechtsausschusses setzte sich in seiner Ausarbeitung vom 5. Januar 1969 zunächst mit dem Verhältnis der sog. *Demonstrationsdelikte* und den Grundrechten der Versammlungs- und Meinungsfreiheit auseinander. Er sprach sich für die Beibehaltung der Tatbestände aus, unterbreitete jedoch eigene Formulierungsvorschläge[37].

Das Kriminalwissenschaftliche Institut an der Universität Köln trat in einem Korreferat zum Referat *von Winterfeld* für die ersatzlose Streichung von §§ 110, 111 StGB ein. Zu § 110 StGB wurde dies mit dem nicht vorhandenen

---

36 Anlage 4 zur 136. Sitzung des SA. Prot.SA. 5. Wahlperiode.

37 Anlage 2 zur 137. Sitzung des SA. a.a.O.

kriminalpolitischen Bedürfnis und ausreichender Mittel zur Durchsetzung geschützter Interessen außerhalb des Strafrechts begründet. § 111 StGB wurde als überflüssig erachtet und die angebliche Gefährlichkeit einer öffentlichen Äußerung und die behauptete Eignung zur Gefährdung des Gemeinschaftsfriedens als nicht überzeugend zurückgewiesen[38].

Das BMJ schlug in einer Stellungnahme vom 20. Januar 1969 vor, die Strafbarkeit gem. § 110 StGB davon abhängig zu machen, ob die *Aufstachelung* geeignet sei, *die Erfüllung wichtiger öffentlicher Aufgaben zu gefährden*[39]. Dieser Vorschlag fand bei den Landesjustizverwaltungen, BGH und GBA wenig Anklang und wurde überwiegend als völlig unpraktikabel und zu unbestimmt zurückgewiesen[40]. In den Formulierungshilfen vom 4. und 14. Februar 1969 hielt das BMJ jedoch an diesem Vorschlag fest[41].

Bayern legte unter dem 27. Februar 1969 eine eigene Formulierungshilfe vor. Zu § 110 StGB dort wurde vorgeschlagen, statt des Begriffs „Ungehorsam" den der *Aufforderung zur Nichtbeachtung* zu verwenden und den Kreis der geschützten Rechtsnormen allgemein als *gültige Rechtsvorschriften oder vollziehbare Verfügungen* zu bezeichnen. Die Aufforderung musste nach diesem Vorschlag nur geeignet sein, die Erfüllung öffentlicher Aufgaben zu gefährden; eine Beschränkung auf wichtige Aufgaben wie im Vorschlag des BMJ war hingegen nicht vorgesehen. Durch diesen Vorschlag sollten auch Satzungen, z.B. von Universitäten in den Schutzbereich einbezogen, rein interne Verwaltungsvorschriften sollten außen vor bleiben. Durch den Verzicht auf die Einschränkung der *wichtigen* öffentlichen Aufgaben sollte der Tatbestand nach Auffassung der Verfasser ausreichend bestimmt formuliert sein[42]

Das BMI hat das vom BMJ vorgeschlagene einschränkende Tatbestandsmerkmal der *Gefährdung der Erfüllung öffentlicher Aufgaben* in einer Stellungnahme vom 3. März 1969 als *überflüssig und für die praktische Anwendung störend* ausgesprochen. Statt des Begriffs *Missachtung* schlug das BMI den Begriff „Nichtbefolgung" vor, weil *Missachtung* leicht auch als *Verachtung der Gesetze* missverstanden werden könne.

---

38 Anlage 3 zur 137. Sitzung des SA. a.a.O.

39 BA B 141/25519.

40 BA B 141/25522, 25523: So z.B. das BMI, BGH und GBA und die Landesjustizverwaltung der Länder Bayern, Rheinland-Pfalz, Niedersachsen, Hessen und Baden-Würthemberg.

41 Anlagen 1 und 3 zur 134. Sitzung des SA. a.a.O.

42 Anlage zur 136. Sitzung des SA. a.a.O.

Bei einer Referentenbesprechung am 3./4. März 1969, an der Vertreter des BMJ und der Landesjustizverwaltungen teilgenommen haben, wurden die Formulierungshilfen des BMJ und Bayerns erörtert und ein abgestimmter Vorschlag der Landesjustizverwaltungen erarbeitet[43]. Dieser Vorschlag entsprach in den wesentlichen Punkten der Formulierungshilfe des BMJ[44].

VI. Behandlung im Sonderausschuss: Die Garmisch-Partenkirchener Beschlüsse

Die §§ 110 und 111 StGB wurden auf der 139. Sitzung am 13. März 1969[45] beraten und die sog. Garmisch-Partenkirchener Beschlüsse[46] gefasst. Die vorgenannten Formulierungsvorschläge und Stellungnahmen lagen bei den Beratungen vor und konnten bei der Diskussion berücksichtigt werden. Zur Abstimmung kam die Formulierungshilfe der Landesjustizverwaltungen vom 6. März 1969[47].

Im Ergebnis wurde zwar der Beschluss gefasst, an § 110 StGB festzuhalten, während der Beratungen sprachen sich jedoch einige Kommissionsmitglieder für eine Streichung aus. In erster Linie wurde die Diskussion von den Abgeordneten der FDP, der SPD und den Vertretern der Ministerien geführt. Die Abgeordneten der CDU/CSU ergriffen nur selten das Wort und wenn, dann

---

43 Anlage 2 zur 136. Sitzung des SA. a.a.O.

44 „§ 110 (1) Wer öffentlich oder durch Verbreitung von Schriften, Tonträgern, Abbildungen oder Darstellungen zum Ungehorsam gegen ein Gesetz, eine Rechtsverordnung, eine allgemeine Verwaltungsvorschrift oder eine vollziehbare allgemeine Verfügung auffordert, wird mit Freiheitsstrafe von einem Jahr oder mit Geldstrafe bestraft, wenn die Aufforderung geeignet ist, die Erfüllung wichtiger öffentlicher Aufgaben zu gefährden.
(2) Die Aufforderung ist nicht nach Absatz 1 strafbar, wenn das Gesetz, die Rechtsverordnung oder die Verwaltungsvorschrift nicht gültig ist. Dies gilt auch, wenn der Täter die Gültigkeit irrig annimmt.
(3) Nimmt der Täter bei Begehung der Tat irrig an, daß das Gesetz, die Rechtsverordnung oder die Verfügung nicht gültig sei, so wird er nicht nach Absatz 1 bestraft, wenn ihm dieser Irrtum nicht vorzuwerfen ist. Ist ihm der Irrtum vorzuwerfen, so kann die Strafe nach den Vorschriften über die Bestrafung des Versuchs gemildert werden.
§ 111 (1) Wer öffentlich, in einer Versammlung oder durch Verbreitung von Schriften, Tonträgern, Abbildungen oder Darstellungen zur Begehung einer Straftat auffordert, wird wie ein Anstifter bestraft.
(2) Bleibt die Aufforderung ohne Erfolg, so kann die Strafe nach den Vorschriften über die Bestrafung eines Versuchs gemildert werden."

45 Prot.SA, 5. WP, S. 3037.

46 Die Bezeichnung wurde von dem Tagungsort abgeleitet.

47 Anlage 3 der 136. Sitzung des SA. a.a.O. Text: Siehe FN (..).

nur zu Detailfragen. Zur Frage der Streichung des § 110 StGB wurde von diesen Abgeordneten nicht Stellung genommen[48].

Diemer-Nicolaus (FDP) warf die Frage auf, ob überhaupt eine kriminalpolitische Notwendigkeit für die Beibehaltung des § 110 StGB bestehe, da die Aufforderung zu Straftaten von § 111 StGB erfasst werde und zivil- und verwaltungsrechtlichem Ungehorsam durch andere Maßnahmen begegnet werden könne[49]. Sie warf auch das Problem der Abgrenzung zu strafloser Kritik auf. *Bayerl* (SPD) bezeichnete es als rechtspolitisch bedenklich, die Aufforderung zu einer nicht strafbaren Handlung unter Strafe zu stellen und wies darauf hin, dass in der gesamten westlichen Welt eine Ungehorsamsbewegung zu beobachten sei, vergleichbare Vorschriften jedoch nur in wenigen anderen Staaten beständen. Er vertrat die Auffassung, eine Herabstufung des gesamten Tatbestandes zur Ordnungswidrigkeit sei systemgerecht[50]. Einen ähnlichen Ansatz verfolgte auch *Müller-Emmert* (SPD), der sich dafür aussprach, strafwürdige Fälle in § 111 StPO einzuarbeiten und den verbleibenden Rest zur Ordnungswidrigkeit herabzustufen[51].

Die Vertreter der Ministerien setzten sich für die Beibehaltung des § 110 StGB in der Fassung des Formulierungsvorschlags der Landesjustizverwaltungen ein. *Schölz* führte bei Beginn der Beratungen zu § 110 StGB zahlreiche Beispiele an, mit denen er die Notwendigkeit und kriminalpolitische Bedeutung des Tatbestands zu verdeutlichen suchte. Von ihm genannte Beispiele waren die Aufforderung, das Verbot nationalsozialistische Embleme zu missachten oder gegen Schulgesetze und straßenverkehrsrechtliche Maßnahmen, etwa Straßensperrungen oder Geschwindigkeitsbegrenzungen zu verstoßen oder als Soldat nicht zur vorgeschriebenen Uhrzeit in die Kaserne zurückzukehren[52]. *Corves* hingegen führte aus, es komme nicht darauf an, ob die zu begehende Handlung strafbar sei; wer öffentlich und außerhalb des vorgesehenen verfassungsrechtlichem Weges den Geltungsanspruch eines Gesetzes in Frage stelle, greife die Grundlagen des parlamentarisch-demokratischen Systems an[53].

Einen pragmatischen Standpunkt nahm der Kommissionsvorsitzende *Güde* ein, indem er anführte, angesichts der auf den Staat zukommenden allgemeinen

48 Prot.SA, a.a.O. S. 3046, 3050 f.

49 Prot.SA, a.a.O. S. 3045.

50 Prot.SA, a.a.O. S. 3045 ff.

51 Prot.SA, a.a.O. S. 3047.

52 Prot.SA, a.a.O. S. 3043.

53 Prot.SA, a.a.O. S. 3046 f.

Ungehorsamswelle sei eine Streichung ohnehin nicht mehrheitsfähig[54]. Nach einigen Diskussionen über Detailfragen wurde mit einer Gegenstimme und einer Enthaltung beschlossen, in § 110 Abs. 1 StGB statt des Begriffs *Ungehorsa* die Formulierung „nicht zu beachten" zu verwenden und eine konkrete Störung bei der Erfüllung öffentlicher Aufgaben als objektive Bedingung der Strafbarkeit zu verlangen. Abs. 2 und 3 des § 110 StGB wurden in der Fassung des Formulierungsvorschlags vom 4. März 1969 angenommen[55].

§ 111 StGB löste nur wenig Beratungsbedarf aus. Dem von *Diemer-Nicolaus* unterstützten Antrag[56] *Müller-Emmerts*, die Strafbarkeit auf Verbrechen und Vergehen[57] zu beschränken[58], wurde durch die Vertreter des BMJ nicht entgegengetreten und die Formulierungshilfe der Landesjustizverwaltungen mit dieser Änderung angenommen[59].

In der 150. Sitzung trug *Reuter* die Stellungnahmen der Länder zu den Garmisch-Partenkirchener Beschlüssen vor. Danach entsprach es der übereinstimmenden Auffassung der Länder, die Vorschriften zum Schutz des Gemeinschaftsfriedens seien zwar reformbedürftig, allzu große Eile aber untunlich[60].

D) Aufhebung des § 110 StGB

Nach einem gemeinsamen Antrag aller im Bundestag vertretenen Fraktionen[61] wurde in der 8. Bundestagssitzung am 5. November 1969 der Einsatz eines Sonderausschusses zur Fortsetzung der Strafrechtsreform beschlossen. Dem Sonderausschuss gehörten je acht Abgeordnete der Fraktionen der SPD und der CDU sowie eine Abgeordnete der FDP an. Als Beratungsgrundlage dienten der Initiativentwurf eines Dritten Gesetzes zur Reform des Strafrechts der SPD/FDP vom 4. Dezember 1969[62] und ab der achten Sitzung auch der Entwurf eines Dritten Gesetzes zur Reform des Strafrechts der CDU/CSU vom 21. Januar 1970[63].

---

54 Prot.SA, a.a.O. S. 3047.

55 Prot.SA, a.a.O. S. 3055.

56 Prot.SA, a.a.O. S. 3056.

57 Das StGB kannte seinerzeit noch die Dreiteilung in Verbrechen, Vergehen und Übertretungen.

58 Die Übertretungen wurden erst zu einem späteren Zeitpunkt aus dem StGB in das OWiG überführt.

59 Prot.SA, a.a.O. S. 3056.

60 Prot.SA, a.a.O. S. 3393.

61 BT-Drs. VI/41 vom 4.11.1969.

62 BT-Drs. VI /41.

63 BT-Drs. VI /261.

I. Die Entwürfe der SPD/FDP und der CDU/CSU

Die Regierungsfraktionen SPD/FDP legten am 4. Dezember 1969 den Entwurf eines Dritten Gesetzes zur Reform des Strafrechts[64] vor, der entgegen der Garmisch-Partenkirchener Beschlüsse die Streichung des § 110 StGB und – insoweit im Einklang mit den Beschlüssen – die Beschränkung der Strafbarkeit öffentlicher Aufforderungen in § 111 StGB auf Verbrechen und Vergehen vorsah. Der Schwerpunkt des Entwurfs lag allerdings bei der Reform des Aufruhrs und Landfriedensbruchs.[65]. Gleichzeitig sollte die Strafbarkeit der öffentlichen Aufforderung zur Teilnahme an einer verbotenen Versammlung gem. § 23 VersG gestrichen werden[66]. Zur Streichung des § 110 StGB wurde ausgeführt, es gebe keinen rechtspolitischen Grund, die öffentliche Aufforderung zu einer nicht strafbaren Handlung unter Strafe zu stellen. Bei einer Verletzung zivilrechtlicher oder öffentlichrechtlicher Pflichten gebe es für Bürger und Behörden ausreichende Mittel, um gegen diese Pflichtverletzung vorzugehen. Die Streichung des Aufforderungsdelikts im Versammlungsgesetz wurde als notwendige Folgeregel der Streichung des § 110 StGB bezeichnet. Die Vorlage auf der 19. Sitzung am 10. Dezember 1969 in erster Lesung beraten[67]. Zur Begründung wiederholte *Müller-Emmert* die Argumente aus der Vorlage.[68]. Im weiteren Verlauf der Beratungen, die sich in erster Linie um die Notwendigkeit einer zügigen Reform des Demonstrationsstrafrechts und deren Art und Ausmaß drehten, wurde auf die beantragten Streichungen nicht eingegangen und die Vorlage dem Sonderausschuss für die Strafrechtsreform überwiesen.

Die Fraktion der CDU/CSU legte am 21. Januar 1970 einen weiteren Entwurf vor[69], der die Beibehaltung von § 110 StGB vorsah. Danach sollte die öffentliche Aufforderung, eine gültige Rechtsvorschrift oder vollziehbare Verfügung nicht zu beachten, mit Geldstrafe von bis zu einem Jahr oder Geldstrafe geahndet werden können. Im Falle einer erfolglos gebliebenen Aufforderung sollte das Gericht von der Verhängung einer Strafe absehen können. Der Antrag zu § 111 StGB, also die Beschränkung auf die Aufforderung zu Verbrechen und Vergehen, war gleichlautend mit dem Antrag der SPD/FDP.

---

64 BT-Drucks. VI /139.

65 So ausdrücklich *Müller-Emmert*, BT-Prot. VI S. 706.

66 Die Streichung war bereits auf der 150. Sitzung des SA. einstimmig beschlossen worden. Prot.SA. a.a.O. S. 3402.

67 BT-Prot. 6. WP. S. 705 ff.

68 BT-Prot. a.a.O. S. 707.

69 BT-Drs. VI/261.

Allerdings hätten mit den im Antrag der CDU/CSU zur Neufassung von § 110 StGB verwendeten Begriff *Rechtsvorschriften* sicherlich auch bloße Übertretungen subsumiert werden können. Auf eine ausführliche Begründung des Antrags wurde verzichtet. Der Entwurf wurde ab der 9. Sitzung im Sonderausschuss zusammen mit dem der SPD/FDP beraten.

II. Behandlung im Sonderausschuss

Der Entwurf der SPD/FDP wurde während der dritten Sitzung erstmalig beraten, wobei die Vertreter des BMJ Gelegenheit zur Stellungnahme hatten, sich ohne Weisung des Ministers und vor Befassung des Bundesrats jedoch nicht in der Lage sahen, verbindliche Erklärungen abzugeben[70].

1. Sachverständigenanhörung

Nach kurzer Aussprache wurde bereits in der vierten und fünften Sitzung eine Anhörung von Sachverständigen und Auskunftspersonen aus Kreisen der Justiz, Strafrechtslehrern, Vertretern von Gewerkschaften und Studenten- und Jugendorganisationen durchgeführt. Vor der Anhörung wurde den Teilnehmern ein vorbereiteter Fragenkatalog vorgelegt, an dem sich die Stellungnahme orientieren sollte.

a) Öffentliche Aufforderung zum Ungehorsam

Bei der Frage der Streichung von § 110 StGB hielten sich die Fürsprecher und die Gegner in etwa die Waage.

Von den angehörten Polizeibeamten sprachen sich vier, nämlich die Polizeipräsidenten von Bochum[71] und Berlin[72], ein Polizeioberinspektor der Schutzpolizei München[73] und ein in das Innenministerium NRW abgeordneter Polizeiinspekteur[74] für die Beibehaltung aus. Begründet wurde diese Haltung mit der weitgehenden Wirkungslosigkeit des Polizei- und Ordnungsrechts bei der Bekämpfung öffentlicher Aufwiegelungen im Vorfeld von Demonstrationen, Störungen polizeilicher Einsätze durch Provokateure und der Strafwürdigkeit des *Verführers*.

---

70 Prot.SA. 6. WP. S. 9 ff.

71 Prot.SA, a.a.O. S. 31 ff.

72 Prot.SA, a.a.O. S. 36 ff.

73 Prot.SA., a.a.O. S. 70.

74 Prot.SA., a.a.O. S. 58 ff.

Als für die praktische Arbeit entbehrlich bezeichneten § 110 StGB demgegenüber ein Polizeidirektor aus Bayreuth[75], der 1. Vorsitzende der Gewerkschaft der Polizei[76], ein Polizeioberkommissar[77] und ein Oberstaatsanwalt aus Hamburg[78]. Teilweise wurden gleichzeitig aber schärfere Regelungen im Polizeirecht gefordert, um die polizeiliche Handlungsfähigkeit insbesondere im Zusammenhang mit Ausschreitungen bei Demonstrationen zu stärken und ein effektives Vorgehen gegen Störer zu ermöglichen.

Die angehörten Rechtslehrer vertraten ebenfalls gegensätzlich Positionen.

Gegen die Streichung sprach sich *Herzog* aus, der den Standpunkt vertrat, § 110 StGB in der gegenwärtigen Form sei zwar zu weit gefasst, die Aufforderung zur Illoyalität gegen die Gesellschaft müsse aber grundsätzlich weiterhin unter Strafe gestellt werden[79]. Auch *Bockelmann* sprach sich für eine sprachliche „Entrümpelung" aus und vertrat die Auffassung, angesichts des Endes der „politischen Schönwetterperiode" sei eine Streichung zum gegenwärtigen Zeitpunkt das falsche Signal[80].

Klug trat für eine Streichung ein und führte aus, die Argumentation der Polizei gehe fehl, da § 110 StGB nur die Aufforderung gegen das Gesetz als solches, nicht jedoch den Ungehorsam im Einzelfall erfasse. Im übrigen sei es auch nicht Sache des Gesetzgebers, jede Illoyalität gegen die Gesellschaft unter Strafe zu stellen[81]. *Baumann* bezeichnete § 110 StGB sogar als „bereits gestorben" und verwies auf den völlig ausreichenden Zivil- oder Verwaltungsrechtsweg[82].

Auch Rechtsanwalt *Raabe* plädierte für eine ersatzlose Streichung des „Maulkorbparagraphen"[83].

Für eine Streichung sprachen sich geschlossen die Vertreter politischer Jugendorganisationen aus, wobei der Standpunkt vertreten wurde, die Aufforde-

75 Prot.SA. a.a.O. S. 55.

76 Prot.SA. a.a.O. S. 79.

77 Prot.SA. a.a.O. S. 88 f.

78 Prot.SA. a.a.O. S. 152.

79 Prot.SA. a.a.O. S. 160 f.

80 Prot.SA. S. 168 f.

81 Prot.SA. a.a.O. S. 186.

82 Prot.SA. a.a.O. S. 189.

83 Prot.SA. a.a.O. S. 196.

rung zum nicht strafbaren Ungehorsam sei kein strafwürdiges Verhalten[84]. Nicht festlegen wollte sich der Direktor des Amtsgerichts Leonberg, der auf die wenig bedeutsame praktische Bedeutung hinwies, Strafbarkeitslücken im Falle einer Streichung aber nicht ausschließen wollte[85].

b) Öffentliche Aufforderung zu Straftaten

Zu § 111 StGB erfolgten nur wenige Wortbeiträge. Polizeidirektor *Pedall*[86] unterstützte die Herausnahme der strafbaren Aufforderung zu Übertretungen ebenso wie OStA *Wittke*[87]. Polizeiinspekteur Seeling[88] sprach sich dagegen aus, weil die Polizei bei der vorgeschlagenen Neufassung keine Möglichkeit habe, gegen die Aufforderung zur Teilnahme an einer verbotenen Versammlung oder ähnliche Störungen vorzugehen. Der Vertreter der Gewerkschaft der Polizei[89] erhob keine Bedenken gegen die Neufassung. Der Vertreter des Deutschen Bundesjugendrings[90] forderte die Streichung des Tatbestandes. Auch *Baumann* setzte sich für eine Streichung von § 111 StGB ein, weil tatsächlich strafwürdige Aufforderungen nach seiner Ansicht bereits von der Anstiftung erfasst seien[91]. Dieser Auffassung trat *Lackner* entschieden entgegen. Er wies darauf hin, dass bestimmte Aufforderungen weit im Vorfeld tatsächlich begangener Taten zu einer erheblichen Gefährdung führen könnten. Als Beispiel führte er die mittels eines Flugblattes verbreitete Aufforderung, ein Kaufhaus anzuzünden, an[92]. Vom Ring politischer Jugend[93] wurde die Streichung des § 111 StGB als wünschenswert, die vorgeschlagene Neufassung aber als akzeptabel bezeichnet. *Bockelmann* gab zu bedenken, dass die Beschränkung auf Verbrechen und Vergehen problematisch sei, solange die Übertretungen noch nicht zu Ordnungswidrigkeiten herabgestuft seien[94].

---

84 *Echternach* und *Gansel* (Ring politischer Jugend) Prot.SA. a.a.O. S. 90 f, 138 f, *Pennigsdorf* (Deutscher Bundesjugendring) Prot.SA. a.a.O. S. 120 und *Bungartz* (ADS) Prot.SA. a.a.O. S. 138 f.

85 Prot.SA. a.a.O. S. 145.

86 Prot.SA. a.a.O. S. 55.

87 Prot.SA. a.a.O. S. 152.

88 Prot.SA. a.a.O. S. 59.

89 Prot.SA. a.a.O. S. 79.

90 Prot.SA. a.a.O. 120.

91 Prot.SA. a.a.O. S. 189

92 Prot.SA. a.a.O. S. 201.

93 Prot.SA. a.a.O. S. 138.

94 Prot.SA. a.a.O. S. 169.

2. Weitere Behandlung im Sonderauschuss

a) Aufforderung zum Ungehorsam

Auf der 6. Sitzung des Sonderausschusses am 22. Januar 1970 wurde zunächst die Streichung des § 110 StGB diskutiert, wobei die Abgeordneten der CDU/CSU für die Beibehaltung und die der SPD/FDP für die Streichung eintraten. Neue Argumente wurden nicht ausgetauscht.

Die Abgeordneten der CDU/CSU wiesen auf die Gefährdung der Funktionsfähig des Staates hin, die von „Aufforderungen zur Revolution, den Verkehr durcheinander zubringen oder Straßen zu blockieren", ausgehen könne[95].

Demgegenüber vertraten die Abgeordneten der SPD und der FDP die Auffassung, der Tatbestand sei antiquiert[96], als typische Vorfeldbestimmung entbehrlich[97] und als Waffe im Kampf etwa gegen die von der CDU/CSU als Beispiel genannte Revolution ohnehin nicht ernsthaft geeignet[98].

Meyer verneinte das rechtspolitische Bedürfnis, die Aufforderung zu nicht strafbaren Handlungen unter Strafe zu stellen und verwies auf die ausreichende Handhabe durch Zivil- und Verwaltungsgesetze[99].

Der Vertreter des BMVt gab zu bedenken, dass derzeit eine Welle von Aufforderungen, die Musterung zu verweigern, dem Einberufungsbefehl nicht zu befolgen oder Befehlen nicht zu gehorchen, zu beobachten sei, denen weder mit dem Wehrstrafrecht noch mit § 111 StGB wirksam begegnet werden könne[100]. Dieses Argument löste zwar eine Diskussion über die Rolle von Soldaten in einer Demokratie aus, konnte sich im Ergebnis jedoch nicht durchsetzten.

Schließlich wurde die vorläufige Streichung des § 110 StGB beschlossen, wenn auch vor einer endgültigen Beschlussfassung noch die Stellungsnahme der Landesjustizverwaltungen abgewartet werden sollte[101].

---

95 Prot.SA. a.a.O. S. 221 f.

96 Prot.SA. a.a.O. S. 221.

97 Prot.SA. a.a.O. S. 221.

98 Prot.SA. a.a.O. 222.

99 Prot.SA. a.a.O. 221 f.

100 Prot.SA. a.a.O. S. 222 ff.

101 Prot.SA. a.a.O. 225.

b) Strafbarkeit der Aufforderung zu Übertretungen (künftig: Ordnungswidrigkeiten)

Die bevorstehende Herabstufung eines Teils der bisherigen Übertretungen zu bloßen Ordnungswidrigkeiten führte zu einer Diskussion zu der Frage, ob und ggfs. wie die öffentliche Aufforderung zur Begehung einer Ordnungswidrigkeit sanktioniert werden solle. Hier bot insbesondere die Stellungnahme des Strafrechtsausschusses des Deutschen Richterbundes einigen Beratungsbedarf. In der Stellungnahme wurde zwar für die Streichung des § 110 StGB als entbehrlich und wenig praktikabel eingetreten, die Zustimmung zur Streichung aber davon abhängig gemacht, dass die öffentliche Aufforderung zu einer Übertretung bzw. nach Inkrafttreten des OWiG zu einer Ordnungswidrigkeit als § 111 Abs. 3 StGB unter Strafe gestellt werde[102]. Diese Forderung wurde mit dem Schutz wichtiger privater und öffentlicher Belange durch die Übertretungen begründet.

Zu § 111 StGB wurde die vorgeschlagene Beschränkung auf Verbrechen und Vergehen im Hinblick auf die in Kürze anstehende Lösung der Übertretungen aus dem Strafgesetzbuch einstimmig angenommen, wobei die CSU die Zustimmung davon abhängig machte, dass die Aufforderung zu derartigen Handlungen entsprechend der Forderung des Deutschen Richterbundes unter Strafe gestellt werde[103]. Abweichend vom Fassungsvorschlag des Deutschen Richterbundes wollte die CDU/CSU die Strafbarkeit nicht als § 111 Abs. 3 StGB mit einem Strafrahmen von bis zu sechs Monaten Freiheitsstrafe bedrohen. *Schlee* kündigte insoweit einen Antrag zu einen neuen § 112 StGB mit einem Strafrahmen von bis zu einem Jahr Freiheitsstrafe an[104].

Corves und *Sturm* referierten über die Argumente des Deutschen Richterbundes, die der Forderung nach einer Strafbarkeit der Aufforderung zu einer Ordnungswidrigkeit zugrunde lagen[105]. Demnach wurde befürchtet, dass öffentliche Aufforderungen zu Verkehrsordnungswidrigkeiten Folge geleistet und schwere Unfälle bis hin zu Todesfällen verursacht werden könnten. Auch wurde die öffentliche Aufforderung zu Ordnungswidrigkeiten als schwerwiegender angesehen als die Begehung der Ordnungswidrigkeit selbst, weil der Auffordernde keine Kontrolle darüber ausüben könne, welche Folgen ausgelöst werden würden. *Krüger* sprach sich deutlich gegen eine Sanktionierung im StGB aus und wies darauf hin, dass die vom Richterbund angeführten Bei-

102 Prot.SA. a.a.O. S. 217 f.

103 Prot.SA. a.a.O. S. 228.

104 Prot.SA. a.a.O. S. 226.

105 Prot.SA. a.a.O. S. 227.

spiele in der Vergangenheit jedenfalls nicht vorgekommen seien[106]. In der weiteren Diskussion wurden drei unterschiedliche Positionen vertreten.

Eine Seite trat für die Strafbarkeit ein, eine andere Seite wollte eine solche Aufforderung gänzlich ohne Sanktion lassen und eine vermittelnde Position sprach sich dafür aus, die Aufforderung zu einer Ordnungswidrigkeit ebenfalls nur als Ordnungswidrigkeit ausgestalten. Die Abgeordneten der SPD sprachen sich überwiegend gegen eine Sanktionierung weder im StGB als auch im OWiG aus. So rügte *Freiherr Ostmann von der Leye*, es sei dem Gesetzgeber nicht freigestellt, nach Gutdünken Rechtsgüter zu schaffen[107]. *De With* berief sich darauf, dass die Straflosigkeit einer öffentlichen Aufforderung zu einer Ordnungswidrigkeit auch in der Vergangenheit keinerlei negative Wirkung gezeigt habe und stellte die rechtspolitische Notwendigkeit einer Strafbarkeit in Abrede[108].

Die Abgeordneten der CDU erachteten die Strafbarkeit als sinnvoll. *Schlee* betonte, die öffentliche Aufforderung zu einer Ordnungswidrigkeit könne sich durchaus als kriminelles Unrecht erweisen, wenn etwa dazu aufgefordert werde, staatliches Handeln bis hin zum Funktionsverlust zu stören[109]. *Eyrich* setzte die Aufforderung zur Begehung einer Ordnungswidrigkeit mit der zur Begehung eines Verbrechens oder Vergehens gleich und gab zu bedenken, dass mancherlei Ordnungswidrigkeiten für den ausführenden Täter selbst gefährlich seien, wie etwa das Befolgen der Aufforderung, mit Lastzügen links zu fahren[110].

Der Ausschussvorsitzende *Müller-Emmert* schlug vor, die öffentliche Aufforderung zu einer Ordnungswidrigkeit im OWiG selbst zu regeln[111]. Dieser Vorschlag fand die Unterstützung von *Meyer*, der sich für eine Sanktionierung außerhalb des StGB aussprach[112].

Die Abgeordneten der FDP bezogen keine eindeutige Stellung und die weitere Sachbehandlung wurde bis zur achten Sitzung vertagt. Dort wurde schließlich neben den Gesetzentwürfen der SPD/FDP und der CDU/CSU auch der bereits mündlich in Aussicht gestellte der CDU/CSU zu § 112 StGB (Strafbarkeit der

---

106 Prot.SA. a.a.O. S. 229.

107 Prot.SA. a.a.O. S. 229.

108 Prot.SA. a.a.O. S. 226 f.

109 Prot.SA. a.a.O. S. 227.

110 Prot.SA. a.a.O. S. 229.

111 Prot.SA. a.a.O. S. 228.

112 Prot.SA. a.a.O. S. 229.

öffentlichen Aufforderung zu einer Ordnungswidrigkeit) erörtert[113]. Zu Beginn der Sitzung referierte MinDirg. *Corves* über die Stellungnahmen der Landesjustizverwaltungen[114], von denen sich eine knappe Mehrheit von sechs zu fünf für die Streichung von § 110 StGB ohne eine gleichzeitige Sanktionierung der Aufforderung zu Ordnungswidrigkeiten ausgesprochen hatten[115]. Nachdem im Rahmen der sich anschließenden Diskussion keine einvernehmliche Lösung erzielt werden konnte, beantragte *Eyrich* den von seine Fraktion vorgeschlagenen § 112 als § 111 Abs. 3 StGB zu fassen. Dieser Antrag wurde mit 9 zu 4 Stimmen abgelehnt

III. Weitere Behandlung im Bundestag

Die Entwürfe beider Fraktionen wurden in der Sitzung am 18. März 1970 in zweiter und dritter Lesung behandelt[116]. Gegenstand der Debatte war auch der schriftlich erstatte Bericht des Sonderausschusses[117]. In diesem Bericht wurden die von den Ausschussmitgliedern, Landesjustizverwaltungen und sonst beteiligten und angehörten Interessenvertretern vorgebrachten Argumente und Positionen dargestellt. Zu Beginn der Debatte wurde der Bericht mündlich in zusammengefasster Form vorgetragen und anschließend die Debatte über die verschiedenen Gesetzentwürfe eröffnet.

Neben grundsätzlichen Erwägungen zu den richtigen strafrechtlichen Maßnahmen gegen Ausschreitungen und Gewaltdelikte plädierten die Abgeordneten der CDU/CSU für die Beibehaltung des § 110 StGB. *Eyrich* (CDU) vertrat die Auffassung, § 110 StGB trage nicht, wie vielfach geäußert, obrigkeitliche Züge, sondern verlange von den Bürgern lediglich Loyalität gegenüber den von einem frei gewählten Parlament erlassenen Vorschriften. Zudem sei der Tatbestand unabdingbar, um bereits im Vorfeld von Demonstrationen bestimmte Aufforderungen unterbinden zu können. Im übrigen seien auch öffentliche Aufforderungen zu Ordnungswidrigkeiten strafwürdiges Unrecht[118]. Weitere Wortmeldungen erfolgten zu diesem Tatbestand nicht und die Strei-

---

113 Prot.SA. a.a.O. S. 277.

114 Prot.SA. a.a.O. S. 277.

115 Für die Streichung haben sich Baden-Würthemberg, Berlin, Bremen, Hamburg, Hessen und Nordrhein-Westfalen ausgesprochen und dagegen Streichung Bayern, Niedersachsen, Rheinland-Pfalz und Schleswig-Holstein.

116 BT-Prot. a.a.O. S. 1942 ff.

117 BT-Drs. a.a.O. 502.

118 BT-Prot. a.a.O. 1949.

chung des § 110 StGB wurde in der 39. Sitzung am 18. März 1970 beschlossen[119].

In der selben Sitzung wurde der als Umdruck eingebrachte Änderungsantrag der CDU/CSU zu § 112 StGB beraten und nach kurzer Diskussion abgelehnt[120]. In der Debatte konnte sich die Auffassung der Regierungskoalitionen, öffentliche Aufforderungen zu bloßen Ordnungswidrigkeiten seien nicht als kriminelles Unrecht sondern allenfalls als Ordnungswidrigkeit anzusehen, durchsetzen. Nach Bestätigung der Beschlüsse des Bundestags durch den Vermittlungsausschuss von Bundestag und Bundesrat am 29. April 1970[121] wurden § 110 StGB und § 23 VersG durch das 3. StrRG vom 20. Mai 1970[122] aufgehoben.

E) Résumé

Durch § 140 StGB ist gelungen, was seit der Kaiserzeit versucht worden war, nämlich die indirekte Aufforderung zu bestimmten Straftaten unter Strafe zu stellen. Durch § 140 StGB, der die Strafbarkeit der Äußerungsdelikte weit vorverlagert und das bloße Belohnen oder Billigen bestimmter Straftaten sanktioniert, wurde vergleichsweise lautlos die seit der Kaiserzeit heftig umstrittene indirekte Aufforderung, hier durch öffentliches „Billigen", strafrechtlich erfasst. Was zur Kaiserzeit am heftigen Widerstand sozialdemokratischer und liberaler Kräfte gescheitert ist und in den nachfolgenden Reformversuchen nicht minder heftig umstritten war, hat in der Bundesrepublik schließlich ohne nennenswerte Diskussion Gesetzeskraft erlangt. Es wurde weder problematisiert, welchen Strafwert ein nachträgliches „Belohnen" oder „Billigen" einer begangenen Straftat hat noch wie solche vom Gesetzgeber offenbar als strafwürdig angenommenen Fallkonstellationen tatsächlich aussehen könnten.

Der Straftatenkatalog, der z.B. auch Delikte wie Falschmünzerei, Raub und Erpressung umfasste, mutet hier auch etwas wahllos an. Die in der Begründung zum Entwurf 1962 angeführte „mindestens Belästigung der Bevölkerung" vermag die Strafandrohung in keinem Fall zu rechtfertigen. Es ist sicher gut und richtig, dem Zustand des Rechtsfriedens einen hohen Stellenwert

---

119 BT-Prot. a.a.O. 1958.

120 BT-Prot. a.a.O. 1058–1959.

121 BT-Drs. VI /730.

122 BGBl I, 1970 S. 505 ff.

zuzuweisen, aber dem dürfte durch die Strafbarkeit der Androhung von Straftaten in ausreichendem Maße Genüge getan sein.

Beachtlich ist immerhin, dass sich der Gesetzgeber in der von Studentenunruhen und den Vorzeichen des „deutschen Herbstes" geprägten Zeit hat durchringen können, § 110 StGB zu streichen. Durch die Streichung des § 110 StGB ist eine bemerkbare Strafbarkeitslücke jedenfalls nicht aufgetreten. Obwohl nahezu einhundert Jahre um eine Ausdehnung auch auf die indirekte öffentliche Aufforderung zum Ungehorsam stattgefunden hat, war die Streichung leicht zu verschmerzen. Bereits die in der Diskussion zum Strafgesetzbuch von 1871 und die im Sonderausschuss diskutierten Beispielsfälle und abgeurteilten Taten hätten allerdings die Bedeutungslosigkeit des Tatbestandes aufzeigen müssen,. Darauf hat bereits *Mayer* in der vergleichenden Darstellung zutreffend hingewiesen. Zu nennen seien hier die Verurteilungen wegen der Aufforderung, Ofenklappen nicht zu entfernen oder die Sperrstunde zu missachten. Auch die in der Diskussion in den siebziger Jahren angeführten Beispiele, etwa die Missachtung von Parkverboten bei Karnevalsumzügen oder das Befahren von Einbahnstraße entgegen der Fahrtrichtung waren an Banalität kaum zu überbieten, selbst wenn derartige Aufforderungen die Hürde der „Provokation zur Missachtung des Gesetzes als solches" genommen hätten. Allein schon die Tatsache, dass die Erforderlichkeit des Tatbestandes anhand derartiger Beispiele diskutiert wurde, hätte die Entbehrlichkeit des Tatbestandes aufzeigen müssen. Auch der Deutsche Richterbund hat in seiner Stellungnahme darauf hingewiesen, dass es trotz entsprechender Bemühungen durch die Befürworter des Tatbestandes nicht gelungen sei, tatsächlich strafwürdige Beispiele zu finden.

Die von namhafter Stimme angeregte Streichung auch des § 111 StGB als entbehrlich ist jedoch unterblieben, was z.B. *Baumann* ausdrücklich bedauert hat[123]. An dieser Stelle ist zu bemerken, dass kein Versuch unternommen wurde, die These von der „besonderen Gefährlichkeit" oder der „Eignung, den öffentlichen Frieden zu stören" nicht anhand praktischer Beispiele oder empirischer Forschung zu überprüfen. Eine an konkreten Beispielsfällen oder empirischen Untersuchungen orientierte Diskussion hätte möglicherweise zu dem Ergebnis geführt, dass diesen Befürchtungen allenfalls theoretische Bedeutung zukommt.

Es fällt auch auf, dass § 140 StGB nicht als Teil der „Demonstrationsdelikte" auf den Prüfstand gekommen ist, denn auch die nachträgliche „Glorifizierung" von Krawallen oder erfolgreichen Zusammenstößen mit der Polizei anlässlich

123 *Baumann*, Strafrechtsreformgesetz, JZ 1970, 116 f.

unfriedlicher Demonstrationen dürfte in einschlägigen Kreisen sicherlich keine Seltenheit gewesen sein. Aber offenbar wurde § 140 StGB als ausreichend angesehen, um derartigen unerwünschten Äußerungen begegnen zu können.

Neuntes Kapitel: Kampf gegen den Terrorismus

Die Zeit von 1968 bis etwa Ende der achtziger Jahre war der Nährboden für repressive Gesetzgebung gegen „linke" Gewalt. Den Studentenunruhen des Jahres 1968, die auf den Tod *Benno Ohnesorgs* am 2. Juni 1967 folgten, schloss sich die Gründung der RAF nach der gewaltsamen Befreiung Andreas Baaders aus der Strafhaft am 14. Mai 1970 an. Nachdem die sog. erste Generation, *Andreas Baader*, *Gudrun Ensslin*, *Ulrike Meinhoff*, *Holger Meins und Jan-Carl Raspe* nach zahlreichen Überfällen und Brand- und Sprengstoffanschlägen im Juni 1972 festgenommen wurden, regte sich u.a. aber nicht nur in der Unterstützerszene lauter Protest gegen die als „Folter" bezeichnete Isolationshaft. Die sog. zweite Generation unternahm diverse Versuche, inhaftierte Terroristen freizupressen, wobei nur die Entführung von *Peter Lorenz* am 27. Februar 1975 den gewünschten Erfolg erbrachte. Nach einer fehlgeschlagenen Geiselnahme in der Stockholmer Botschaft erreichte die Eskalation der terroristischen Gewalttaten im sog. „deutschen Herbst" ihren Höhepunkt. Nach den Morden an *Siegfried Buback* am 7. Juli 1977 und *Jürgen Ponto* am 30. Juli 1977 wurden durch die Entführung von *Hans-Martin Schleyer* und der „Landshut" am 13. Oktober 1977 zwei weitere, erfolglose Versuche des Freipressens unternommen. Der sog. dritten Generation werden von 1985 bis 1993 insgesamt zehn Morde an Personen des öffentlichen Lebens zur Last gelegt; erst am 20. April 1998 wurde durch eine Mitteilung an die Presseagentur Reuters die Auflösung der RAF erklärt[1]. Aber nicht nur der Terrorismus bedrohte den öffentlichen Frieden, auch die Hausbesetzerszene und militante Autonome lieferten sich Straßenschlachten mit der Polizei. Hier sei an die Hausbesetzungen z.B. in Berlin-Kreuzberg (SO 36) und an der Hamburger Hafenstraße oder die von der Frankfurter „Putztruppe" angezettelten Krawalle erinnert. Neben friedlich verlaufenden Demonstrationen gegen Atomkraft, Startbahnausbau etc. wurde allerdings auch gewaltsame Auflehnung propagiert, so dass sich der Gesetzgeber gefordert sah, gegen derartige Äußerungen vorzugehen. Vor diesem Hintergrund ist nicht verwunderlich, dass die indirekte Aufforderung, nunmehr in Form der „Anleitung" und „Befürwortung" von Gewalttaten, erneut in den Fokus geriet.

A) Gesetz zum Schutz des Gemeinschaftsfriedens / 14. Strafrechtsänderungsgesetz

1974 legten der Bundesrat, die Fraktion der CDU/CSU und schließlich auch die Bundesregierung Gesetzentwürfe vor, deren übereinstimmendes Ziel es war, gegen die Verbreitung von Schriften, in denen bestimmte Gewalttaten befürwortet oder Anleitungen zur Begehung solcher Taten gegeben wurden, vorzugehen. Dies entsprach dem Programm für die Innere Sicherheit für die BRD Teil I, das durch die ständige Konferenz der Innenminister und -Senatoren des Bundes und der Länder im Juni 1972 erarbeitet worden war und die „Pönalisierung der öffentlichen Aufforderung zur

1 Ausführlich: *Aust*, Baader-Meinhoff.

Gewalt“ forderte[2]. In einer Besprechung des BMJ mit dem BMI, dem BKA und dem Verfassungsschutz am 9. August 1972 fand der Vorschlag, durch einen neuen § 130a die „offensichtliche Befürwortung oder öffentlichen Anleitung zu einer der in § 126 aufgeführten Katalogstraftaten, wenn der Täter sich dadurch offensichtlich oder wissentlich dafür einsetzt, die Bereitschaft anderer zu fördern, im Geltungsbereich dieses Gesetzes eine solche Taten zu begehen[3] allgemeinen Anklang. Bereits am 4. September 1972 hatte das BMJ auf dieser Basis einen Diskussionsvorschlag zu einem neuen § 130a, durch den die Propagierung von Gewalt als Mittel, bei anderen die Bereitschaft zur Begehung von Gewalttaten durch die theoretische Abhandlung z.B. über den Ablauf einer Revolution zu wecken, an die Landesjustizverwaltungen und das BMI übersandt. Soweit die Landesjustizverwaltungen Stellungnahmen abgaben, wurden teils Weiterungen angeregt und teils der Tatbestand grundsätzlich abgelehnt[4]. So vertrat Bayern den Standpunkt, die Beschränkung auf die Katalogtaten des § 126 sei zu eng und forderte die Ausdehnung der Strafbarkeit auf „Gewalttätigkeiten gegen Personen oder Sachen in einer Weise die geeignet ist, den öffentlichen Frieden zu stören“. Berlin und Hamburg sprachen sich dafür aus, auch das gesprochene Wort in den Tatbestand aufzunehmen, wobei Hamburg dem Tatbestand allerdings insgesamt ablehnend gegenüberstand. Bremen und Hessen hielten den Tatbestand für unpraktikabel und ohne eigene Bedeutung, wobei Hessen darauf hinwies, dass bereits der Gesetzgeber des Wilhelminischen Reichs darauf verzichtet habe, das Vorfeld des § 110 strafrechtlich zu erfassen.

I. Gesetzentwurf des Bundesrats

Bereits Mitte 1974 brachte die Bayrische Staatsregierung den Entwurf eines Gesetzes zum Schutze des Gemeinschaftsfriedens[5] in den Bundesrat ein, wobei § 130a des Entwurfs an den Diskussionsvorschlag des Bundesministeriums der Justiz angelehnt und durch die Forderung Bayerns ergänzt war[6]. Dieser Entwurf sah neben anderen Gesetzesänderungen unter der Überschrift „Befürwortung von Gewalttätigkeiten“ in § 130a StGB Freiheitsstrafe bis zu drei Jahren oder Geldstrafe für den Fall vor, dass „in einer Weise, die geeignet ist, den öffentlichen Frieden zu stören[7], in der in § 111 StGB genannten Weise öffentlich eine der in § 126 StGB genannten rechtswidrigen Taten[8] oder

---

2 B141/63576.

3 B141/63576, Protokoll der Besprechung.

4 B141/63578.

5 BR-Drs. 507/1/74.

6 B141/63578, Stellungnahme vom 14. Dezember 1972.

7 Auf die Voraussetzung der bereits eingetretenen Störund des öffentlichen Friedens wurde hier und in der vorgeschlagenen Änderung von § 126 verzichtet und die Eignung als ausreichend angenommen.

8 § 126 sollte neu gefaßt und der Katalog die Delikte des Landfriedensbruchs, vorsätzliche Tötungsdelikte einschließlich Völkermord, bestimmte schwerwiegende Taten ge-

Gewalt gegen Menschen oder Sachen oder Bedrohungen von Menschen mit Gewalttätigkeiten fordert oder befürwortet". § 140 StGB sollte ebenfalls neu gefasst und auf die Katalogstraftaten der §§ 126 und § 138[9] StGB verwiesen werden. Schließlich sollte auch der erst 1970 aufgehobene § 23 VersG[10] wieder in Kraft gesetzt werden. In der Begründung wurde unter „Allgemeines" auf die zunehmende Eskalation der Gewalt durch Ausschreitungen radikaler Gruppen und das Anheizen dieser Ausschreitungen in Publikationen mit Anleitungen zur Durchführung von Anschlägen und zur Verteidigung besetzter Häuser, sog. „Kochbücher" hingewiesen. Zu den Änderungen in § 126 StGB, dem Erlass eines neuen § 130a und der Wiedereinsetzung des § 23 VersG wurde auf die Notwendigkeit verwiesen, die gefährdete öffentliche Sicherheit und Ordnung effektiver als bisher zu schützen. In der Begründung zu § 130a des Entwurfs wurde auf die Störung des Rechtsfriedens durch Androhung bestimmter Gewalttaten und deren Befürwortung in Form einer allgemeinen Propagierung unterhalb der Strafbarkeitsschwelle des § 111 StGB hingewiesen und § 130a des Entwurfs als notwendige Ergänzung zu § 140 StGB bezeichnet. Auch § 23 VersG wurde als zur Schließung einer Strafbarkeitslücke erforderlich dargestellt.

1. Behandlung in der Bundesregierung

Der bayrische Entwurf wurde im BMJ intensiv begleitet[11]. Obwohl im Diskussionspapier selbst vorgeschlagen, wurde das Tatbestandsmerkmal des „Befürwortens" als problematisch angesehen und als wenig präzise und Gefahr für die Freiheit der Meinungsäußerung bezeichnet[12]. Aus dem Protokoll der Sitzung des Unterausschusses der Vertreter der Landesjustizverwaltungen vom 18. September 1974 geht hervor, dass sich Hessen und Berlin für die Streichung des als überflüssig angesehenen § 130a ausgesprochen haben. Demnach wurde das Tatbestandsmerkmal „Befürworten" ebenso angenommen wie der

---

gen die persönliche Freiheit, Raub und räuberische Erpressung sowie bestimmte gemeingefährliche Straftaten umfassen.

9 Die Katalogstraftaten sind im Anhang aufgeführt.

10 § 23 VersG a.F. hatte die öffentliche Aufforderung zu einer verbotenen Versammlung unter Strafe gestellt. Nach Herabstufung der Teilnahme an einer solchen Versammlung von einer Straftat zur bloßen Ordnungswidrigkeit war § 23 VersG gestrichen worden. z. Vergl. Kap. 8 D III.

11 B141/63365, 141/63366, 141/63367.

12 B141/63365, Referentenvermerk vom 10. September 1974.

Antrag Nordrhein-Westfalens auf Streichung der „Gewalttätigkeiten gegen Menschen oder Sachen"[13].

In der Ministervorlage zu den in der Sitzung erzielten Ergebnissen wurde auf die von dem weiten Begriff „befürworten" ausgehende Gefahr für die Meinungsfreiheit hingewiesen und eine Beschränkung der Strafbarkeit auf schwerste Gewalttaten hingewiesen[14]. Auch in einer Besprechung mit den Vertretern der Landesjustizvertreter am 24. September 1974 und in der Sitzung des Rechts- und Innenausschusses äußerte das BMJ grundsätzliche Bedenken und trat für eine Beschränkung auf schwerste Straftaten und eine enge Fassung des § 130a ein[15].

Schließlich wurde in einer Kabinettvorlage vom 23. November 1974 mit einem Entwurf der Stellungnahme der Bundesregierung zu der bayrischen Gesetzesinitiative auf die relative Unbestimmtheit des „befürwortend" und die sehr weitreichende Bedeutung der „Gewalttätigkeiten gegen Menschen und Sachen", hingewiesen[16], wobei letzterer Begriff auf Vorschlag des Rechtsausschusses des Bundestags vom 4. Oktober 1974 in § 126 StGB, auf den § 130a des Entwurfs verweist, als zusätzliche Nr. 6 aufgenommen werden sollte.

2. Behandlung im Bundesrat

In der Bundesratssitzung am 18. Oktober 1974 wurde deutlich, dass der Entwurf politisch nicht unumstritten war.

So sprach sich der Vertreter Niedersachsens für eine Vertagung der Beschlussfassung aus, bezeichnete den Gesetzentwurf als „verfrüht und unausgereift" und wies auf die erforderliche Überprüfung und Nachbesserung sowie Reformüberlegungen im BMJ zum Demonstrationsstrafrecht hin[17].

Der Vertreter Bayerns trat diesen Ausführungen entgegen und erklärte, die Bundesregierung sei in dieser wichtigen Frage bislang untätig geblieben. Zudem äußerte er die Vermutung, es gehe weniger um „verfrüht oder unausgereift sondern im Grunde genommen um innere Gleichgewichtsstörungen bei bestimmten politischen Parteien und deren Schwäche in der Integration auf ein bestimmtes Ziel". Der Vertreter von Rheinland-Pfalz unterstützte Bayern und äußerte die Vermutung, die Bundesregierung habe den Vertagungsantrag

13 B141/63365, Protokoll vom 18. September 1974.

14 B141/63365, Ministervorlage vom 19. September 1974.

15 B141/63365, Ministervorlagen vom 25. September 1974 und 3. Oktober 1974.

16 B141/63368

17 BR-Prot. 7. WP. S. 354 ff.

veranlasst, um eine Gesetzesinitiative der Opposition bis zur Vorlage eines eigenen Entwurfs zu blockieren. Die Beschlussfassung wurde antragsgemäß zurückgestellt und die Vorlage auf der nächsten Sitzung am 8. November 1974 erneut behandelt[18]. *Kiesl* wies als Berichterstatter darauf hin, dass sich sowohl der Innen- als auch der Rechtsausschuss aus rechtsdogmatischen Gründen für eine Streichung des vorgeschlagenen § 23 VersG, im übrigen aber für eine Einbringung in den Bundestag ausgesprochen hätten. Nach kurzer Diskussion wurde beschlossen, die Vorlage in den Bundestag einzubringen und entgegen der Empfehlung der Ausschüsse an § 23 VersG festzuhalten. § 130a des Entwurfs lautete:

> „Befürwortung von Gewalttätigkeiten"
>
> (1) Wer in einer Weise, die geeignet ist, den öffentlichen Frieden zu stören, öffentlich, in einer Versammlung oder durch Verbreiten von Schriften (§ 11 Abs. 3) einer der in § 126 Abs. 1 Nr. 1 bis 6 genannten rechtswidrigen Taten oder Bedrohungen von Menschen mit einer Gewalttätigkeit fordert oder befürwortet, wird mit Freiheitsstrafe bis zu drei Jahren oder mit Geldstrafe bestraft, wenn die Tat nicht in anderen Vorschriften mit schwerer Strafe bedroht ist.
>
> (2) Ebenso wird bestraft, wer öffentlich, in einer Versammlung oder durch Verbreiten von Schriften (§ 11 Abs. 3) eine Anleitung zur Begehung einer der in § 126 Abs. 1 Nr. 1 bis 6 genannten rechtswidrigen Taten oder zu Bedrohungen von Menschen mit einer Gewalttätigkeit gibt und sich dafür einsetzt, dass eine solche Handlung begangen wird.

II. Gesetzentwurf der CDU/CSU

Die Fraktion der CDU/CSU hat unter dem 11. November 1974 einen nahezu gleichlautenden Gesetzentwurf in den Bundestag eingebracht[19] und ebenfalls auf die öffentliche Sicherheit und Ordnung beeinträchtigende Steigerung der Propagierung und Anwendung von Gewalt durch radikale Gruppen und subversive Kräfte hingewiesen.

III. Gesetzentwurf der Regierung

Auch die Bundesregierung im Kabinett *Schmidt* sah sich veranlasst, einen inhaltlich ähnlichen Entwurf eines Dreizehnten Strafrechtsänderungsgesetzes[20] in den Bundestag einzubringen. In § 111 Abs. 2 des Entwurfs war vorgesehen, den Strafrahmen für die erfolglose öffentliche Aufforderung zu Straftaten auf fünf Jahre Freiheitsstrafe oder Geldstrafe abzusenken, wobei die Strafe nicht

---

18 BR-Prot. a.a.O. S. 410 ff.

19 BT-Drs. 7/2772.

20 BT-Drs. 7/3030 vom 23. Dezember 1974.

schwerer sein durfte als die der zu begehenden Tat. Die in einer Schrift verbreitete oder mündlich vor einer Versammlung geäußerte Befürwortung[21] von oder Anleitung zu bestimmten, in einem neu gefassten § 126[22] aufgeführten Straftatenkatalog sollte mit Freiheitsstrafe bis zu drei Jahren oder Geldstrafe geahndet werden, wenn damit die Bereitschaft anderer, diese Taten zu begehen, gefördert wurde. Der Tatbestand lautete:

> „§ 130a Befürwortung von Straftaten, Anleitung zu Straftaten
>
> (1) Wer eine Schrift (§ 11 Abs. 3), die Befürwortung einer der in § 126 Abs. 1 Nr. 1 bis 6 genannten rechtswidrigen Taten oder die Anleitung zu einer solchen Tat enthält und geeignet ist, die Bereitschaft anderer zu fördern, solche Taten zu begehen,
>
> 1. verbreitet
>
> 2. öffentlich ausstellt, anschlägt, vorführt oder sonst öffentlich zugänglich macht oder
>
> 3. herstellt, bezieht, liefert, vorrätig hält, anbietet, ankündigt, in den räumlichen Geltungsbereich dieses Gesetzes einzuführen oder daraus auszuführen unternimmt, um sie oder aus ihnen gewonnene Stücke im Sinne der Nummern 1 oder 2 zu verwenden oder einem anderen eine solche Verwendung zu ermöglichen,
>
> wird mit Freiheitsstrafe bis zu drei Jahren oder mit Geldstrafe bestraft.
>
> (2) § 86 Abs. 3 gilt entsprechend[23].
>
> (3) Ebenso wird bestraft, wer öffentlich oder in einer Versammlung
>
> 1. die Begehung einer der in § 126 Abs. Nr. 1 bis 6 genannten Taten befürwortet oder
>
> 2. zu einer solchen Tat Anleitung gibt,
>
> um die Bereitschaft anderer zu fördern, solche Taten zu begehen."

---

21 B141/63368 Entgegen früher geäußerter Bedenken des Bundesministeriums der Justiz sah man sich offenbar nicht in der Lage, das *befürworten* durch einen anderen, präziseren und die Meinungsfreiheit nicht tangierenden Begriff zu ersetzen. Insbesondere wurde der Begriff des „anreizens" als ungeeignet verworfen, weil dieser Begriff zwar einerseits indirekte Beeinflussungen erfasse und scheinbar wissentschaftliche Abhandlungen über die Notwendigkeit, zur Erreichung bestimmter Zeile strafbare Handlungen strafbare Handlungen zu begehen, dagegen nicht erfasse. und die *„befürwortung"* schließlich als *„Darstellen als Begrüßenswert, notwendig oder unvermeidlich"* definiert. So ausdrücklich die Begründung zu einem Entwurf des Bundesministeriums der Justiz vom 24. November 1974.

22 Die in Bezug genommenen Straftaten waren Landfriedensbruch, Mord, Totschlag oder Völkermord, bestimmte schwere Straftaten gegen die persönliche Freiheit, Raub oder räuberische Erpressung und bestimmte gemeingefährliche Straftaten.

23 Die Sozialadäquanzklausel des § 86 Abs. 3 StGB stellt die Verbreitung nationalsozialistischer Propagandamittel straflos, sofern dies der staatsbürgerlichen Aufklärung, der Kunst oder Wissenschaft etc. dient.

Der Straftatenkatalog des § 140 StGB sollte um die in § 126 StGB genannten Straftaten erweitert und die öffentliche Billigung, der gängigen Auslegung folgend[24], zur Klarstellung durch den Zusatz *in einer Weise, die geeignet ist, den öffentlichen Frieden zu stören* ergänzt werden. Auch dieser Gesetzentwurf war eine unmittelbare Reaktion auf die turbulenten späten 60er und frühen 70er Jahre. So heißt es in den Allgemeinen Vorbemerkungen der Begründung ausdrücklich:

> „Der Forderung, die Propagierung der Gewalt mit strafrechtlichen Mitteln zu unterbinden, liegt die Auffassung zugrunde, dass ein Teil der in den letzten Jahren festgestellten, überwiegend vorgeblich politisch motivierten Gewalt- und Terrorakte mit auf Äußerungen zurückgeführt werden könne, welche die Anwendung von Gewalt als Mittel zur Lösung von politischen, sozialen und individuellen Konflikten propagieren. [...] Sicher kann die Propagierung der Gewalt die Bereitschaft zur Verübung von Gewalt und Terrorakten fördern. Nicht zu unterschätzen ist auch die Wirkung von Druckschriften, die mit präzisen Anleitungen für Gewalt und Terrorakte den Boden für solche Taten bereiten können[25].“

Zum neuen § 130a wurde ausdrücklich auf die früheren Versuche, auch das „anreizen“ als mittelbare Aufforderung zu pönalisieren, Bezug genommen, der Begriff als solcher jedoch als ungeeignet verworfen. Begründet wurde dies damit, dass dieser Begriff gerade die geschickte, vermeidlich wissenschaftliche Abhandlung nicht erfasse. Die Begriffe *Befürworten* als *Darstellung einer Gewalttat als begrüßenswert, notwendig oder unvermeidbar* und *Anleiten* als *Ausführungen, die insbesondere durch Hinweise technischer Art die Möglichkeiten zur Begehung strafbarer Handlungen darlegen* hingegen wurden als geeignet angesehen. Anders als in den Entwürfen des Bundesrats und der CDU/CSU sollte nicht jede pauschale Befürwortung von Gewalttaten bestraft werden sondern nur ganz bestimmte, besonders schwerwiegende Tathandlungen. Die Ausweitung des § 140 StGB durch Einbeziehung auch der in § 126 StGB genannten Straftaten und die Pönalisierung der Billigung in einer Versammlung oder durch Verbreiten von Schriften wurde als angemessene Weiterung bezeichnet[26].

Die erste gemeinsame Lesung aller drei Gesetzentwürfe am 13. März 1975 wurde überschattet von der Entführung des Spitzenkandidaten der Berliner CDU, Peter Lorenz durch die „Bewegung 2. Juni“ am 27. Februar 1975, der nach Freipressung von inhaftierten Terroristen am 4. März 1975, also wenige Tage zuvor, freigelassen worden war.

So ergriff Bundeskanzler *Schmidt* vor Beginn der Aussprache in erster Lesung die Gelegenheit, eine Erklärung der Bundesregierung zur Bekämpfung des

---

24 So die Begründung, BT-Drs. 7/3030, S. 8.

25 Ebenda, S. 5.

26 Ebenda, S. 8.

Terrorismus abzugeben und unter Beifall aller im Bundestag vertretenen Fraktionen für eine entschiedene Bekämpfung des Terrorismus auch auf strafrechtlichem Wege einzutreten[27]. Auch in der anschließenden Debatte wurde weniger über die Vorlagen beraten, sondern die Bedrohung durch den Terrorismus und die Notwendigkeit, offensiv gegen Terroristen und Unterstützer vorzugehen und den geistigen Hintergrund zu bekämpfen, betont. Alle drei Vorlagen wurden einem Sonderausschuss für die Strafrechtsreform überwiesen.

IV. Behandlung im Sonderausschuss

Bei den Ausschussberatungen wurde der Entwurf der Bundesregierung als Grundlage herangezogen und die Entwürfe des Bundesrats und der CDU/CSU dienten als Ergänzung[28].

1. Aufforderung zu Straftaten

Die in der Regierungsvorlage zu § 111 Abs. 2 StGB beabsichtigen Lösung des Strafrahmens von der Strafe des Anstifters und der Milderung nach den Regeln des Versuchs und Erlaß eines festen Strafrahmens von bis zu fünf Jahren oder Geldstrafe begründete MinRat *Laufhütte*[29] mit der nach geltendem Recht bei einem Aufruf zu bestimmten schwerwiegenden Straftaten zwingend vorgesehenen mehrjährigen Freiheitsstrafe ohne die Möglichkeit, Bagatellfälle angemessen zu berücksichtigen. Trotz des Hinweises auf die Tatsache, dass es in der Vergangenheit im Jahr nur zwischen zwei und maximal zwölf Verurteilungen gegeben habe und keine Strafe sechs Monate Freiheitsstrafe überschritten habe, wollten die Abgeordneten der CDU/CSU an einem Strafrahmen von mehr als fünf Jahren festhalten, um auch schwerste Handlungen angemessen ahnden zu können und kein falsches politisches Signal auszusenden. Die Abgeordneten der SPD und der FDP traten für den Regierungsentwurf ein und hielten fünf Jahre Freiheitsstrafe übereinstimmend für ausreichend. Die Änderung des § 111 Abs. 2 StGB wurde mehrheitlich beschlossen[30].

27 BT-Prot. 7. WP, 155. Sitzung, S. 10731 ff.

28 BT-Drs. 7/4549.

29 Prot.SA. 7. WP. S. 2237 ff.

30 Prot.SA. a.a.O. S. 2249.

2. Anleitung zu Straftaten

MinRat *Laufhütte* referierte ausführlich zu § 130a StGB in der Fassung des Regierungsentwurfs[31]. Er führte aus, nach geltendem Recht gäbe es im Bereich der Befürwortung von Straftaten einen straffreien Raum, der indirekte Aufforderungen, scheinbare Distanzierungen, Beschreibungen strafbarer Handlungen mit Nachahmungstendenz, Beschreibungen historischer Taten mit Nachahmungstendenz, Vorhersage von Gewalt mit Nachahmungstendenz und Abdruck fremder Meinungen, die sich der Verleger zu eigen mache, umfasse. Dieser straffreie Raum der Anleitung betreffe die sogenannten Kochbücher, also Schriften mit präzisen Beschreibungen z.B. der Durchführung von Sprengstoffattentaten. Zum Begriff des *Befürwortens*, der während der Sachbehandlung im BMJ als zu unbestimmt bezeichnet worden war, wies er auf die in der Zeit von 1871 bis 1936 unternommenen Versuche hin, die Anreizung als *unmittelbares Einwirken auf die Sinne und Leidenschaften* der Aufforderung als *Einwirkung auf den Intellekt* gleichzustellen. Als einschränkendes Tatbestandsmerkmal sei bei der schriftlichen Äußerung die sich aus der Schrift selbst und nicht nur Begleitumständen oder der aus der mündlichen Äußerung ergebende Eignung, die Bereitschaft anderer zur Tatbegehung zu fördern, vorgesehen worden. Die Sozialadäquanzklausel schließlich scheide sicher strafwürdiges von nicht strafwürdigem Verhalten.

Spranger (CDU/CSU) wies darauf hin, dass die Klausel *die Bereitschaft anderer zu fördern* im Strafgesetz bislang nicht verwandt werde und führte zutreffend aus, dass die Bundesregierung die inkriminierten „Kochbücher“ wohl kaum im Rahmen staatsbürgerlicher Aufklärung zulassen werde[32].

Nach der Erklärung von *Freiherr Ostmann von der Leye* (SPD), die Diskussion über § 130a des Entwurfs biete die Gelegenheit, auf die Hintergründe des Strafrechts überhaupt einzugehen, eine philosophische Diskussion über Gewalt zu führen und historische Hintergründe zu beleuchten, beschloss der Ausschuss auf Antrag von Antrag *Penner* (SPD), die Beratung zunächst zurückzustellen[33].

Bevor die Beratungen fortgesetzt wurden, legte die Regierungskoalition einen geänderten Fassungsvorschlag vor, in dem die Handlungsalternative des *Befürwortens* gestrichen wurde. Statt dessen sollte die *Befürwortung* in einem neuen § 88a eingestellt werden, der anders als § 130a verfassungsfeindliche

31 Prot.SA. a.a.O. S. 2239 f.

32 Prot.SA. a.a.O. S. 2294.

33 Prot.SA. a.a.O. S. 2295.

Bestrebungen als zusätzliches Tatbestandsmerkmal verlangte[34]. Aus den einleitenden Worten von MinRat *Laufhütte* lässt sich entnehmen, dass die Trennung der Anleitung und der Befürwortung das Resultat anhaltender öffentlicher Kritik war[35]. Der Fraktionsvorschlag wurde von den Abgeordneten der Regierungsparteien mit dem Hinweis auf den sehr weiten Begriff *befürworten* und denkbare Kollisionen mit dem Grundrecht der Meinungsfreiheit begründet[36]. Die Abgeordneten der CDU/CSU lehnten den Vorschlag zwar als zu eng ab, dennoch wurde der Koalitionsvorschlag nach verhältnismäßig kurzer Diskussion angenommen[37].

3. Billigung von Straftaten

Bei der zu § 140 StGB in der Regierungsvorlage vorgesehenen Tatbestandsvoraussetzung *Eignung, den öffentlichen Frieden zu stören* handelte es sich nach den Ausführungen MinRat *Laufhütte* lediglich um eine Klarstellung, weil diese Eignung von der Rechtsprechung ohnehin als ungeschriebenes Tatbestandsmerkmal behandelt werde[38]. Auch der Wegfall der Subsidiaritätsklausel und die Absenkung des Strafrahmens lösten nur geringen Diskussionsbedarf aus, so dass § 140 StGB in der Fassung des Regierungsentwurfs angenommen wurde[39].

4. Aufforderung gem. § 23 VersG

Die in den Entwürfen des Bundesrats und der CDU/CSU vorgesehene Erneuerung des § 23 VersG und damit die Strafbarkeit der öffentlichen Aufforderung zu einer Handlung, die selbst nur eine Ordnungswidrigkeit ist, fand wenig Zuspruch und wurde nach kurzer Debatte mit nur zwei Gegenstimmen abgelehnt[40].

V. Behandlung im Bundestag.

Kurz vor Beginn der zweiten Lesung im Bundestag, die am 16. Januar 1976 begann, brachte die Fraktion der CDU/CSU am 15. Januar 1976, offensichtlich

---

34 Anlage 4 zum Protokoll der 74. Sitzung.

35 Prot.SA. a.a.O. S. 2374.

36 Prot.SA. a.a.O. S. 2374 ff.

37 Prot.SA. a.a.O. S. 2381.

38 Prot.SA. a.a.O. S. 2296.

39 Prot.SA. a.a.O. S. 2297.

40 Prot.SA. a.a.O. S. 2309.

unzufrieden mit den Beschlüssen des Sonderausschusses, einen Änderungsantrag ein[41]. Dieser Antrag entsprach dem ursprünglichen Antrag der CDU/CSU und sah in § 130a die Verhängung von Freiheitsstrafe von bis zu drei Jahren oder Geldstrafe vor, wenn in friedensstörender Weise öffentlich oder durch Verbreiten von Schriften einer der in § 126 Abs. 1 Nr. 1 StGB genannten Taten oder Bedrohungen von Menschen mit Gewalttaten gefördert, befürwortet oder entsprechende Anleitungen geben wurden und sich dadurch für die Begehung einer solchen Tat eingesetzt wurde. Der zweiten Lesung lag auch der schriftliche Bericht und Antrag des Sonderausschusses mit den Vorschlägen zu §§ 88a, 130a des Entwurfs[42] zugrunde. In diesem Bericht wurde die Zielsetzung des Fassungsvorschlags dahingehend erläutert, dass die *Ausbreitung von Gewalttaten, durch welche die Allgemeinheit besonders beunruhigen, eingedämmt werden solle.* In dem Bericht wird relativ unverblümt auf den Spagat zwischen den als strafwürdig angesehen Äußerungen und dem Recht auf Meinungsäußerung eingegangen und die §§ 88a, 130a StGB als gangbarer Kompromiss dargestellt.

Zu Beginn der zweiten Lesung ergriff *Müller-Emmert* (SPD) als erster Redner die Gelegenheit, den Entwurf der Strafrechtskommission zu erläutern[43]. Wie schon im schriftlichen Bericht der Kommission niedergelegt, wies er auf das Spannungsfeld zwischen bürgerlichen Freiheitsrechten und offener oder verdeckter Propagierung von Gewaltverbrechen sowohl in Anleitungen zur Durchführung von Attentaten und Gewaltakten als auch in pseudowissenschaftlichen, theoretischen Abhandlungen über Revolutionen, die indirekt zur Nachahmung auffordern, hin.

Demgegenüber nutzte Spranger (CDU/CSU) die Gelegenheit, eine Generalabrechnung mit der Politik der Regierungskoalition der SPD/FDP in Fragen der öffentlichen Sicherheit vorzunehmen und die seit 1968 auftretenden Studentenunruhen und zunehmende Terrorakte der Toleranz im Umgang mit linksgerichteten Bewegungen zuzuschreiben. Dabei warf er der Regierungskoalition und deren Nachwuchsorganisationen vor, den Dialog mit diesen Organisationen zu suchen oder sich ihnen gar anzunähern. Er trat für ein hartes Vorgehen gegen alle Kräfte ein, die eine Bedrohung des freiheitlichen Rechts- und Sozialstaats darstellten und vertrat die Auffassung, weder der Entwurf der Regierung noch der Kommission seien geeignet, um auch nur annähernd

41 BT-Drs. 7/4582.

42 BT-Drs. 7/4549.

43 BT-Prot. 7. WP. S. 14719 ff.

wirksam gegen Aufwiegler vorgehen zu können[44]. Nach zweiter Lesung wurde zunächst über die Annahme von § 88a namentlich abgestimmt und der Tatbestand mit den Stimmen der Regierungskoalition gegen die der Fraktion der CDU/CSU angenommen.

Nach dritter Lesung, bei der neue Argumente nicht ausgetauscht wurden, erfolgte die einstimmige Annahme der Vorlage in der Fassung des Kommissionsvorschlags.

Die Tatbestände lauteten damit im vierzehnten Strafrechtsänderungsgesetz vom 22. April 1976[45] wie folgt:

„§ 88a Verfassungsfeindliche Befürwortung von Straftaten.

Wer eine Schrift (§ 11 Abs. 3) die die Befürwortung einer der in § 126 Abs. 1 Nr. 1 bis 6 genannten Taten enthält und bestimmt sowie nach den Umständen geeignet ist, die Bereitschaft anderer zu fördern, sich durch die Begehung solcher Taten für Bestrebungen gegen den Bestand oder die Sicherheit der Bundesrepublik Deutschland oder gegen Verfassungsgrundsätze einzusetzen,

verbreitet,

öffentlich ausstellt, anschlägt, vorführt oder sonst zugänglich macht oder

herstellt, bezieht, liefert, vorrätig hält, anbietet, in den räumlichen Geltungsbereich dieses Gesetzes einzuführen oder auszuführen unternimmt, um sie oder aus ihr gewonnene Stücke im Sinne der Nummern 1 oder 2 zu verwenden oder einem anderen eine solche Verwendung zu ermöglichen,

wird mit Freiheitsstrafe bis zu drei Jahren oder mit Geldstrafe bestraft.

(2) Ebenso wird bestraft, wer öffentlich oder in einer Versammlung die Begehung einer der in § 126 Abs. 1 Nr. 1 bis 6 genannten rechtswidrigen Taten befürwortet, um die Bereitschaft anderer zu fördern, sich durch die Begehung solcher Taten für Bestrebungen gegen den Bestand oder die Sicherheit der Bundesrepublik Deutschland oder gegen Verfassungsgrundsätze einzusetzen.

(3) § 86 Abs. 3 gilt entsprechend."

„§ 111 Abs. 2

Bleibt die Aufforderung ohne Erfolg, so ist die strafe Freiheitsstrafe bis zu fünf Jahren oder Geldstrafe. Die Strafe darf nicht schwerer sein als die, die für den Fall angedroht ist, dass die Aufforderung Erfolg hat (Absatz 1); § 49 Abs. 1 Nr. 2 ist anzuwenden."

§ 130a Anleitung zu Straftaten

(1) Wer eine Schrift (§ 11 Abs. 3), die die Anleitung zu einer der in § 126 Abs. 1 Nr. 1 bis 6 genannten rechtswidrigen Taten enthält und bestimmt sowie nach den

44 BT-Prot. a.a.O. S. 14723 ff.

45 BGBl. I S. 1056 ff.

Umständen geeignet ist, die Bereitschaft anderer zu fördern, solche Taten zu begehen,

verbreitet,

öffentlich ausstellt, anschlägt, vorführt oder sonst zugänglich macht oder

herstellt, bezieht, liefert, vorrätig hält, anbietet, in den räumlichen Geltungsbereich dieses Gesetzes einzuführen oder auszuführen unternimmt, um sie oder aus ihr gewonnene Stücke im Sinne der Nummern 1 oder 2 zu verwenden oder einem anderen eine solche Verwendung zu ermöglichen,

wird mit Freiheitsstrafe bis zu drei Jahren oder mit Geldstrafe bestraft.

(2) Ebenso wird bestraft, wer öffentlich oder in einer Versammlung zu einer der in § 126 Abs. 1 Nr. 1 bis 6 genannten rechtswidrigen Taten eine Anleitung gibt, um die Bereitschaft anderer zu fördern, solche Taten zu begehen.

(3) § 86 Abs. 3 gilt entsprechend."

„§ 140 Belohnung und Billigung von Straftaten.

Wer eine der in § 138 Abs. 1 Nr. 1 bis 5 und in § 126 Abs. 1 Nr. 1 bis 6 genannten rechtswidrigen Taten, nachdem sie begangen oder in strafbarer Weise versucht worden ist,

belohnt,

in einer Weise, die geeignet ist, den öffentlichen Frieden zu stören, öffentlich, in einer Versammlung oder durch Verbreiten von Schriften (§ 11 Abs. 3) billigt,

wird mit Freiheitsstrafe bis zu drei Jahren oder mit Geldstrafe bestraft."

B) Die Aufhebung der §§ 88a, 130a StGB

Diesen Tatbeständen war zunächst nur ein kurzes Leben beschieden. Bereits am 17. Januar 1980 musste die Bundesregierung auf die kleine Anfrage der SPD und FDP nach den Auswirkungen gesetzgeberischer Maßnahmen zur Bekämpfung des Terrorismus einräumen, dass § 88a StGB kaum eine und § 130a StGB keinerlei praktische Bedeutung zukomme[46]. Der von den Fraktionen der SPD und FDP in der gleichen Wahlperiode eingebrachte Antrag auf Streichung jedenfalls des § 88a StGB wurde durch den Rechtsausschuss des Bundestags befürwortet, weil nach den praktischen Erfahrungen der Tatbestand zur wirksameren Bekämpfung kriminellen Unrechts nicht erforderlich sei und es zudem Schwierigkeiten im Zusammenhang mit Durchsuchungs- und Beschlagnahmemaßnahmen gegeben habe[47]. In der folgenden Wahlperiode beantragten die Fraktionen der SPD und der FDP, sowohl § 88a als auch

---

46 BT-Drs. 8/3565.

47 BT-Drs. 8/4137.

§ 130a zu streichen[48]. Der nach kurzer Aussprache in der ersten Lesung mit der Prüfung befasste Rechtsausschuss schloss sich mehrheitlich diesem Antrag an, eine Minderheit wollte allerdings aus optischen Gründen an den Tatbeständen festhalten[49]. In der zweiten und dritten Lesung am 12. Februar 1981 sprach sich nur *Götz* (CDU/CSU) für die Beibehaltung aus, da es seiner Ansicht nach auf die präventive Wirkung und nicht die Anzahl der durchgeführten Verfahren ankomme und mit einer Streichung auch Beschlagnahme und Einziehung inkriminierter Schriften nicht mehr möglich sei[50]. Demgegenüber wies *Gnädinger* (SPD) darauf hin, die Tatbestände hätten sich zur Bekämpfung des Terrorismus nicht nur als nutzlos erwiesen, sondern im Gegenteil nach Durchsuchungen bei Buchhändlern zu erheblichen Irritationen in der Bevölkerung geführt[51]. Auch *Kleinert* (FDP) vertrat diese Auffassung[52]. Der Bundesminister der Justiz sprach sich wegen der geringen praktischen und präventiven Bedeutung ebenfalls für eine Streichung aus[53]. Noch in der gleichen Sitzung wurde der Gesetzentwurf angenommen und durch das 19. StrÄndG vom 7. August 1981[54] wurden beide Tatbestände gestrichen.

C) Gesetz zur Bekämpfung des Terrorismus

Nur wenige Jahre nach Aufhebung der §§ 88a StGB und 130a StGB brachten die Fraktionen der CDU/CSU und der FDP den Entwurf eines Gesetzes zur Bekämpfung des Terrorismus vom 31. Oktober 1986[55] in den Bundestag ein. Neben der Änderung des § 129a StGB (Bildung terroristischer Vereinigungen), der Einführung einer Kronzeugenregelung und der Zuweisung der Ermittlungszuständigkeit an den Generalbundesanwalt sollte § 130a StGB in neu gefasster Form wieder in das Strafgesetzbuch aufgenommen werden. Im Gegensatz zu § 130a a.F. StGB waren bloße Vorbereitungshandlungen, etwa das sich Verschaffen von Schriften, nicht mehr erfasst, sondern lediglich deren Verbreitung. Dabei musste die Anleitung gem. § 130a Abs. 1 des Entwurfs geeignet sein, als Anleitung zu einer der in § 126 StGB genannten rechtswidrigen Handlung zu dienen und ihrem Inhalt nach dazu bestimmt sein, die Bereit-

48 BT-Drs. 9/23.

49 BT-Drs. 9/135.

50 BT-Prot. 9. WP. S. 890 ff.

51 BT-Prot. a.a.O. S. 892 ff.

52 BT-Prot. a.a.O. S. 899 f.

53 BT-Prot. a.a.O. S. 896.

54 BGBl. I. S. 808 ff.

55 BT-Drs. 10/6286.

schaft anderer zur Tatbegehung zu fördern oder zu wecken. Nach § 130a Abs. 2 Nr. 1 des Entwurfs sollte auch das Verbreiten einer neutralen Schrift bestraft werden, wenn sie denn eine Anleitung enthielt und in Nr. 2 eine in einer Versammlung gegeben Anleitung, wenn sie mit dem Vorsatz gegeben wurde, die Bereitschaft anderer zur Tatbegehung zu fördern. Nach der Begründung sollte der *Gefährdung der Allgemeinheit durch das Entstehen eines psychischen Klimas, in dem schwerste sozialschädliche Gewalttaten gedeihen können, entgegengewirkt werden.* Über § 130a StGB a.F hinaus sollte auch die Eignung, einen Tatentschluss erst zu wecken und das „Umfunktionieren" einer an sich neutralen Schrift zu einem solchen Zweck erfasst werden. Der Entwurf wurde kurz vor Ende der Legislaturperiode bereits am 6. November 1986 in erster Lesung beraten[56].

Hier wurden die Gegensätze zwischen den Regierungsfraktionen CDU/CSU, FDP und den Oppositionsfraktionen SPD und Bündnis 90/die Grünen deutlich, die den Entwurf in Teilen oder in Gänze ablehnten.

Seiters (CDU/CSU) wies auf die andauernden terroristischen und gemeingefährlichen Anschläge hin. Die terroristischen Anschläge Ende der 80er Jahre waren allerdings nicht mehr die Anschläge des RAF sondern Aktionen militanter Kernkraftgegner und anderer Gruppierungen, die sich im Umsägen von Strommasten und der Sabotage von Einrichtungen der Bundesbahn äußerten, also eine ganz andere Qualität hatten als der Terrorismus der RAF. Auf diesen Unterschied wies *Selter* auch zutreffend hin. Für die von der SPD im Vorfeld der Debatte geäußerten Auffassung, das Verbreiten von Anleitungen sei bloßer Gebrauch grundgesetzlicher Meinungsfreiheit, äußerte er zudem völliges Unverständnis[57]. In erster Lesung trat die Erörterung des § 130a des Entwurfs hinter der Debatte über die Änderung des § 129a StGB und der Kronzeugenregelung zurück und wurde nur am Rande diskutiert. Bundesminister des Inneren *Zimmermann* hielt die Wiedereinführung für notwendig und bezeichnete es für das Rechtsbewusstsein unerträglich, dass derzeit Anleitungen ungestraft verbreitet werden dürften[58].

Der Entwurf wurde dem Rechtsausschuss überwiesen, der am 3. Dezember 1986 schriftlich Bericht erstattete und die Annahme empfahl[59]. Die zweite

56 BT-Prot. 10. WP. S. 18819 ff.

57 BT-Prot.a.a.O. S. 18822 f.

58 BT-Prot. a.a.O. S. 18836.

59 BT-Drs. 10/6635.

Lesung erfolgte bereits am 5. Dezember 1986[60]. Nachdem die Kronzeugenregelung nicht mehr Gegenstand der Debatte war, stand § 129a StGB im Fokus.

Zu § 130a des Entwurfs verteidigte *Eylmann* (CDU) die Wiedereinführung des § 130a a.F. unter Hinweis auf die kursierenden genauen Anleitungen z.B. zu Anschlägen auf Strommasten, von denen es im vergangenen Jahr mehr als 80 Fälle gegeben habe sowie etwa 350 Brand- und Sprengstoffanschläge auf Verkehrs- und Versorgungseinrichtungen[61].

De With (SPD) wandte sich insbesondere gegen die Ausweitung der Strafbarkeit in § 130a Abs. 2 des Entwurfs und bezeichnete die Strafbarkeit der Verbreitung an sich neutraler Schriften mit dem Vorsatz, Nachahmungstäter zu animieren, als unvertretbar[62]. *Mann* (Grüne) vertrat die Auffassung, der Gesetzentwurf diene in erster Linie der Kriminalisierung der Anti-Atomkraft Bewegung und der Überwachung der Bürger[63] und bezeichnete § 130a des Entwurfs als *Zensurparagraphen* und *Gesinnungsstrafrecht*. Auch *Emmerlich* (SPD) vertrat die Auffassung, §§ 130a des Entwurfs und 129a StGB richteten sich nicht gegen RAF-Terroristen sondern vielmehr gegen *militante Autonome, die ihren Protest durch Gewalt gegen Sachen geltend machen.*

In dritter Lesung am gleichen Tag erfolgte keine Wortmeldung, und der Entwurf wurde gegen die Stimmen der SPD und Bündnis 90/ Die Grünen angenommen[64]. Die von der SPD regierten Länder Bremen, Hamburg, Hessen, Nordrhein-Westfalen und das Saarland versuchten erfolglos, das Gesetz noch im Bundesrat zu verhindern[65]. Die von den Fraktionen Bündnis 90/die Grünen und der PDS unternommenen Versuche, mit Gesetzentwürfen vom 15. Mai 1990[66] und vom 5. April 2001[67] §§ 129, 129a und 130a StGB wieder zu streichen, sind erfolglos geblieben.

§ 130a StGB wurde durch das Terrorismusbekämpfungsgesetzes vom 19. Dezember 1986[68] wieder in das StGB aufgenommen und ist seither in der Fassung des Entwurfs unter der Überschrift „Anleitung zu Straftaten" mit folgendem Wortlaut in Kraft:

---

60 BT-Prot. a.a.O. S. 19789 ff.

61 BT-Prot. a.a.O. S. 19700 f.

62 BT-Prot. a.a.O. S. 19793.

63 BT-Prot. a.a.O. S. 19797 f.

64 BT-Prot. a.a.O. S. 19807.

65 BR-Drs. 10. WP. 591/1/86.

66 BT. Drs. 11/7139.

67 BT. Drs. 14/5832.

68 BGBl I 1986, S. 2566.

„(1) Wer in einer Schrift (§ 11 Abs. 3), die geeignet ist, als Anleitung zu einer in § 126 Abs. 1 genannten rechtswidrigen Tat zu dienen und nach ihrem Inhalt bestimmt ist, die Bereitschaft anderer zu fördern oder zu wecken, eine solche Tat zu begehen, verbreitet, öffentlich ausstellt, anschlägt, vorführt oder sonst zugänglich macht, wird mit Freiheitsstrafe bis zu drei Jahren oder mit Geldstrafe bestraft.

(2) Ebenso wird bestraft, wer

1. eine Schrift (§ 11 Abs. 3), die geeignet ist, als Anleitung zu einer in § 126 Abs. 1 genannten rechtswidrigen Tat zu dienen, verbreitet, öffentlich ausstellt, anschlägt, vorführt oder sonst zugänglich macht oder

2. öffentlich oder in einer Versammlung zu einer in § 126 Abs. 1 genannten rechtswidrigen Tat eine Anleitung gibt,

um die Bereitschaft anderer zu fördern oder zu wecken, eine solche Tat zu begehen.

III. § 86 Abs. 3 gilt entsprechend.“

D) Gesetzentwurf vom 26. August 1988

Der am 26. August 1988 in den Bundestag eingebrachte Regierungsentwurf[69] sah die Einfügung eines § 130b in das Strafgesetzbuch vor, der u.a. die öffentliche Befürwortung der Begehung einer der in § 126 StGB aufgeführten Taten unter Strafe stellen sollte. Dabei bestand zwar eine gewisse Nähe zu § 88a a.F. die Beschränkung auf eine verfassungsfeindliche Zielsetzung wurde jedoch fallengelassen. Zugleich sollte § 23 VersG, also die öffentliche Aufforderung zur Teilnahme an einer verbotenen Versammlung, wieder unter Strafe gestellt und das VersG durch Vermummungsverbote und andere Schärfungen ergänzt werden[70].

„§ 130b (1) Wer eine Schrift (§ 11 Abs. 3), die die Begehung einer in § 126 Abs. 1 genannten rechtswidrigen Tat befürwortet und nach ihrem Inhalt bestimmt ist, die Bereitschaft anderer zu fördern oder zu wecken, durch die Begehung einer solchen Tat den öffentlichen Frieden zu stören, verbreitet, öffentlich ausstellt, anschlägt, vorführt oder sonst zugänglich macht, wird mit Freiheitsstrafe bis zu drei Jahren oder mit Geldstrafe bestraft.

---

69 BT. Drs. 11/2834: Entwurf eines Gesetzes zur Änderung des Strafgesetzbuches, der Strafprozeßordnung und des Versammlungsgesetzes und zur Einführung einer Kronzeugenregelung bei terroristischen Straftaten vom 26. August 1988. Kernstücke des Entwurfs waren allerdings das Vermummungsverbot und das Verbot passiver Bewaffnung bei Demonstrationen und die Kronzeugenregelung.

70 Die Wiedereinführung von § 23 VersG sowie die weiteren Schärfungen des VersG gehen auf einen Gesetzesantrags des Landes Baden-Württemberg vom 3. September 1987 zurück BR-Drs. 345/97. Der Gesetzgebungsvorschlag wurde mit schweren Ausschreitungen und der Wirkungslosigkeit des bislang auf die öffentliche Aufforderung zu Straftaten anwendbaren § 16 OWiG begründet.

(2) Ebenso wird bestraft, wer

1. eine Schrift (§ 11 Abs. 3), die die Begehung einer in § 126 Abs. 1 genannten Tat befürwortet, verbreitet, öffentlich ausstellt, anschlägt, vorführt oder sonst zugänglich macht oder

2. öffentlich oder in einer Versammlung die Begehung einer in § 126 Abs. 1 genannten rechtswidrigen Tat befürwortet,

um die Bereitschaft anderer zu fördern oder zu wecken, durch die Begehung einer solchen Tat den öffentlichen Frieden zu stören.

(3) § 86 Abs. 3 gilt entsprechend."

Die öffentliche Aufforderung zur Teilnahme an einer verbotenen Versammlung sollte durch die Wiedereinführung des § 23 VersG sanktioniert werden, ohne dass die Teilnahme an einer solchen Versammlung selbst von einer Ordnungswidrigkeit zu einer Straftat hochgestuft werden sollte.

In der Begründung wurde im AT auf die Zunahme politisch motivierter Gewalttaten sowohl bei unfriedlichen Demonstrationen als auch durch Anschläge auf Strommasten und Verkehrseinrichtungen. Die Zunahme der Anschläge wurde unter anderem auf die in zahlreichen Druckerzeugnissen propagierten gewaltsamen Aktionen zur Durchsetzung politischer Ziele erklärt. In der Begründung zum BT wurde die Auffassung, im Bereich der Propagierung von Gewalt bestehe eine Strafbarkeitslücke, die durch § 130b des Entwurfs geschlossen werden müsse, nochmals verdeutlicht und auf die durch solche Äußerungen ausgelöste Gefahr für die innere Sicherheit hingewiesen.

Zu § 23 VersG wurde nicht darauf eingegangen, dass die Teilnahme an einer verbotenen oder aufgelösten Versammlung selbst keine Straftat ist sondern auf die Notwendigkeit hingewiesen, *den zuständigen Behörden ein wirksames Mittel an die Hand zu geben, Verbote durchzusetzen.* Die Fraktion der SPD brachte am 19. Februar 1987 einen Antrag ein, der auf die Aufhebung des § 130a StGB und einen Verzicht weiterer Schärfungen u.a. des Versammlungsgesetzes im Wege des Bundestagsbeschlusses abzielte[71], dem jedoch kein Erfolg beschieden war

I. Würdigung in der Literatur

In der Literatur wurden die im Gesetzentwurf geplanten Änderungen des bestehenden Rechts mit großer Besorgnis aufgenommen und erhebliche Vorbehalte geltend gemacht. *Demski* und *Ostendorf* vertraten die Auffassung, durch §§ 130a und 130b solle – wie schon der sog. „Kanzelparagraph" als

71 BT Drs. 11/17.

politisches Symbol an die politische Opposition, als *Feinderklärung* verstanden werden, dass bestimmte Handlungen nicht mehr als politisch oppositionell sondern als *kriminell und sozialschädlich* gewertet würden[72]. *Hassemer* trat § 130b des Entwurfs entschieden entgegen und begründete dies mit rechtsstaatlichen Erwägungen. Nach seiner Auffassung werde die grundgesetzlich garantierte Meinungsfreiheit unangemessen eingeschränkt, ohne dass aus der Strafnorm ein praktischer und messbarer Nutzen erwachse. Zudem werde das gesprochene oder geschriebene Wort weit im Vorfeld irgendeiner konkreten Straftat kriminalisiert, dies sei bei in einem rechtsstaatlichem Strafrecht nicht akzeptabel.[73] *Amelung* wies auf die Probleme hin, die sich aus der Handlungsalternative des Ausstellens einer an sich neutralen Schrift mit der Absicht, andere zur Begehung solcher Gewalttaten zu motivieren hin und stellte völlig zu Recht die Frage, wie eine solche Absicht nachgewiesen werden könne. Auch vertrat er die Auffassung, bereits § 88a habe erwiesen, dass im Ermittlungsverfahren durchgeführte Durchsuchungen und Beschlagnahmen nur in wenigen Einzelfällen durch Verurteilungen legitimiert worden seien, was Schaden für das Ansehen der Ermittlungsbehörden in der Öffentlichkeit nach sich gezogen habe[74]. *Rudolphi* verneinte das kriminalpolitische Bedürfnis des Tatbestandes und sprach sich im Hinblick auf die weitgehende Unbestimmtheit dafür aus, auf den Tatbestand zu verzichten[75]. *Scheerer* vertrat zu dem Entwurf insgesamt die Auffassung, der Staat verfolge zunehmend die Tendenz, *das Strafrecht weniger zum Schutz der zwischenmenschlichen Beziehungen als zum Schutz seiner selbst einzusetzen und über ein bereits hypertrophes Staatsschutzrecht hinaus zusehends auch ursprünglich auf den zwischenmenschlichen Bereich begrenzte Vorschriften zu instrumentalisieren*, was er als *ärgerliches und die Legitimierbarkeit minderndes Phänomen bezeichnete*[76]. Zu § 130b vertrat er den Standpunkt, der Tatbestand sei kontraproduktiv, weil er trotz eines *vorrübergehenden Einschüchterungseffekts* dazu führen werde, dass gerade die Diskussionen, die unterbunden werden sollten, verstärkt geführt würden[77]. Den geplanten § 23 VersG und die Aufwertung der öffentlichen Aufforderung zur Teilnahme an verbotenen Versammlungen von der Ordnungswidrigkeit zur Straftat lehnte er als überflüssig und ungeeignet ab. *Krauß* schließlich vertrat den interessanten Standpunkt, die Hauptfunktion

---

72 *Demski / Ostendorf*, politisch instrumentalisiertes Strafrecht, StV 1989, 30 ff (38).

73 *Hassemer*, Artikelgesetz, StV 1989, 72 ff (76 f).

74 *Amelung*, Artikelgesetz, a.a.O. 77.

75 *Rudolphi*, Artikelgesetz, a.a.O. 77 f.

76 *Scheerer*, Artikelgesetz. S. 80.

77 *Scheerer*, a.a.O. S. 82.

des § 130b des Entwurfs bestehe darin, der Polizei neue Handlungsspielräume zu eröffnen und durch die Kriminalisierung des „Befürwortens von Straftaten" den Eingriff in die erst durch das Volkszählungsurteil geschaffene Grundrecht der „informationellen Selbstbestimmung" auszuhebeln und den „Befürworter" vorsorglich polizeipflichtig zu machen und die Möglichkeit der polizeilichen Datenspeicherung im Vorfeld tatsächlich begangener Straftaten zu ermöglichen[78].

II. Behandlung in Bundesrat und Bundestag

Der Bundesrat lehnte § 130b des Entwurfs im Hinblick auf die weitgehende Bedeutungslosigkeit von § 88a a.F. StGB in der Vergangenheit und der Unbestimmtheit des Tatbestandes entsprechend der Ausschussempfehlung[79] ab[80]. Die erste Lesung des Entwurfs im Bundestag erfolgte in der 95. Sitzung am 23. September 1988[81]. Als Kernstück des Entwurfs bezeichnete Bundesminister der Justiz *Engelhard* im Eröffnungswort allerdings die geplanten Änderungen des Versammlungsgesetzes, insbesondere das Vermummungsverbot und die Kronzeugenregelung[82]

De With (SPD) sprach sich entschieden für eine ersatzlose Streichung des § 130b aus, weil für eine Nachfolgervorschrift zu § 88a weder ein Bedürfnis bestehe, dem Tatbestand wegen der Unbestimmtheit und Unpraktibilität keine praktische Bedeutung zukomme und es sich um ein nicht akzeptables Gesinnungsstrafrecht handele[83]. *Vollmer* (Grüne) erhob Bedenken gegen die Zielrichtung des Entwurfs und äußerte die Befürchtung, dass weitere Schärfungen des Straf- und Versammlungsrechts kontraproduktive Wirkungen zeigen und die betreffenden Kreise noch enger zusammenschweißen und in den Untergrund treiben würden[84].

Bundesminister des Inneren *Zimmermann* betonte die Notwendigkeit des § 130b im Hinblick auf die zu beobachtende Zunahme der Propagierung von Gewalt durch die „ein Klima geschaffen werde, in dem Gewalttaten gedeihen können", und die Zweckbestimmung zum „Austrocknen des geistigen Umfeldes krimineller Gewalt". Er bezeichnete es als nicht hinnehmbar, dass „Anschläge

---

78 *Krauß*, Sicherheitsstaat, StV 1989, 315 ff (322).

79 BR Drs. 238/1/88.

80 BR-Prot. 591. Sitzung S. 267.

81 BT-Prot. 11. WP. S. 6516 ff.

82 BT-Prot. a.a.O. S. 6516.

83 BT-Prot. a.a.O. S. 6517f.

84 BT-Prot. a.a.O. S. 6522 ff.

auf Menschen oder Sachen als vorbildhaft dargestellt und der militante, revolutionäre Kampf gegen staatliche oder gesellschaftliche Institutionen öffentlich befürwortet werde“[85].

Der Rechtsausschuss sprach sich für die Streichung des § 130b des Entwurfs und die Annahme von § 23 VersG aus. Die von der SPD beantragte Streichung des § 130a StGB hingegen wurde abgelehnt[86].

In der zweiten und dritten Lesung im Bundestag lag der Schwerpunkt der Diskussion bei der Kronzeugenregelung und dem Vermummungsverbot im VersG, wobei weniger über sachliche Fragen als über die jeweilige parteipolitische Maxime im Kampf gegen unfriedliche Demonstrationen und Terrorakte debattiert wurde.

Nach dem Ergebnis dritter Lesung wurde die Beschlussempfehlung des Rechtsausschusses angenommen[87]. § 130a StGB blieb damit weiterhin in Kraft, § 130b des Entwurfs als Nachfolgevorschrift von § 88a a.F. StGB wurde abgelehnt und die Strafbarkeit des öffentlichen Aufrufs zu einer verbotenen Demonstration in § 23 VersG erneuert.

E) Résumé

Der Kampf gegen den Terrorismus, aber auch gegen militante Autonome in ihren diversen Spielarten wurde im wesentlichen auf strafrechtlichem Wege geführt. Neben dem „Kernstück“, § 129a StGB, der die bloße Mitgliedschaft in einer terroristischen Vereinigung noch vor einer Begehung einer terroristischen Straftat sanktioniert, wurde die Strafbarkeit auch bei den Äußerungsdelikten vorverlagert. Die bereits bestehenden Tatbestände der öffentlichen Aufforderung zu einer Straftat und die Belohnung oder Billigung einer begangenen Tat in §§ 111 und 140 StGB wurden als nicht ausreichend angesehen und mit §§ 88a und 130a StGB auch das verfassungsfeindliche Befürworten und das Verbreitung von Anleitungen unter Strafe gestellt. Gesetzgeberisches Ziel war jeweils, das Entstehen eines „Klimas, in dem solche Taten gedeihen“, zu verhindern“. Die Vorschriften haben nahezu keinerlei praktische Bedeutung entfaltet, sondern nur Empörung betroffener Kreise gegenüber staatlichen Ermittlungsmaßnahmen verschärft. Zu nennen seien hier z.B. die Durchsuchungen und Beschlagnahmen bei „linken“ Buchhändlern, die letztlich nicht zu Verurteilungen geführt haben, weil ein Vorsatz nicht nachgewiesen werden

---

85 BT-Prot. a.a.O. S. 6525 f.

86 BT Drs. 11/4359.

87 BT-Prot. a.a.O. S. 10218.

konnte. Letztlich konnten und können durch die Vorverlagerung der Strafbarkeit auch auf die Befürwortung und die Anleitung weder Krawalle bei Demonstrationen, Räumungen besetzter Häuser oder Aktionen von AKW-, Castor- oder Globalisierungsgegnern oder gar Terroranschläge der sogenannten 2. und 3. Generation der RAF bzw. die derzeitige Bedrohung durch religiös motivierte Anschläge verhindert werden. Ein „Klima, in dem solche Taten gedeihen" muss bereits vorhanden sein, wenn derartige Parolen und Anleitungen auf fruchtbaren Boden fallen und nicht ungehört verhallen. Um die Entstehung eines solchen Klimas zu verhindern, bedarf es nicht Strafvorschriften und die Ausgrenzung und Kriminalisierung Andersdenkender sondern bedarf des gesamtgesellschaftlichen Dialogs und transparenter politischer Entscheidungsprozesse.

DRITTER TEIL: ZUSAMMENFASSUNG UND WÜRDIGUNG

Zehntes Kapitel: Zusammenfassung

Zusammenfassend lässt sich feststellen, dass die hier behandelten Äußerungsdelikte seit der PreßVO von 1849 und dem Reichsstrafgesetzbuch eine deutliche Ausweitung erfahren haben. Die Existenzberechtigung eines Tatbestandes der öffentlichen Aufforderung zu Straftaten wurde in den zahlreichen Gesetzgebungsverfahren nie ernsthaft in Zweifel gezogen, und zu einer Streichung der öffentlichen Aufforderung zum Ungehorsam konnte sich der Gesetzgeber auch erst 1970 durchringen. Vielmehr wurden zahllose Versuche unternommen, auch die indirekte Aufforderung als „geschickte Agitation" oder „Einwirken auf die Sinne" unter Strafe zu stellen. Nachdem diese Vorstöße bis zum Ende des Dritten Reiches entweder politisch nicht durchsetzbar waren oder die Strafrechtsreform aus praktischen Gründen nicht zum Abschluss gebracht werden konnte, wurde die indirekte Aufforderung durch das „Belohnen oder Billigen" in § 140 StGB Gesetz, ohne dass sich nennenswerter Widerstand geregt hätte. Im Rahmen der Bekämpfung des Terrorismus wurde in §§ 88a und 130a die Strafbarkeit bestimmter Äußerungen oder Anleitungen noch über § 111 StGB hinaus in das Vorfeld tatsächlich begangener Straftaten verlagert.

Die Tatbestände der öffentlichen Aufforderung zur Begehung von Verbrechen und Vergehen wurden aus der preußischen PreßVO von 1849 in das PrStGB von 1851 in das Reichsstrafgesetzbuch übernommen und haben bzw. hatten als §§ 110, 111 StGB bis in die Bundesrepublik Deutschland hinein unverändert Bestand. Bei der Behandlung dieser Tatbestände in der PreßVO und dem PrStGB fällt die relativ nachlässige Behandlung auf. Naheliegende Überlegungen wurden nicht angestellt, sondern die Notwendigkeit der Pönalisierung befürchteter Mißbräuche der gerade gewährten Pressefreiheit einhellig anerkannt und die Tatbestände „durchgewunken"[1].

Bei den Beratungen des StGB für den Norddeutschen Bund wurde die Strafwürdigkeit der öffentlichen Aufforderung zur Begehung von Verbrechen und Vergehen nicht in Zweifel gezogen, wohl aber die zum Ungehorsam gegen Gesetze. Bei der Abstimmung über die beantragte Streichung dieses als „Waffe des Polizeistaats" bezeichneten Tatbestands stimmten immerhin 87 Abgeordnete für die Streichung und eine knappe Mehrheit von 109 Abgeordneten dagegen. Dieses Abstimmungsergebnis zeigt, dass eine nicht geringe Anzahl von Abgeordneten damals der Ansicht waren, öffentliche Aufrufe zum zivilen Ungehorsam sollten straflos möglich sein. Auch die indirekte Aufforderung durch „Anpreisen durch Rechtfertigung" war nicht mehrheitsfähig und wurde als Eingriff in die Meinungsfreiheit abgelehnt.

---

1 Z. Vergl. Zweites Kapitel, A I 1.

Eine unselige Bedeutung hat § 110 StGB durch die höchstrichterliche Rechtsprechung und die Einbeziehung auch rein zivilrechtlicher Pflichten in den Schutzbereich der Norm erfahren. Wie *Liepmann*[2] zutreffend ausgeführt hat, wurde das von der Rechtsprechung entwickelte Abgrenzungskriterium der „Provokation zur Auflehnung gegen die Grundlagen des Gesetzes“ im Gegensatz zu der Verletzung einzelner Pflichten nicht konsequent angewendet sondern z.B. ein Bergmann nach den Worten „Heute fahrt ihr noch ein, morgen aber nicht mehr“ verurteilt. Dass ein Aufruf zur Arbeitsniederlegung sich nicht gegen die unpersönlichen Grundlagen des Gesetzes richtet, die dem Bürger zumeist gleichgültig sind, sondern auf Verbesserung der Arbeitsbedingungen abzielen, wurde auch von *Meyer* in der Vergleichenden Darstellung ausführlich dargelegt.

Bis zum Beginn der Strafrechtsreform wurden vier Gesetzgebungsvorhaben auf den Weg gebracht, durch die auch die indirekte Aufforderung unter Strafe gestellt werden sollte. Im Fokus stand ausdrücklich oder unausgesprochen die Agitation durch sozialdemokratische oder dieser Bewegung zugerechnete anarchistische Kreise. Von diesen Vorstößen war nur der Entwurf eines SprengstoffG. erfolgreich, durch das u.a. die Anreizung zur Begehung von Sprengstoffattentaten zu bestrafen war. Die anderen Entwürfe scheiterten direkt bzw. die Umsturzvorlage wurde in der Kommission derart umgestaltet, dass sie weder für die Regierungen noch den Reichstag akzeptabel war und in zweiter Lesung im Reichstag einstimmig abgelehnt wurde.

Während der Vorarbeiten zur Strafrechtsreform setzte sich *Mayer* intensiv mit den §§ 110, 111 StGB auseinander. Bei § 110 StGB kam er zu dem Schluss, bei konsequenter Anwendung des durch die höchstrichterliche Rechtsprechung entwickelten Abgrenzungskriteriums blieben keine strafwürdigen Handlungen übrig und der Tatbestand sei im Kampf gegen den Anarchismus ohne jede Bedeutung. Die Strafwürdigkeit auch der indirekten Aufforderung bejahte er zwar, gleichzeitig wies er aber auf die Schwierigkeiten hin, die sich aus dem Verhältnis zum Recht auf Meinungsfreiheit ergeben würden. § 111 StGB wollte er als notwendige Ergänzung zur Anstiftung in den AT überführt wissen.

Im Entwurf von 1909 wurde ein interessanter Ansatz gewählt und die §§ 110, 111 StGB zu einem Tatbestand zusammengeführt. Die Unterscheidung zwischen erfolgreicher und erfolgloser Aufforderung zu Straftaten wurde aufgegeben; nach Auffassung der Entwurfsverfasser war die erfolgreiche öffentliche Auffassung als Anstiftung strafbar. Strafgrund war die „Gefährdung der

2 *Liepmann*, a.a.O. S. 120.

gesetzlichen Ordnung" und auch die indirekte Aufforderung „Anreizung" und „Verherrlichung" begangener Verbrechen sollte bestraft werden. Dieser Vorstoß stieß in der Literatur auf wenig Zustimmung, sofern der Tatbestand nicht ohnehin pauschal als „Kautschukparagraph" und Behinderung historischer Forschung abgelehnt wurde. Auch die Verfasser des Gegenentwurfs sprachen sich für eine Trennung aus; ein gesetzgeberisches Bedürfnis der Sanktionierung auch einer indirekten Aufforderung wurde allerdings verneint.

Die Beratungen des Entwurfs in der Kommission führten einer Trennung der Tatbestände, an der Strafbarkeit der indirekten Aufforderung wurde jedoch festgehalten. Im Falle der Anreizung war die „Gefährdung der öffentlichen Ordnung" als einschränkendes Tatbestandsmerkmal vorgesehen und die „Verherrlichung von Verbrechen" musste in einer „den öffentlichen Frieden gefährdenden Weise" begangen werden.

Die Reformarbeiten kamen nach Ausbruch des 1. Weltkriegs zum Erliegen und wurden erst nach Kriegsende von einer Strafrechtskommission weitergeführt. Auch diese Kommission hielt an der Strafbarkeit der indirekten Aufforderung durch „aufwiegeln" im Falle der Aufforderung zum Ungehorsam und „anreizen" im Fall der Aufforderung zu einer Straftat fest. Gestrichen wurden allerdings sowohl die Handlungsalternative der Verherrlichung als auch die einschränkenden Tatbestandsmerkmale der Gefährdung der öffentlichen Ordnung oder des öffentlichen Friedens.

Auch während der Weimarer Republik wurden die Reformarbeiten intensiv fortgesetzt, konnten jedoch nicht zum Abschluss gebracht werden. An der Auffassung, eine erfolgreiche öffentliche Aufforderung sei im Regelfall als Anstiftung zu ahnden, wurde auch während dieser Periode festgehalte, so dass die Strafbarkeit gem. § 111 StGB weiterhin auf die erfolglose Aufforderung beschränkt werden sollte. Zugleich wurde der Tatbestand der Aufreizung zum Klassenhass als „Aufruf zur Gewalttätigkeit gegen Menschen oder Sachen" in die öffentliche Aufforderung zu Straftaten eingearbeitet.

Nachdem im Entwurf von 1922 auf die Strafbarkeit der indirekten Aufforderung verzichtet worden war, wurde im Entwurf von 1927 jedenfalls die „Aufreizung" zu der gesondert geregelten Aufforderung zur Steuerverkürzung von der Strafbarkeit erfasst.

Auch während der Zeit des Nationalsozialismus wurde intensiv an der Strafrechtsreform gearbeitet, ohne dass es zu einem Abschluss gekommen wäre. Obwohl die Strafbarkeit öffentlicher Äußerungen deutlich ausgeweitet werden sollte, wurde zur Frage der Strafbarkeit einer erfolgreichen öffentlichen Aufforderung zu Straftaten ein ganz neuer Standpunkt vertreten. So wurde die

Auffassung, eine erfolgreiche Aufforderung sei als Anstiftung strafbar, nicht länger aufrechterhalten, eine vom Zufall abhängige Erfolgshaftung aber aus grundsätzlichen Erwägungen abgelehnt. Statt dessen sollte die Aufforderung im Erfolgsfall als besonders schwerer Fall geahndet werden.

In der Bundesrepublik Deutschland erfolgte eine deutliche Ausdehnung der Äußerungsdelikte und eine Verlagerung der Strafbarkeit weit vor die des § 111 StGB. Zunächst wurde 1953 das öffentliche Billigen und das auch nichtöffentliche Belohnen bestimmter Katalogstraftaten unter Strafe gestellt. Gleichzeitig war auch die erfolglose öffentliche Aufforderung zu Straftaten in § 111 Abs. 2 StGB wie die Anstiftung, also mit der Strafe für die vollendete Tat bedroht und lediglich ein Strafmilderung nach den Regeln des Versuchs fakultativ vorgesehen.

Die öffentliche Aufforderung zum Ungehorsam ist erst seit Aufhebung des § 110 StGB im Jahre 1970 nach langen Diskussionen in den Strafrechtsausschüssen und im Bundestag straflos möglich. Eine Strafbarkeitslücke hat sich nicht ergeben; offensichtlich war die viel beschworene Gefahr der massenweisen Begehung von Ordnungswidrigkeiten oder Verstößen gegen „Anordnungen der Obrigkeit" in Wirklichkeit nicht gegeben.

Im Rahmen der Terrorismusbekämpfung bestand Einigkeit innerhalb der Bundesregierung und den Fraktionen, dass auch das Befürworten und die Anleitung zu bestimmten Katalogstraftaten strafrechtlich geahndet werden solle, was Mitte der siebziger Jahre zum Erlaß der §§ 88a und 130a StGB geführt hat. Beide Tatbestände wurden bereits 1981 wegen weitgehender Bedeutungslosigkeit wieder aufgehoben. Schon 1988 trat allerdings ein neu gefasster § 130a StGB als Anleitung zu Straftaten in Kraft, der Entwurf zu einer Nachfolgervorschrift des § 88a a.F. StGB, Befürworten von Straftaten, war jedoch nicht mehrheitsfähig.

Elftes Kapitel: Würdigung, Schlussbetrachtung und Ausblick

So unterschiedlich die hier untersuchten Tatbestände auch anmuten, haben sie doch den gemeinsamen Nenner, dass bereits eine bloße Äußerung die Strafbarkeit begründet, ohne dass es in der Folge zu einer Straftat gekommen sein muss. Der 1970 aufgehobene § 110 StGB sah die Bestrafung desjenigen vor, der zum Ungehorsam gegen Gesetze, Verordnungen und Anordnungen aufforderte. § 111 Abs. 1 StGB bedroht die erfolgreiche öffentliche Aufforderung zur Begehung eines Verbrechens oder Vergehens mit der für den Anstifter, mithin den Täter vorgesehenen Strafe und § 111 Abs. 2 StGB sieht für die gänzlich folgenlos gebliebene öffentliche Aufforderung einen im StGB sonst nicht bekannten Strafrahmen von 3,75 Jahren vor[1]. § 140 StGB droht Bestrafung für denjenigen an, der eine bestimmte Katalogstraftat belohnt oder in einer den öffentlichen Frieden störenden Weise öffentlich billigt, wenn die Tat mindestens in das Versuchsstadium gelangt ist. Der aufgehobene §§ 88a StGB sanktionierte die öffentliche Befürwortung bestimmter Katalogstraftaten in verfassungsfeindlicher Absicht und § 130a StGB alter und neuer Fassung stellten bzw. stellen die öffentliche Anleitung zu bestimmten Katalogstraftaten unter Strafe.

I. Kriminalisierung

Die hier untersuchten Tatbestände haben sich während der zahlreichen Reformvorhaben als außerordentlich flexibel erwiesen. Ursprünglich sollten durch die §§ 110, 111 StGB bzw. deren Vorgängertatbestände im preußischen Recht Auswüchse der Pressefreiheit bekämpft werden. Mit Erstarken der sozialdemokratischen Bewegung wurde in mehreren Gesetzgebungsvorhaben versucht, durch das Erfassen auch der indirekten Aufforderung zu Straftaten gegen „geschickte politische Agitation" vorzugehen. Während der Vorarbeiten zur Strafrechtsreform wurde die Auffassung entwickelt, die Tatbestände dienten dem Schutz der öffentlichen Ordnung. Diese Auffassung wurde auch während der Weimarer Republik und der Zeit des Nationalsozialismus vertreten. Nachdem sämtliche Reformvorhaben nicht zum Abschluss gebracht werden konnten, verblieben die Tatbestände wie schon im Reichsstrafgesetzbuch im Abschnitt „Wiederstand gegen die Staatsgewalt". In den siebziger Jahren wurden §§ 110, 111 StGB als Teil der „Demonstrationsdelikte" gehandelt und die §§ 88a, 130a a.F. StGB waren unmittelbare Folge des Terrorismus der siebziger Jahre bzw. militanter Bewegungen der achtziger Jahren. § 140

1 Zwar nennt § 111 Abs. 2 Satz 1 den durchaus gängigen Strafrahmen von Freiheitsstrafe bis zu fünf Jahren. Satz 3 erklärt jedoch § 49 Abs. 1 Nr. 2 StGB mit der Strafrahmenverschiebung auf maximal 3/4 des Höchststrafrahmens für zwingend anwendbar. Daraus ergibt sich ein Strafrahmen von höchstens 3,75 Jahren.

StGB allerdings wurde 1953 in das StGB eingefügt, ohne dass aus dem Gesetzgebungsverfahren oder seinerzeit aktuellen politischen Ereignissen deutlich geworden wäre, was der Anlass hierfür gewesen ist.

1. Strafbare Äußerungen

Die §§ 111, 130a, 140 StGB und der aufgehobene § 110 StGB stellen bzw. stellten bestimmte öffentlich, in einer Schrift, einer Versammlung oder durch das Verbreiten von Schriften begangene Tathandlungen unter Strafe. Während der Begriff „öffentlich“ als eine „an eine tatsächlich vorhandene größere, zahlenmäßig unbestimmte Anzahl individuell nicht bestimmter Personen“ gerichtete Aufforderung definiert wird, ist der Begriff der „Versammlung“ nicht unumstritten. Teilweise wird im Wege der einschränkenden Auslegung eine öffentliche oder von einer Vielzahl von Personen besuchte Versammlung gefordert, teilweise soll gerade auch die nicht öffentliche Versammlung erfasst werden[2].

Im aufgehobenen § 110 StGB war die öffentliche Aufforderung zum Ungehorsam gegen Gesetze, rechtsgültige Verordnungen oder Anordnungen der zuständigen Obrigkeit strafbewehrt, sämtlich also Aufrufe zu Handlungen, die selbst kein Verbrechen oder Vergehen waren sondern Verstöße gegen Zivil- oder Verwaltungsrecht bzw. als Übertretung oder Ordnungswidrigkeit zu ahnden waren.

Gem. § 111 StGB ist die Aufforderung zur Begehung einer Straftat bei Erfolglosigkeit nicht wie die versuchte Anstifung nur zu einem Verbrechen sondern auch zu einem Vergehen strafbar. Es ist weder ein Rücktritt möglich, noch ist bei der Aufforderung zur Begehung eines Antragsdeliktes ein Strafantrag Voraussetzung der Strafverfolgung.

Nach § 130a StGB ist nicht nur zu bestrafen, wer Schriften verbreitet, die nach ihrem Inhalt dazu bestimmt sind, die Bereitschaft anderer zur Begehung einer der in § 126 Abs. 1 StGB genannten Taten zu fördern oder zu wecken sondern auch die Verbreitung neutraler Schriften wie z.B. wissenschaftlicher Werke, die sich mit der Herstellung von Sprengstoff befassen, wenn dies mit dem Ziel geschieht, die Bereitschaft zur Tatbegehung zu wecken. Gleiches gilt für eine mündliche Anleitung, wenn dies öffentlich oder in einer Versammlung geschieht.

Gem. § 140 StGB ist nicht nur zu bestrafen, wer bestimmte Katalogstraftaten, die zumindest in das Versuchsstadium gelangt sind, öffentlich billigt sondern

2 Ausführlich m.w.N. *Bubnoff*, LK, 11. Aufl. § 111 Rdnr. 14.

auch, wer die Tat unter Ausschluss der Öffentlichkeit belohnt, wobei unter einer Belohnung sogar die geschlechtliche Hingabe verstanden wird[3]. Ein Billigen setzt nach der Rechtsprechung nicht voraus, dass sich der für die Veröffentlichung Verantwortliche ausdrücklich mit der Tathandlung einverstanden erklärt oder sie sich zu eigen macht sondern ein Billigen kann sich auch aus der fehlenden Distanzierung ergeben[4]. Wie sich dies mit Art. 5 GG vereinbaren lässt, stellt *Hanack* zu Recht in Frage[5].

2. Geschütztes Rechtsgut

Auf dem Boden der h.M. schützen die §§ 111, 130a und 140 StGB den „öffentlichen Frieden"; Bei § 111 StGB ist dies allerdings umstritten[6]. Nach Ansicht der h.M. dient § 111 StGB neben dem Schutz des „öffentlichen Friedens" auch dem Schutz des Rechtsguts, zu dessen Verletzung aufgefordert wird[7]. Andere sehen in § 111 StGB lediglich eine Ergänzung der Anstiftungstatbestände des A.T.[8] oder vertreten den Standpunkt, § 111 StGB schütze ausschließlich nicht akzessorische Rechtsgüter wie z.B. „die Staatsgewal*t*", „die empirische Geltung der Rechtsordnung" oder die „Autorität des Staates"[9]. Wenn mit der h.M. davon ausgegangen wird, Rechtsgut der hier behandelten Tatbestände sei zumindest auch der „öffentliche Friede" so stellt sich die Frage, was es mit diesem wenig greifbaren[10] Rechtsgut auf sich hat. Nach h.M. ist dieser Begriff ein objektiver Zustand allgemeiner Rechtssicherheit und das

---

3 *Hanack*, LK, 11. Aufl. § 140 Rdnr. 17.

4 So zur Herausgabe des Buchs „Wie alles anfing" des Ex-Terroristen *„Bommi" Baumann* (das allerdings nach Protesten namhafter Autoren wieder straflos verlegt wurde) und zum Abdruck des sog. „Buback Nachrufs". Ausführlich m.w.N. *Hanack*, a.a.O. Rdnr. 22 ff.

5 *Hanack*, a.a.O.

6 Ausführlich zum Stand der Diskussion: *Weidner*, öffentliche Aufforderung, S. 24 ff, m.w.N. und *Kissel*, Aufrufe, S. 125 ff m.w.N. *Weidner* kommt nach eingehender Erörterung der Problematik zu dem Ergebnis, Schutzgut des § 111 Abs. 2 StGB sei der *„öffentliche Friede"*, weil es sich verbiete, den Tatbstand als Erweiterung oder Parallelvorschrift zu der versuchten Teilnahme zu sehen (a.a.O. S. 78 f) *Kissel* hingegen verneint, ebenfalls nach eingehender Erörterung der Thematik, das ein Rechtsgut *„innerer Gemeinschaftsfriede"* geschützt werde (a.a.O. S. 140).

7 *Bubnoff*, LK, 11. Aufl. § 111, Rdnr. 5, m.w.N. *Dreher* in FS Gallas, S. 307 ff begründet die These vom doppelten Rechtsgüterschutz mit der *„Januskopfigkeit"* des § 111 StGB, der mit *„einem Bein im Allgemeinen und mit dem anderen im Besonderen Teil"* stehe.

8 Z.B. *Horn*, SK § 111 Rdnr. 12, *Kissel*, Aufrufe, S. 144.

9 Ausführlich: *Weidner*, a.a.O. S 28f.

10 Ausführlich m.w.N. *Fischer*, GA 1989, 445–468 (450 ff).

subjektive Bewusstsein der Bevölkerung, in Ruhe und Frieden zu leben[11]. In der Kommentierung wird besonders hinsichtlich des subjektiven Bewusstseins zutreffend darauf hingewiesen, dass die Verletzung dieses Gefühls nicht mit einer dem Bestimmtheitsgebot genügenden Sicherheit festgestellt werden kann sondern beschreibt, was „alle denken sollen"[12]. Bei § 126 StGB liegt es auf der Hand, dass die Androhung schwerwiegender Straftaten etwa durch Bombendrohungen, geplante Anschläge oder andere schwere Angriffe gegen das Gemeinwohl durchaus geeignet sein können, sowohl das kollektive als auch das individuelle Sicherheitsgefühl zu beeinträchtigen. Ob dies allerdings bei allen Katalogtatbeständen des § 126 StGB der Fall ist, kann durchaus bezweifelt werden. Bei den hier behandelten Straftatbeständen ist zu prüfen, ob Rechtsgüterschutz und Strafzweck die weite Vorverlagerung der Strafbarkeit in das Vorfeld einer tatsächlich begangenen Tat rechtfertigen und die Tatbestände trotz der verschwindend geringen kriminalpolitischen Bedeutung mehr als nur Symbolwert haben.

a) Strafzweck des § 111 StGB

Seit dem Erlaß der preußischen PreßVO wird die Strafbarkeit öffentlicher Aufforderungen mit der „besonderen Gefahr, die von einer öffentlichen Aufforderung ausgeht" begründet[13].

Empirische Erkenntnisse, die diese These untermauern, gibt es nicht, auch die Strafverfolgungspraxis hat diese These nicht bestätigt. Die plakative Formulierung *Drehers*, der Täter habe „eine Fackel geworfen und weiß selbst nicht, ob sie zündet. Verhindern kann er dies nicht mehr"[14] wurde von *Bosch* mit dem Hinweis fortgesetzt, der „Anstifter kann gegebenenfalls noch Brennholz nachlegen, um den Brand wirklich zu entfachen"[15].

Jakobs lehnt die These von der besonderen Gefährlichkeit ab und verweist darauf, Normadressat sei nicht, wer einer Masse „mehr oder weniger naiv Ideen liefert sondern begabte Demagogen" und die Gefahr liege in der Ansprache einer „bereits latent vorhandenen Motivationsbereitschaft"[16].

---

11 *Dreher / Tröndle*, StGB, 56. Aufl. § 126 Rdnr. 2, m.w.N.

12 *Dreher / Tröndle*, a.a.O. Rdnr. 3, m.w.N.

13 *Dreher / Tröndle*, a.a.O. § 111 Rdnr. 1, *Bosch*, Mü-Ko, § 111 Rdnr. 1,

14 *Dreher*, a.a.O. S. 313.

15 *Bosch*, MK, § 111, Rdnr. 3

16 *Jakobs*, ZStW 97, 751–785 (777, Fn. 33).

Auch *Weidner* lehnt die besondere Gefährlichkeit ab und führt zutreffend aus, allein die im Gegensatz zur Anstiftung quantitativ größere Anzahl erreichbarer potentieller Täter könne nicht die intensive Einwirkung ersetzen, wie sie bei der Anstiftung vorliegen müsse und stuft die öffentliche Aufforderung als im Verhältnis zur Anstiftung weniger gefährlich ein[17].

Kissel weist völlig zutreffend darauf hin, dass die These von der „besonderen Gefahr" von einem tiefen Misstrauen gegen die Rechtschaffenheit der Bevölkerung und einer Sicht des Bürgers als ständige Gefahrenquelle zeugt. Ebenfalls völlig zutreffend sind seine Ausführungen, es lasse sich „derzeit kaum ein Bild einer Gesellschaft zeichnen, in der weite Bevölkerungskreise bereits wären, jedwedem Aufruf extremen Inhalts leichthin Folge zu leisten"[18].

Der von *Jakobs* gewählte Begriff des „Feindstrafrechts" bringt das u.a. in § 111 StGB manifestierte Misstrauen des Gesetzgebers gegenüber der Rechtstreue der Bürger auf die Staatsbürger plastisch auf den Punkt[19].

Auch die Strafverfolgungspraxis rechtfertigt die These von der besonderen Gefährlichkeit in keiner Hinsicht. Die von *Kissel* vorgenommene Analyse der strafrechtlich verfolgten Aufforderungen[20] führt vielmehr zu einer gänzlich anderen Beurteilung. Mit Strafverfahren überzogen wurden Aufforderungen, die seinerzeit in der Öffentlichkeit heftig kritisierte und schließlich für verfassungswidrig erklärte Volkszählung durch das Abschneiden der Kennziffern auf den Erhebungsbögen zu boykottieren, sich dem Bundeswehreinsatz im ersten Kosovokonflikt zu entziehen oder an Sitzblockaden teilzunehmen. Diese Aufforderungen waren in erster Linie solche zum politischen Protest, die allenfalls sekundär, mehr zufällig und am Rande, auch als Aufrufe zu den Vergehen der Sachbeschädigung, Fahnenflucht und, auf dem Boden der früheren Rechtsprechung, Nötigung, zu verfolgen waren. Lediglich der Aufruf *Kaplans* zur Tötung des sog. „Gegenkalifen" fällt hier aus dem Rahmen. Warum dieser recht allgemein gehaltene Aufruf allerdings gefährlicher gewesen sein könnte als eine Anstiftung bestimmter, potentiell tatbereiter Anhänger, erschließt sich nicht. Zwar wurde der „Gegenkalif" tatsächlich umgebracht, ob dies jedoch wegen des Aufrufs oder aus völlig anderen Gründen geschehen ist, wurde nicht aufgeklärt, da die Täter nicht ermittelt werden konnten. Als Ergebnis ist daher festzuhalten, dass der Strafzweck der „besonderen Gefahr" den Tatbestand jedenfalls nicht rechtfertigt. Die Rechtsgüter, zu deren Verlet-

17 *Weidner*, Aufforderung, S. 45 ff.

18 *Kissel*, Aufrufe, S. 138 f.

19 *Jakobs*, a.a.O. 753, 756.

20 *Kissel*, a.a.O. S. 19 ff.

zung aufgefordert wird, sind durch die Vorschriften über Täterschaft und Teilnahme als ausreichend geschützt anzusehen. Auch die oben genannten nicht akzessorischen Rechtsgüter bedürfen dieses strafrechtlichen Schutzes nicht.

b) Strafzweck der §§ 130a und 140 StGB

Strafzweck beider Tatbestände ist nach h.M. die „Verhinderung eines geistigen Klimas, in dem derartige Straftaten gedeihen können"[21]. Nun ist die Frage erlaubt, ob nicht bereits ein entsprechendes Klima vorhanden sein muss, damit die Anleitung oder Billigung von Straftaten auf entsprechend fruchtbaren Boden fällt. Fraglich ist auch, ob ein wie auch immer geartetes geistiges Klima strafrechtlichem Schutz überhaupt zugänglich ist.

Jakobs verneint die Strafwürdigkeit des von ihm als *Klimadelikt* bezeichneten § 140 StGB und führt zutreffend aus, da keine Zwangsmittel eingesetzt werden, bleibe es jedermanns eigene Entscheidung, ob er „auf die Belohnung oder Billigung eines Verhaltens hin ungläubig den Kopf schüttelt oder gläubig beginnt, Bomben zu basteln"[22]. Auch dem teilweise genannten Strafzweck „Unterlassen von Provokationen gegen den Geltungsanspruch der Rechtsordnung" tritt *Jakobs* entgegen und führt aus, ein solches Verbot unterdrücke „die Artikulation der Wirklichkeit, sobald die Rechtsordnung, mit guten oder mit schlechten Gründen, wirklich missachtet wird" und bezeichnet den Tatbestand zu Recht als mit einer freiheitlichen Staatsverfassung unvereinbar[23].

Ebert hingegen vertritt die Auffassung, jedenfalls die „Billigungsalternative" des § 140 StGB diene dem Schutz des „Wertekonsens der Rechtsgemeinschaft vor nicht mehr tolerablen Angriffen"[24]. In der Kommentierung wird auch auf ein „empirischer Feststellung entzogenes Klimas"[25] verwiesen. Selbst wenn diese Strafzwecke als ausreichend angesehen werden, stellt sich jedoch die weitere Frage, ob §§ 130a, 140 StGB geeignet sind, der Bildung eines solchen Klimas entgegenzuwirken. Der Gesetzgeber hat sich nicht der Mühe unterzogen, die Tatbestände expliziert auszuwählen, bei deren Anleitung, Billigung oder Belohnung ein gefährliches „Klima" entstehend könnte, sondern auf bereits bestehende Straftatenkataloge und im Fall des § 130a StGB den Tatbe-

---

21 *Dreher / Tröndle*, a.a.O. § 130a, Rdnr. 2, § 140 Rdnr. 2 m.w.N.

22 *Jakobs*, a.a.O. S. 780.

23 *Jakobs*, a.a.O. S. 780 f; s. auch *Bemmann*, Meinungsfreiheit und Strafrecht 1981, S. 16 f.

24 *Ebert*, Festschrift Spendel, S. 115–139 (118 f).

25 *Dreher / Tröndle*, a.a.O. § 130a, Rdnr. 2, § 140 Rdnr. 2 m.w.N.

stand durch eine für einen anderen Tatbestand geschaffenene Sozialadäquanzklausel eingeschränkt. Eine Betrachtung dieser Kataloge und der Sozialadäquanzklausel kann Aufschluss darüber geben, ob die Tatbstände in der vorliegenden Form geeignet sind, den Strafzweck zu erreichen.

aa) Katalogstraftaten des § 130a StGB

§ 130a StGB und § 130a a.F. wurden in das StGB eingefügt, um Anleitungen zu bestimmten Straftaten, insbesondere von Anschlägen mit Sprengstoff oder auf Verkehrseinrichtungen zu sanktionieren und die Verbreitung der sog. „Kochbücher" einzudämmen. Ein Blick auf die Katalogstraftaten des § 126 StGB, auf den § 130a StGB verweist, zeigt jedoch, dass keineswegs nur Anleitungen erfasst werden, die in terroristischen oder militanten Kreisen Nachahmungstätern die Tatausführung tatsächlich erleichtern. Vielmehr handelt es sich um ein Sammelsurium verschiedenster Tatbestände, deren Ankündigung strafwürdig sein mag, zu deren Anleitung jedoch weder ein Bedürfnis besteht noch eine realistische Wahrscheinlichkeit vorliegt, dass derartige Anleitungen in der Praxis überhaupt gegeben werden.

§ 126 Abs. 1 StGB nennt die Tatbstände des Landfriedensbruchs im besonders schweren Fall, Mord, Totschlag, Völkermord und Verbrechen gegen die Menschlichkeit, schwere Körperverletzung, bestimmte Fälle der Geiselnahme und Entführung, schwerer Menschenhandel zum Zwecke der sexuellen Ausbeutung oder der Ausbeutung der Arbeitskraft (Sklaverei), Raub und räuberische Erpressung und bestimmte Fälle gemeingefährlicher Verbrechen vom gefährlichen Eingriffen in den Straßenverkehr über Brandstiftung bis hin zur Freisetzung ionisierender Strahlen.

Wie eine Anleitung etwa zum Völkermord oder zum Menschenhandel mit dem Ziel der sexuellen Ausbeutung oder zum Sklavenhandel aussehen sollte und wie dadurch Nachahmungstäter motiviert werden könnten, ist nicht nur schwer, sondern gar nicht vorstellbar. Anleitungen zu Mord oder Totschlag enthalten ohnehin zahlreiche Werke der Kriminalliteratur, und die Delikte des Raubes und der räuberischen Erpressung werden nach der langjährigen Erfahrung der Verfasserin als Staatsanwältin regelmäßig auch von geistig nicht sehr bewanderten Straftätern begangen, ohne dass jemals eine Anleitung erforderlich gewesen wäre oder Anlass der Tatausführung war. Eine Anleitung zu derartigen Delikten dürfte auch kaum geeignet sein, das als Strafzweck genannte „sozialschädliche Klima" zu wecken, zumal diese Taten in der Bevölkerung mit Abscheu betrachtet werden. Gleiches gilt für den gefährlichen Eingriff in den Straßenverkehr, der Verschleppung in das Ausland zum Zwecke der politischen Verfolgung oder der schweren Körperverletzung und Brandstiftung mit Todesfolge, wobei es sich bei den beiden letztgenannten Taten ohnehin um Erfolgsqualifikationen handelt, die einer Anleitung kaum zugänglich sind.

Ein Problem stellt auch die gem. § 130a Abs. 3 StGB anzuwendende Sozialadäquanzklausel des § 86 Abs. 3 StGB dar. Der objektive Tatbestand des § 130a Abs. 1 Nr. 1 StGB setzt voraus, dass die Schrift geeignet ist, als Anleitung einer der Katalogtatbestände des § 126 Abs. 1 zu dienen und nach ihrem Inhalt auch dazu bestimmt ist, die Tatbegehung anderer zu fördern bzw. die Verbreitung einer neutralen Schrift mit dieser Zielrichtung. Allerdings bleibt die mit der vorgenannten Zielrichtung verbreitete Anleitung straflos, wenn die gem. § 130a Abs. 3 anzuwendende Sozialadäquanzklausel des § 86 Abs. 3 StGB greift. Dies ist der Fall, wenn die Anleitung sozialadäquat der staatsbürgerlichen Aufklärung, der Abwehr verfassungsfeindlicher Bestrebungen, der Kunst oder Wissenschaft, der Forschung oder der Lehre, der Berichterstattung über Vorgänge des Zeitgeschehens oder der Lehre oder ähnlichen Zwecken dienen soll. Derartige legale Ziele sind bei der Zielrichtung der Werbung um Nachahmungstäter außerhalb des Bereichs des Vorstellbaren[26]. Eine Auseinandersetzung mit der Freiheit der Kunst, Lehre und Presse ist daher an dieser Stelle entbehrlich.

Zusammenfassend lässt sich feststellen, dass der ganz überwiegende Teil der Katalogstrafen mit dem Strafzweck nicht in Übereinstimmung gebracht werden kann und die Sozialadäquanzklausel zwar in § 86 StGB angebracht sein mag, nicht jedoch bei § 130a StGB.

bb) Katalogstraftaten des § 140 StGB

Zum Katalog des § 126 StGB gelten die Ausführungen zu § 130a StGB ebenfalls. § 140 StGB nimmt darüber hinaus noch Bezug auf den Straftatenkatalog des § 138 Nr. 1 bis 4 StGB sowie die §§ 176 Abs. 3, 176a, 176b, 177, 178, 179 Abs. 3, 5 und 6.

Bei den §§ 176 ff StGB handelt es sich sämtlich um Sexualstraftaten. So sind die in §§ 176b und 178 StGB normierten Taten des sexuellen Missbrauchs von Kindern mit Todesfolge und die sexuelle Nötigung und Vergewaltigung mit Todesfolge sind Erfolgsqualifikationen und dem in § 140 StGB ausdrücklich genannten Versuch gar nicht zugänglich. Zudem wurden alle Sexualstraftaten in den Tatbestand aufgenommen, die mit Freiheitsstrafe von mindestens einem Jahr bedroht sind, unabhängig davon, ab die in Bezug genommenen Absätze

---

26 So auch *Miebach / Schäfer*, a.a.O. § 130a Rdnr. 41.

lediglich die Strafzumessung regeln. In den §§ 176 Abs. 3 und § 179 Abs. 3 und 5, deren Abs. 1 jeweils den sexuellen Missbrauch von Kindern und von widerstandsunfähigen Personen regelt, überschreitet die Mindeststrafe des Grundtatbestandes diese Schwelle nicht, so dass statt dessen nur die Belohnung oder Billigung des sexuellen Missbrauchs im besonders schweren Fall, im Fall des § 179 Abs. 5 auch des minder schweren Falls des besonders schweren Falls, nicht aber des Grundtatbestandes strafbewehrt ist. Wer einen sexuellen Missbrauch, bei dem die Strafe dem Regelstrafrahmen des Grundtatbestandes entnommen wurde, belohnt oder billigt, bleibt straflos, wird der Täter jedoch wegen eines besonders schweren Falles verurteilt, ist auch die Billigung oder Belohnung strafbar. Dies Ergebnis widerspricht der gängigen Auslegung des § 140 StGB, dass die belohnte oder gebilligte Tat nicht zur Aburteilung gekommen sein muss. Hinzu kommt, dass Sexualstraftaten gesellschaftlich geächtet sind und ein öffentliches Billigen und gar das nicht an die Öffentlichkeit gedrungene Belohnen kaum geeignet sein dürften, andere zur Nachahmung anzuhalten. Der Katalog des § 138 Abs. 1 Nr. 1 bis 4 verweist auf die Straftaten der Vorbereitung eines Angriffskrieges, bestimmter Fälle des Hochverrats, des Landesverrats, der Gefährdung der äußeren Sicherheit sowie der Geld- und Wertzeichenfälschung. Hierzu ist anzumerken, dass die drei erstgenannten Tatkomplexe keine praktische Bedeutung aufweisen, also auch das Bedürfnis, deren Belohnung oder Billigung gesondert unter Strafe zu stellen, zumindest in Frage gestellt werden kann. Die Fälschung von Geld- oder Wertzeichen sind zwar durchaus von praktischer Bedeutung, es stellt sich jedoch auch die Frage, inwieweit das nachträgliche Belohnen oder Billigen geeignet sein könnte, andere zur Nachahmung zu veranlassen. Zu fragen ist darüber hinaus, wie eine nicht öffentlich gemachte nachträgliche Belohnung, die z.B. auch in einer geschlechtlichen Hingabe bestehen kann, das soziale Klima beeinflussen oder die Gültigkeit der Rechtsordnung tangieren können soll. Bezeichnenderweise bezieht sich das Tatbestandsmerkmal der friedensstörenden Eignung auch nur auf die öffentliche Billigung, nicht jedoch die Belohnung. Auch bei den in § 140 StGB in Bezug genommenen Katalogstraftaten des § 126 StGB gelten die Ausführungen zu § 130a StGB.

3. Problempunkt: Internetkriminalität

Die Zeiten, in denen in Printmedien und auf Versammlungen zu Straftanten aufgefordert oder um Nachahmungstäter geworben wird, dürften nahezu vorbei sein. Seit Beginn der 90er Jahre wird mehr und mehr das Internet als Kommunikationsplattform genutzt. Was vorher in WG-Küchen, studentischen Sit-ins oder auf Versammlungen diskutiert wurde, wird heutzutage als Blog ins

Internet gestellt, in offenen oder geschlossenen Foren, Newsgroups oder Mailinglisten diskutiert und zum Herunterladen bereitgestellt. Neben der gerade ins Augenmerk der Politik geratenen Kinderpornographie sind auch die hier behandelten Straftaten in weitem Maß betroffen. Zu nennen seien beispielhaft das Anpreisen von Attentaten, Anschlägen und gewaltsamen Aktionen aus politischen oder sonstigen Gründen, Anleitungen zum Bau von Waffen und die Verbreitung von „Stammtischparolen", die im auch Aufforderung zu Straftaten enthalten können. Diese Verlagerung stellt die Strafverfolgung vor erhebliche Probleme, birgt aber auch Gefahren für den Internetnutzer. Probleme für die Strafverfolgung ergeben sich aus der schieren Größe des www. das im Gegensatz zu den Printmedien früherer Zeit unüberschaubar ist. Selbst wenn analog zu einer Beschlagnahme inkriminierter Schriften die Sperrung bestimmter Seiten durchgesetzt werden kann, sind diese Seiten im Zweifel längst gespiegelt und stehen auf anderen Servern zur Verfügung bzw. sind Sperren leicht zu umgehen. Hinzu kommt die technisch leicht zu bewerkstelligende Anonymisierung und die Möglichkeit, inkriminierte Seiten auf Servern in Ländern einzustellen, die im Wege der Rechtshilfe nicht oder nur schwer zur Kooperation zu bewegen sind. Wenn die Täter nicht, wie seinerzeit Ernst Zündel[27], die nach deutschem Strafrecht relevanten Inhalte offen einstellen und sich als Verantwortlicher zu erkennen geben, laufen Ermittlungen nach den Verantwortlichem, so sie denn überhaupt angestellt werden, häufig genug ins Leere. Eine effektive Strafverfolgung, wenn sie denn politisch gewollt wäre, würde nicht nur voraussetzen, dass die Ermittlungsbehörden das Internet weiträumig und ggfs. automatisiert auf der Suche nach bestimmten Reizwörtern durchforsten und potentiell strafbare Inhalte, dann allerdings manuell, auswerten sondern auch, dass durch ein wie auch immer geartetes Verfahren sichergestellt ist, dass die Verantwortlichen eindeutig zu identifizieren sind. Ohne diese Instrumentarien, bei deren Vorstellung sich allerdings schwerwiegende Fragen nach der Rechtstaatlichkeit auftun, bliebt eine Strafverfolgung auf einige spektakuläre Einzelfälle beschränkt. Dies entspricht allerdings auch nicht dem Gebot der Rechtstaatlichkeit.

Gefahren für die Internetnutzer ergeben sich auch aus der Rechtsprechung zur Verlinkung auf Seiten mit entsprechenden Inhalten. Während im Strafverfahren gegen Angela Marquard[28] vor dem Landgericht Tiergarten noch offenge-

---

27 *Zündel* hat auf der von ihm bzw. seiner Ehefrau auf einem Server in Amerika den Holocaust geleugnet, was sowohl in Deutschland als auch in Kanada, seinem Wohnsitz, strafbar ist. Er wurde nach Deutschland ausgeliefert und durch das Landgericht Mannheim zu einer Freiheitsstrafe von fünf Jahren verurteilt.

28 *Angela Marqwardt* war 1996 wegen Beihilfe zu § 130a StGB angeklagt worden, weil sie auf ihrer Homepage einen Hyperlink zu der Zeitschrift „Radikal" mit einer Anleitung

lassen wurde, ob ein Hyperlink auf eine Seite mit inkriminierten Inhalten strafbar ist, geht die Tendenz in der Rechtsprechung dahin, die Verantwortlichkeit für Inhalte der verlinkten Seiten demjenigen zuzuweisen, der den Link gesetzt hat bzw. den Betreiber einer Internetsite zur ständigen Kontrolle der auch von Dritten, z.B. in einem Gästebuch, eingestellten Inhalte zu verpflichten.

II. Kontinuität

Eine Kontinuität ist in dreierlei Hinsicht festzustellen. Zum einen aufgrund des Umstands, dass die §§ 110, 111 StGB die Zeit seit dem Erlaß des Reichsstrafgesetzbuchs bis in das StGB der Bundesrepublik Deutschland unverändert überdauert haben und § 140 StGB die Tradition des RepublikschutzG[29] fortsetzt. Eine weitere Kontinuitätslinie zeigen die zahlreichen Versuche, die §§ 110, 111 StGB auf eine indirekte Aufforderung auszudehnen, was, von Verordnungen während der Weimarer Republik und des Nationalsozialismus abgesehen, erst in der Bundesrepublik Deutschland durch §§ 88a a.F., 130a und 140 StGB gelungen ist und die damit im Zusammenhang stehende These von der besonderen Gefahr durch öffentliche Äußerungen. Eine weitere Kontinuität besteht in der weitgehenden Bedeutungslosigkeit der hier behandelten Straftatbestände. Die vielfältigen Bemühungen um eine möglichst lückelose Erfassung potentiell gefährlicher Äußerungen, sei es zum Ungehorsam oder zu Straftanten, sei es in Form des Anleitens oder des Billigens, stehen in keinem Verhältnis zur tatsächlichen kriminalpolitischen Bedeutung dieser Tatbestände.

III. Symbolstrafrecht

Die Frage, ob den hier behandelten Tatbeständen lediglich ein symbolischer Stellenwert zukommt, stellt sich aus zwei Gründen. Zum einen ist dies die verschwindend geringe kriminalpolitische Bedeutung und zum anderen die Frage, ob tatsächlich strafwürdiges oder lediglich moralisch verwerfliches Verhalten strafrechtlich geächtet wird bzw. wurde.

Wenn mit *Rohrßen* der Begriff des Symbolstrafrechts auf den „Schutz sozialethischer Gesinnungswerte der Bevölkerung, Bewährung des Rechts und Beförderung der allgemeinen Gesetzesachtung“ beschränkt wird[30], kamen den

---

zu einem Sprengstoffanschlag gesetzt hatte. Der Freispruch erfolgte aus tatsächlichen Gründen weil nicht nachvollzogen werden konnte, wann die Anleitung online gestellt wurde und ob die Angeklagte von der Anleitung gewußt hat.

29 Z. verfl. Kap. 8 A I.

30 Ausführlich zum Begriff: *Rohrßen*, Volksverhetzung, Kap. 10 B IV. m.w.N.

aufgehobenen §§ 88a und 110 StGB bloß symbolische Bedeutung zu. § 88a StGB schützte die sozialethische Gesinnung durch die Strafbarkeit einer verfassungsfeindlichen Befürwortung bestimmter Straftaten und § 110 StGB die allgemeine Achtung der Rechtsordnung bis hinunter zu Anordnungen der zuständigen Obrigkeit. Auch die Tatsache, dass die Aufhebung beider Tatbestände keine erkennbare Strafbarkeitslücke hinterlassen hat, deutet darauf hin, dass lediglich symbolisch und nicht praxisrelevant bestimmte Äußerungen strafrechtlich sanktioniert wurden. Auch wurde eine vielleicht moralisch zu verurteilende Äußerung unter Strafe gestellt, deren strafrechtliche Relevanz mehr als fraglich ist.

Bei § 111 Abs. 1 StGB handelt es sich nach hier vertretener Ansicht ebenfalls um bloß symbolisches Strafrecht, denn der Nachweis der Kausalität zwischen der Aufforderung und der tatsächlichen Tatbegehung dürfte kaum je zu führen sein. Dieser Nachweis ist nicht einmal bei dem Aufruf des „Kalifen von Köln" zur Beseitigung des „Gegenkalifen" gelungen. Zu § 111 Abs. 2 StGB ist insoweit anzumerken, dass sich der praktische Nutzen in der Strafbarkeit von Aufforderungen manifestiert hat, die sich – vom Aufruf des „Kalifen von Köln" einmal abgesehen – seit der Verurteilung von *Rosa Luxemburg* in erster Linie als politische Unmutsäußerung dargestellen, die mehr oder minder zufällig auch als Aufforderung zur Begehung einer Straftatbestand darstellen. Wie *Kissel* zutreffend ausführt, hätte bei den der Mehrheit den Verurteilungen zugrundeliegenden Äußerungen die Prüfung nahegelegen, ob es sich um politische Proteste handelt, die vom Grundrecht der Meinungsfreiheit gedeckt sind[31].

Bei § 130a StGB rechtfertigt die verschwindend geringe Zahl von Ermittlungsverfahren ebenfalls eine Einstufung als Symbolstrafrecht. Auch wenn die Strafwürdigkeit der Verbreitung von Anleitungen zu bestimmten Straftaten – dann allerdings nach Beschränkung auf tatsächlich gefährliche Anleitung wie der zum Bau von Bomben o.ä. – bejaht wird, ist durch die Verlagerung der Verbreitung von „Kochbüchern" auf das Medium Internet und den damit einhergehenden praktischen Problemen der Strafverfolgung[32] jedenfalls derzeit von bloß symbolischer Strafgesetzgebung auszugehen.

---

31 *Kissel*, a.a.O. S. 27 ff.

32 Hier ergeben sich mehrere praktische Probleme. Wenn in Newsgroups oder Foren Anleitungen gegeben werden, findet dies weitgehend unbemerkt von staatlicher Kontrolle statt. Eine flächendeckende Überwachung des Internets ist weder möglich noch kann dies als wünschenswert angesehen werden. Aber selbst wenn derartige Äußerungen zur Kenntnis der Ermittlungsbehörden gelangen, gestalten sich die Ermittlungen schwierig, weil sich die User unter Nicknamen äußern und die tatsächliche Identität nur

Bei § 140 StGB ist mit *Jakobs* davon auszugehen, dass es dem Täter überlassen ist, die Billigung als Anreiz zur Tatbegehung anzunehmen oder davon Abstand zu nehmen. Die insoweit bedeutsamsten Fälle, der sog. „Buback-Nachruf" und das Buch „Wie alles anfing" von „Bommi Baumann" sind zwar moralisch fragwürdig, die strafrechtliche Relevanz aber durchaus in Frage zu stellen. Die nachträgliche „Belohnung" von Straftaten schließlich sanktioniert ausschließlich moralisch zu beurteilendes Verhalten. Hier ist nicht ersichtlich, welches staatliche Interesse am Bestand der Rechtsordnung eine Strafbarkeit eines den privaten Bereich nicht überschreitenden Verhaltens haben noch welche praktische Bedeutung dem zukommen sollte.

IV. Schlussbetrachtung und Ausblick

Auch wenn wenig Hoffnung besteht, dass in naher Zukunft eine konsequente Reinigung das StGB von „Altlasten" des Reichsstrafgesetzbuchs durchgeführt werden wird, bleibt es doch eine Tatsache, dass die hier behandelten Tatbestände weitgehend unbehelligt von Eingriffen der Strafjustiz aus gutem Grund im Zustand des „Dornröschenschlafs" befinden. Die Überfrachtung der Tatbestände mit Ungereimtheiten, die dem „Kernstrafrecht" fremd sind, wie etwa der Umstand, dass bei einem Aufruf zur Begehung selbst eines unbedingten Antragsdelikts ein solcher Antrag nicht erforderlich und ein Rücktritt nicht möglich ist und dem nur als „kunterbuntes Durcheinander" zu bezeichnenden Katalogs der §§ 130a und 140 StGB neben der zunehmenden Verlagerung des Meinungsaustausches ins Internet und den damit einhergehenden Problemen der Strafverfolgung begründet jedenfalls die Erwartung, dass die Äußerungsdelikte auch in Zukunft weit ab von irgendeiner praktischen Bedeutung ihr Dasein fristen werden. Es besteht allerdings die Gefahr, dass die Tatbestände wie schon in der Vergangenheit herangezogen werden, um bestimmte politisch motivierte Äußerungen strafrechtlich zu verfolgen. Allerdings werden seitens der Verfasserin nach der Würdigung der Entstehungsgeschichte der hier behandelten Tatbestände folgende Schlüsse gezogen:

---

mit großen Mühen und häufig wenig erfolgversprechend zu ermitteln ist. Wenn die Anleitungen auf ausländischen Servern abgelegt werden, namentlich in Ländern ohne effektive Strafverfolgung bzw. ohne Rechtshilfeabkommen, ist eine Strafverfolgung kaum möglich. Schließlich setzt eine Verfolgung derartiger Delikte voraus, dass sich der Täter in Deutschland befindet oder zum Zwecke der Strafverfolgung nach Deutschland ausgeliefert wird. Gerade der letzgenannten Möglichkeit steht entgegen, dass es nicht im Sicherheitsinteresse sein dürfte, potentiell gefährliche Gesinnungsstraftäter in den Geltungsbereich des deutschen Strafgesetzbuchs zu verbringen.

Bei § 111 StGB sollte über die ersatzlose Streichung nachgedacht werden. Bei einer politischen Auseinandersetzung darf es nicht strafbegründend sein, wenn ein Aufruf zum Protest lediglich am Rande auch einen Aufruf zur Begehung eines Straftatbestandes beinhaltet. Die vielzitierte „besondere Gefährlichkeit" ist durch nichts erwiesen, sondern es sprechen gewichtige Argumente gegen diese These. Damit wäre es an der Zeit, die ängstliche und misstrauische Sichtweise der Kaiserzeit zu überwinden und den Tatbestand ersatzlos zu streichen. Wenn schon eine Streichung nicht in Betracht kommt, sollte an eine Überführung in den AT nachgedacht werden, wie dies bereits *Goers* gefordert hat[33] und wofür auch *Kissel* eintritt[34].

Wenn die §§ 130a und 140 StGB ernst genommen werden sollen, und der Gesetzgeber hat schon wegen der sich aus der StPO ergebenden tiefgreifenden Eingriffsmöglichkeiten in die Freiheitsrechte der Bürger die Pflicht, strafwürdiges von bloß moralisch fragwürdigen Verhalten zu scheiden, sollten beide Tatbstände gründlich überarbeitet werden[35]. Es reicht nicht aus, auf Katalogstraftaten und Sozialadäquanzklauseln anderer, in Bezug genommener Tatbestände zu verweisen, ohne eine eingehende Prüfung vorzunehmen, ob diese Katalogstraftaten irgendeinen Bezug zu der Anleitung oder Billigung selbst haben. Hier seien beispielhaft die rein erfolgsqualifizierten Straftaten, die einem Versuch nicht einmal zugänglich sind ebenso zu nennen wie die allgemein geächteten Sexualstraftaten aus dem Katalog des § 140 StGB, deren Billigung oder gar unter Ausschluss der Öffentlichkeit stattfindende Belohung kaum geeignet sein dürfte, Nachahmungstäter zu motivieren. Auch der bloße Verweis auf die Sozialadäquanzklausel des § 86a Abs. 3 StGB lässt eine ernsthafte Beschäftigung mit § 130a StGB vermissen. Es ist sicherlich bequem, auf bestehende Instrumentarien zurückzugreifen. Ob dies auch sinnvoll ist, steht auf einem ganz anderem Blatt. Die Gesetzgebungsvorhaben von der preußischen PreßVO bis hin zur Weimarer Republik zeugen jedenfalls von einem ernsthafteren Umgang mit der Abgrenzung strafbarer Aufforderung zu erlaubter Kritik als die bloße Bezugnahme auf eine nach gänzlich anderen Kriterien entwickelten Sozialadäquanzklausel eines anderen Tatbestandes.

---

33 *Goers*, Rechtsfrieden, S. 10.

34 *Kissel*, a.a.O. S. 200 schlägt vor, § 26 StGB um einen Absatz 2 „ebenso wird bestraft, wer vorsätzlich eine unbestimmte Anzahl von Personen zu einem Verbrechen oder zu einer Gewalttat gegen Menschen aufgefordert hat. §§ 30 Abs. 1, 31 Abs. 1 Ziff. 1 gelten entsprechend" zu ergänzen.

35 *Bemmann*, Meinungfreiheit, S. 16 f.

Wünschenswert wäre allerdings die von *Vormbaum* und *Naucke* geforderte echte Entkriminalisierung und die Beschränkung auf das Kernstrafrecht[36], statt die Strafdrohungen im StGB und im Nebenstrafrecht ständig zu verschärfen[37].

---

36 *Naucke*, Entkriminalisierung, GA 1984, S. 199–217. *Vormbaum*, Politisches Strafrecht, ZStW, 107 (1995), 734–760 (756 ff.).

37 Als Beispiel für eine Verschärfung, die im Einzelfall zu einer nicht schuldangemessenen Strafe führen kann, sei der sexuelle Mißbrauch von Kindern genannt. Die Strafandrohung von Freiheitsstrafe nicht unter zwei Jahren, im minder schweren Fall von nicht unter einem Jahr hat die zwingende Folge, dass ein strafrechtlich noch nie in Erscheinung getretener, gerade 21 Jahre alt gewordener junger Mann, der mit einem kurz vor dem 14. Geburtstag stehenden Mädchen einvernehmlich den Geschlechtsverkehr ausführt, zu mindestens einem Jahr Freiheitsstrafe zu verurteilen ist. Nach früherem Recht betrug die Mindeststrafe nur drei Monate, hätte also in eine Geldstrafe von neunzig Tagessätzen umgerechnet werden können.
Die wahre Flut von Straf- und Bußgeldvorschriften im Nebenstrafrecht ist an dieser Stelle ebenfalls zu nennen. Es gibt kaum eine neuere Verordnung, die nicht zahlreiche Straf- und Bußgeldvorschriften aufweist.

ANHANG

Anhang 1: Entwurfsfassungen

Entwurf	*Tatbestandsfassung*
Entwurf Friedberg (Juli 1869)	§ 42 Wer öffentlich vor einer Menschenmenge, oder wer durch Schriften, oder andere Darstellungen, welche verbreitet, oder öffentlich ausgestellt oder angeschlagen werden, zur Verübung einer Verbrechens oder Vergehens auffordert, anreizt, verleitet oder zu bestimmen sucht, soll als Anstifter bestraft werden, wenn die Aufforderung das Verbrechen oder Vergehen, oder einen strafbaren Versucht zur Folge gehabt hat. Ist die Aufforderung ohne Erfolg geblieben, so tritt Geldbuße bis zu zwei hundert Thalern oder Gefängnis bis zu Einem Jahre ein. Die Strafe darf jedoch, der Art oder dem Maaße nach, keine schwerere sein, als die auf die That selbst angedrohte. § 92 Wer öffentlich vor einer Menschenmenge, oder wer durch Schriften oder andere Darstellungen, welche verbreitet, oder öffentlich ausgestellt oder angeschlagen werden, zum Ungehorsam gegen die Gesetze oder Verordnungen oder die Anordnungen der Obrigkeit auffordert oder anreizt, oder wer in gleicher Weise Handlungen, die in den Gesetzen als Verbrechen oder Vergehen bezeichnet sind, rechtfertigt oder anpreiset, wird mit Gefängnis bis zu zwei Jahren oder mit Geldbuße bis zu zweihundert Thalern bestraft.
II. Entwurf (Dezember 1969)	§ 108 Wer öffentlich vor einer Menschenmenge oder wer durch Schriften oder andere Darstellungen, welche verbreitet oder öffentlich ausgestellt oder öffentlich angeschlagen werden, zum Ungehorsam gegen Gesetze oder Verordnungen oder Anordnungen der Obrigkeit auffordert, oder wer in gleicher Weise strafbare Handlungen durch Rechtfertigung anpreist, wird mit Geldstrafe bis zu zweihundert Thalern oder mit Gefängniß bis zu zwei Jahren bestraft. § 109: (1) Wer auf die vorbezeichnete Weise zur Verübung einer strafbaren Handlung auffordert, soll gleich dem Anstifter bestraft werden, wenn die Aufforderung die

	strafbare Handlung oder einen strafbaren Versuch zur Folge gehabt hat. (2) Ist die Aufforderung ohne Erfolg geblieben, tritt Geldstrafe bis zu zweihundert Thalern oder Gefängnis bis zu einem Jahre ein. Dies Strafe darf jedoch, dem Art oder dem Maaße nach, keine schwerere sein. als die auf die That selbst angedrohte.
RStGB (Mai 1870)	§ 110 Wer öffentlich vor einer Menschenmenge, oder wer durch Verbreitung oder öffentlichen Anschlag, oder durch öffentliche Ausstellung von Schriften oder anderen Darstellungen zum Ungehorsam gegen Gesetze oder rechtsgültige Verordnungen oder gegen die von der Obrigkeit innerhalb ihrer Zuständigkeit getroffenen Anordnungen auffordert, wird mit Geldstrafe bis zu zweihundert Thaler oder mit Gefängnis bis zu zwei Jahren bestraft. § 111. (1) Wer auf die vorbezeichnete Weise zur Verübung einer strafbaren Handlung auffordert, soll gleich dem Anstifter bestraft werden, wenn die Aufforderung die strafbare Handlung oder einen strafbaren Versuch zur Folge gehabt hat. (2) Ist die Aufforderung ohne Erfolg geblieben, tritt Geldstrafe bis zu zweihundert Thalern oder Gefängnis bis zu einem Jahre ein. Die Strafe darf jedoch, dem Art oder dem Maaße nach, keine schwerere sein als die auf die That selbst angedrohte.
Entwurf Gesetz über die Presse (1874)	§ 20 Wer mittels der Presse den Ungehorsam gegen das Gesetz oder die Verletzung von Gesetzen als etwas Erlaubtes oder Verdienliches darstellt, wird mit Gefängnis oder Festungshaft bis zu 2 Jahren bestraft. Sind mildernde Umstände vorhanden, so tritt Geldstrafe bis zu 600 Mark ein. Wer die in § 166 (Gotteslästerung, Anm. d. Verf.) des Strafgesetzbuchs für das Deutsche Reich vorgesehenen Handlungen mittels der Presse verübt, wird mit Gefängnis nicht unter drei Monaten bis zu vier Jahren bestraft.
Entwurf der Strafgesetznovelle (1876)	§ 110 Wer öffentlich vor einer Menschenmenge, oder wer durch Verbreitung oder öffentlichen Anschlag oder öffentliche Ausstellung von Schriften oder andere Darstellungen zum Ungehorsam gegen Gesetze oder rechtsgültige Verordnungen oder gegen die von der Obrigkeit innerhalb ihrer Zuständigkeit getroffenen Anordnungen aufordert oder

	anreizt, insbesondere wer in der angegebenen Weise solchen Ungehorsam als etwas Erlaubtes oder Verdienliches darstellt, wird mit Gefängnis bestraft. Sind mildernde Umstände vorhanden, so kann auf Geldstrafe bis zu dreitausend Mark erkannt werden. Ist die Aufforderung oder Anreizung ohne Erfolg geblieben, so tritt Geldstrafe bis zu dreitausend Mark oder Gefängnis ein. Die Strafe darf jedoch der Art oder dem Maße nach keine schwerere sein, als die auf die Handlung selbst angedrohte. § 111 Wer auf die vorbezeichnete Weise zur Begehung einer strafbaren Handlung auffordert oder anreizt, insbesondere eine solche Handlung als verdienlich oder erlaubt darstellt, ist gleich dem Anstifter zu bestrafen, wenn die Aufforderung oder Anreizung die strafbare Handlung oder einen strafbaren Versuch derselben zur Folge gehabt hat. Sprengstoffgesetz (1884, aufgehoben 1964) § 10 Wer öffentlich vor einer Menschenmenge oder wer durch Verbreitung oder öffentlichen Anschlag oder öffentliche Ausstellung von Schriften oder anderen Darstellungen, oder wer in Schriften oder anderen Darstellungen zur Begehung einer der in den §§ 5 und 6 bezeichneten strafbaren Handlungen oder zur Theilnahme an denselben auffordert, wird mit Zuchthaus bestraft. Gleiche Strafe trifft denjenigen, welcher auf die vorbezeichnete Weise zur Begehung der in Absatz 1 gedachten strafbaren Handlungen insbesondere dadurch anreizt oder verleitet, dass er dieselben anpreist oder als etwas Rühmliches darstellt
Umsturzvorlage (Regierungsvorlage 1894)	§ 111a Gegen denjenigen, welcher auf die im § 110 bezeichnete Weise ein Verbrechen oder eines der in den §§ 113 bis 115, 124, 125, 240, 242, 253, 305, 317 und 321 vorgesehenes Vergehen anpreist oder als erlaubt darstellt, finden die Strafvorschriften Anwendung, die nach § 111 Abs. 2 für den Fall der Aufforderung zur Begehung einer solchen strafbaren Handlung gelten.
Umsturzvorlage (Kommissionsentwurf 2. Lesung)	§ 111 Abs. 2 Satz 2 Gleiche Strafe trifft denjenigen, welcher auf die im § 110 bezeichnete Weise zu einem Verbrechen, zum Ehebruch oder zu einem der in den §§ 115, 124, 166, 167, 249, 242, 305, 317, 321 vorgesehenes Vergehen dadurch anreizt,

	dass er eine solche Handlung anpreist oder als erlaubt darstellt.
Vorentwurf (1909)	§ 131 Wer die gesetzliche Ordnung dadurch gefährdet, dass er öffentlich oder durch Verbreitung von Schriften, Abbildungen oder Darstellungen zur Begehung von Verbrechen oder Vergehen oder zur Auflehnung gegen Gesetze oder rechtsgültige Verordnungen oder gegen die von der Obrigkeit innerhalb ihrer Zuständigkeit getroffenen Anordnungen auffordert oder aufreizt oder begangene Verbrechen verherrlicht, wird mit Gefängnis oder Haft bis zu zwei Jahren oder mit Geldstrafe bis zu zweitausend Mark bestraft
Gegenentwurf (1909)	§ 142 Wer öffentlich zur Auflehnung gegen Gesetze oder rechtsgültige Verordnungen oder gegen die von der Obrigkeit innerhalb ihrer Zuständigkeit getroffenen Anordnungen auffordert, wird mit Gefängnis bestraft. § 178 Wer öffentlich zur Begehung von Verbrechen oder Vergehen auffordert, wird mit Gefängnis bestraft. Ist zur Begehung von Mord oder eines gemeingefährlichen Verbrechens (§§ 215, 218, 220) aufgefordert worden, so ist die Strafe Zuchthaus bis zu fünf Jahren. § 179 Wer öffentlich zur Aufbringung der wegen einer strafbaren Handlung erkannten Geldstrafe auffordert oder den Empfang von zu diesem Zwecke geleisteten Zahlungen bescheinigt, wird mit Gefängnis bis zu sechs Monaten oder mit Geldstrafe bis zu eintausend Mark bestraft.
Kommissionsentwurf 1913 I (Erste Lesung)	§ 131 Wer öffentlich zur Auflehnung gegen Gesetze oder rechtsgültige Verordnungen oder gegen die von der Obrigkeit innerhalb ihrer Zuständigkeit getroffenen Anordnungen auffordert oder in einer die gesetzliche Ordnung gefährdenden Weise anreizt, wird mit Gefängnis oder Einschließung bis zu zwei Jahren oder Geldstrafe bis zu dreitausend Mark bestraft. § 131a Wer öffentlich zur Begehung von Verbrechen oder Vergehen auffordert oder anreizt, wird mit Gefängnis oder Einschließung bis zu zwei Jahren oder mit Geldstrafe bis zu dreitausend Mark bestraft. Erfolgt die Aufforderung oder Anreizung zum Mord oder zu einem gemeingefährlichen Verbrechen, so ist die

	Strafe Zuchthaus bis zu zehn Jahren, bei mildernden Umständen Gefängnis nicht unter drei Monaten. § 131b Wer vorsätzlich in einer den öffentlichen Frieden gefährdenden Weise Verbrechen verherrlicht, wird mit Gefängnis oder Einschließung bis zu zwei Jahren oder mit Geldstrafe bis zu dreitausend Mark bestraft.
Kommissionsentwurf 1913 II (Zweite Lesung)	§ 178 Wer öffentlich oder durch Verbreiten von Schriften, Abbildungen oder Darstellungen zur Auflehnung gegen ein Gesetz, eine Verordnung oder eine von der Obrigkeit getroffene Anordnung auffordert oder in einer die gesetzliche Ordnung gefährdenden Weise anreizt, wird, wenn das Gesetz oder die Verordnung rechtsgültig ist oder wenn die Obrigkeit zu der getroffenen Anordnung zuständig war, mit Gefängnis oder Einschließung bis zu zwei Jahren oder mit Geldstrafe bis zu dreitausend Mark bestraft. § 197 Wer öffentlich oder durch Verbreiten von Schriften, Abbildungen oder Darstellungen zu einem Verbrechen oder Vergehen auffordert oder anreizt, wird mit Gefängnis bis zu drei Jahren oder mit Geldstrafe bis zu fünftausend Mark bestraft. § 198 Wer vorsätzlich Verbrechen öffentlich oder durch Verbreiten von Schriften, Abbildungen oder Darstellungen verherrlicht und dadurch die gesetzliche Ordnung gefährdet, wird mit Gefängnis bis zu zwei Jahren oder mit Geldstrafe bis zu dreitausend Mark bestraft.
Kommissionsentwurf 1919	§ 206 Wer öffentlich oder durch Verbreitung von Schriften, Abbildungen oder Darstellungen zur Auflehnung gegen rechtsgültige Gesetze oder Verordnungen oder gegen Anordnungen, die eine Behörde innerhalb ihrer Zuständigkeit erlassen hat, auffordert oder aufwiegelt, wird mit Gefängnis oder Einschließung bis zu zwei Jahren oder mit Geldstrafe bestraft. Wer eine solche Handlung in der irrigen Annahme begeht, das Gesetz oder die Verordnung sei nicht rechtsgültig oder die Anordnung der Behörde liegen außerhalb ihrer Zuständigkeit, wird mit Gefängnis oder Einschließung bis zu sechs Monaten oder mit Geldstrafe bis zu dreitausend Mark bestraft. War der Irrtum unverschuldet, so ist der Täter straffrei.

	§ 207 Wer öffentlich oder durch Verbreitung von Schriften, Abbildungen oder Darstellungen zu einem Verbrechen oder Vergehen auffordert oder aufreizt, wird mit Gefängnis bis zu zwei Jahren oder mit Geldstrafe bestraft. Ist das Verbrechen oder Vergehen allein oder wahlweise mit Einschließung bedroht, so kann an Stelle von Gefängnis auf Einschließung erkannt werden.
Entwurf von 1922 (Entwurf Radbruch)	§ 158 Wer in der Absicht, ein Gesetz oder eine Verordnung wirkungslos zu machen, öffentlich zur Auflehnung dagegen auffordert, wird mit Gefängnis bis zu zwei Jahren bestraft. Die Aufforderung zur Auflehnung gegen eine Verordnung ist nur strafbar, wenn die Verordnung rechtsgültig ist. § 159 Wer öffentlich zu einer strafbaren Handlung oder zu Gewalttaten gegen Menschen oder Sachen auffordert, wird mit Gefängnis bis zu zwei Jahren oder mit Geldstrafe bestraft.
Entwurf 1924	§ 159 Wer in der Absicht, ein Gesetz oder eine Verordnung wirkungslos zu machen, öffentlich zur Auflehnung dagegen auffordert, wird mit Gefängnis bis zu zwei Jahren bestraft. Die Aufforderung zur Auflehnung gegen eine Verordnung ist nur strafbar, wenn die Verordnung rechtsgültig ist. § 160 Wer öffentlich zu einer strafbaren Handlung oder zu Gewalttaten gegen Menschen oder Sachen auffordert, wird mit Gefängnis bis zu zwei Jahren oder mit Geldstrafe bestraft.
Entwurf 1927	§ 169 Wer öffentlich zur Auflehnung gegen ein Gesetz oder eine Verordnung auffordert, wird mit Gefängnis bis zu zwei Jahren bestraft. Die Aufforderung zur Auflehnung gegen eine Verordnung ist nur strafbar, wenn die Verordnung rechtsgültig ist. § 170 Wer öffentlich dazu auffordert oder dazu anreizt, einer steuerrechtlichen Verpflichtung nicht nachzukommen, wird mit Gefängnis bis zu zwei Jahren oder mit Geldstrafe bestraft.

	§ 171 Wer öffentlich zu einer strafbaren Handlung, insbesondere zu Gewalttaten gegen Menschen oder Sachen auffordert, wird mit Gefängnis bis zu zwei Jahren bestraft.
Entwurf von 1930 (Entwurf Kahl)	§ 169 Wer öffentlich zur Auflehnung gegen ein Gesetz oder eine Verordnung auffordert, wird mit Gefängnis bis zu zwei Jahren bestraft. Die Aufforderung zur Auflehnung gegen eine Verordnung ist nur strafbar, wenn die Verordnung rechtsgültig ist. § 170 Wer öffentlich dazu auffordert, einer steuerrechtlichen Verpflichtung nicht nachzukommen, wird mit Gefängnis bis zu zwei Jahren bestraft. § 171 Wer öffentlich zu einer strafbaren Handlung oder allgemein zu Gewalttätigkeiten gegen Menschen oder Sachen auffordert, wird mit Gefängnis bis zu zwei Jahren oder mit Geldstrafe bestraft.
Denkschrift Kerrl (1933)	Wegen Aufforderung zu volksschädlichem Tun ist zu bestrafen, wer wissentlich zu einem Tun oder Unterlassen auffordert, das dem Wohl des Reiches oder eines Landes schadet.
Entwurf von 1933	§ 169 Wer öffentlich zur Auflehnung gegen ein Gesetz, eine Verordnung oder eine behördliche Anordnung auffordert oder anreizt, wird mit Gefängnis bis zu zwei Jahren bestraft. Die Aufforderung zur Auflehnung gegen eine Verordnung ist nur strafbar, wenn die Verordnung rechtsgültig oder die Anordnung rechtsgültig ist. § 170 Wer öffentlich dazu auffordert oder dazu anreizt, einer steuerrechtlichen Verpflichtung nicht nachzukommen, wird mit Gefängnis bis zu zwei Jahren bestraft. § 171 Wer öffentlich zu einer strafbaren Handlung, insbesondere zu Gewalttaten gegen Menschen oder Sachen auffordert oder anreizt, wird mit Gefängnis bis zu zwei Jahren oder mit Geldstrafe bestraft.
Entwurf 1. Lesung 1934/1935 (danach unverändert geblieben)	§ 154 Wer öffentlich zu strafbaren Handlungen auffordert oder anreizt, wird, soweit die Tat nicht nach anderen Vor-

	schriften mit schwererer Strafe bedroht ist, mit Gefängnis bestraft. In besonders schweren Fällen ist die Strafe Zuchthaus. § 155 Wer Schriften, Schallplatten oder bildliche Darstellungen, deren Inhalt den äußeren Tatbestand der §§ 152 bis 154 begründet, herstellt, verbreitetet oder zum Zweck der Verbreitung vorrätig hält, obwohl er bei sorgfältiger Prüfung den strafbaren Inhalt hätte erkennen können, wird mit Gefängnis bestraft.
Drittes Strafrechtsände-rungsgesetz vom 4. August 1953 (BGBl. I 1953, S. 735)	Wer eine der in § 138 Abs. 1 oder eine der in § 5 und § 6 des Gesetzes gegen den verbrecherischen und gemeinge-fährlichen Gebrauch von Sprengstoffen mit Strafe bedrohten Handlungen belohnt oder öffentlich billigt, nachdem sie begangen oder ihre Begehung versucht worden ist, wird, soweit nicht in anderen Vorschriften eine schwerere Strafe angedroht ist, mit Gefängnis bestraft. Daneben kann auf Geldstrafe erkannt werden. In besonders schweren Fällen ist die Freiheitsstrafe Zuchthaus bis zu fünf Jahren.
Gesetz vom 4. August 1953 (BGBl. I S. 7359	§ 111 Abs. 2: Dasselbe gilt, wenn die Aufforderung ohne Erfolg geblieben ist. Die Strafe kann nach den Vorschriften über die Bestrafung des Versuchs gemildert werden
20. Mai 1970 (BGBl. I S. 505)	§ 110 wird aufgehoben § 111 Abs. 2: Bleibt die Aufforderung ohne Erfolg, so ist die Strafe nach den Vorschriften über die Bestrafung des Versuchs zu mildern.
Entwurf eines Dreizehn-ten Strafrechtsände-rungsgesetztes (BT-Drs. 7/3030)	§ 130a Befürwortung von Straftaten, Anleitung zu Straftaten (1) Wer eine Schrift (§ 11 Abs. 3), die Befürwortung einer der in § 126 Abs. 1 Nr. 1 bis 6 genannten rechtswidrigen Taten oder die Anleitung zu einer solchen Tat enthält und geeignet ist, die Bereitschaft anderer zu fördern, solche Taten zu begehen, 1. verbreitet 2. öffentlich ausstellt, anschlägt, vorführt oder sonst öffentlich zugänglich macht oder

	3. herstellt, bezieht, liefert, vorrätig hält, anbietet, ankündigt, in den räumlichen Geltungsbereich dieses Gesetzes einzuführen oder daraus auszuführen unternimmt, um sie oder aus ihnen gewonnene Stücke im Sinne der Nummern 1 oder 2 zu verwenden oder einem anderen eine solche Verwendung zu ermöglichen, wird mit Freiheitsstrafe bis zu drei Jahren oder mit Geldstrafe bestraft. (2) § 86 Abs. 3 gilt entsprechend. (3) Ebenso wird bestraft, wer öffentlich oder in einer Versammlung 1. die Begehung einer der in § 126 Abs. Nr. 1 bis 6 genannten Taten befürwortet oder 2. zu einer solchen Tat Anleitung gibt, um die Bereitschaft anderer zu fördern, solche Taten zu begehen.
22. April 1976 (BGBl I S. 1056) Vierzehntes Strafrechtsänderungsgesetz	§ 88a StGB (1) Wer eine Schrift (§ 11 Abs. 3) die die Befürwortung einer der in § 126 Abs. 1 Nr. 1 bis 6 genannten Taten enthält und bestimmt sowie nach den Umständen geeignet ist, die Bereitschaft anderer zu fördern, sich durch die Begehung solcher Taten für Bestrebungen gegen den Bestand oder die Sicherheit der Bundesrepublik Deutschland oder gegen Verfassungsgrundsätze einzusetzen, verbreitet, öffentlich ausstellt, anschlägt, vorführt oder sonst zugänglich macht oder herstellt, bezieht, liefert, vorrätig hält, anbietet, in den räumlichen Geltungsbereich dieses Gesetzes einzuführen oder auszuführen unternimmt, um sie oder aus ihr gewonnene Stücke im Sinne der Nummern 1 oder 2 zu verwenden oder einem anderen eine solche Verwendung zu ermöglichen, wird mit Freiheitsstrafe bis zu drei Jahren oder mit Geldstrafe bestraft. (2) Ebenso wird bestraft, wer öffentlich oder in einer Versammlung die Begehung einer der in § 126 Abs. 1 Nr. 1 bis 6 genannten rechtswidrigen Taten befürwortet, um die Bereitschaft anderer zu fördern, sich durch die Begehung solcher Taten für Bestrebungen gegen den Bestand oder die Sicherheit der Bundesrepublik Deutschland oder gegen Verfassungsgrundsätze einzusetzen.

	(3) § 86 Abs. 3 gilt entsprechend. § 111 Abs. 2 StGB Bleibt die Aufforderung ohne Erfolg, so ist die strafe Freiheitsstrafe bis zu fünf Jahren oder Geldstrafe. Die Strafe darf nicht schwerer sein als die, die für den Fall angedroht ist, dass die Aufforderung Erfolg hat (Absatz 1); § 49 Abs. 1 Nr. 2 ist anzuwenden. § 130a StGB (1) Wer eine Schrift (§ 11 Abs. 3), die die Anleitung zu einer der in § 126 Abs. 1 Nr. 1 bis 6 genannten rechtswidrigen Taten enthält und bestimmt sowie nach den Umständen geeignet ist, die Bereitschaft anderer zu fördern, solche Taten zu begehen, verbreitet, öffentlich ausstellt, anschlägt, vorführt oder sonst zugänglich macht oder herstellt, bezieht, liefert, vorrätig hält, anbietet, in den räumlichen Geltungsbereich dieses Gesetzes einzuführen oder auszuführen unternimmt, um sie oder aus ihr gewonnene Stücke im Sinne der Nummern 1 oder 2 zu verwenden oder einem anderen eine solche Verwendung zu ermöglichen, wird mit Freiheitsstrafe bis zu drei Jahren oder mit Geldstrafe bestraft. (2) Ebenso wird bestraft, wer öffentlich oder in einer Versammlung zu einer der in § 126 Abs. 1 Nr. 1 bis 6 genannten rechtswidrigen Taten eine Anleitung gibt, um die Bereitschaft anderer zu fördern, solche Taten zu begehen. (3) § 86 Abs. 3 gilt entsprechend. § 140 StGB Wer eine der in § 138 Abs. 1 Nr. 1 bis 5 und in § 126 Abs. 1 Nr. 1 bis 6 genannten rechtswidrigen Taten, nachdem sie begangen oder in strafbarer Weise versucht worden ist, belohnt, in einer Weise, die geeignet ist, den öffentlichen Frieden zu stören, öffentlich, in einer Versammlung oder durch Verbreiten von Schriften (§ 11 Abs. 3) billigt, wird mit Freiheitsstrafe bis zu drei Jahren oder mit Geldstrafe bestraft.

7. August 1981, (BGBl. I S. 808) Neunzehntes Strafrechtsänderungsgesetz	Die §§ 88a, 130a des Strafgesetzbuchs in der Fassung vom 2. Januar 1975 (BGBl. I S. 1), zuletzt geändert durch Gesetz vom 28. März 1980 (BGBl. I. S. 373), werden aufgehoben.
19. Dezember 1986, (BGBl. I S. 2566) Gesetz zur Bekämpfung des Terrorismus	§ 130a StGB (1) Wer eine Schrift (§ 11 Abs. 3), geeinget ist, als Anleitung zu einer in § 126 Abs. 1 genannten rechtswidrigen Tat zu dienen, und nach ihrem Inhalt bestimmt ist, die Bereitschaft anderer zu fördern, verbreitet, öffentlich ausstellt, anschlägt, vorführt oder sonst zugänglich macht, wird mit Freiheitsstrafe bist zu drei Jahren oder mit Geldstrafe bestraft. (2) Ebenso wird bestraft, wer 1. eine Schrift (§ 11 Abs. 3), die geeignet ist, als Anleitung zu einer in § 126 genannten rechtswidrigen Taten zu dienen, verbreitet, öffentlich ausstellt, anschlägt, vorführt oder sonst zugänglich macht oder 2. öffentlich oder in einer Versammlung zu einer in § 126 Abs. 1 genannten rechtswidrigen Tat eine Anleitung gibt, um die Bereitschaft anderer zu fördern oder zu wecken, eine solche Tat zu begehen. (3) § 86 Abs. 3 gilt entsprechend. § 140 StGB In § 140 wird die Verweisung „§ 126 Abs. 1 bis 6“ durch die Verweisung „§ 126 Abs. 1“ ersetzt
Entwurf vom 26. August 1988 (BT-Drs. 11/2834)	§ 130b (1) Wer eine Schrift (§ 11 Abs. 3), die die Begehung einer in § 126 Abs. 1 genannten rechtswidrigen Tat befürwortet und nach ihrem Inhalt bestimmt ist, die Bereitschaft anderer zu fördern oder zu wecken, durch die Begehung einer solchen Tat den öffentlichen Frieden zu stören, verbreitet, öffentlich ausstellt, anschlägt, vorführt oder sonst zugänglich macht, wird mit Freiheitsstrafe bis zu drei Jahren oder mit Geldstrafe bestraft. (2) Ebenso wird bestraft, wer 1. eine Schrift (§ 11 Abs. 3), die die Begehung einer in § 126 Abs. 1 genannten Tat befürwortet, verbreitet, öffentlich ausstellt, anschlägt, vorführt oder sonst zugänglich macht oder 2. öffentlich oder in einer Versammlung die Begehung einer in § 126 Abs. 1 genannten rechtswidrigen Tat befürwortet,

	um die Bereitschaft anderer zu fördern oder zu wecken, durch die Begehung einer solchen Tat den öffentlichen Frieden zu stören. (3) § 86 Abs. 3 gilt entsprechend
27. Dezember 2003, (BGBl. I S. 3007) Gesetz zur Änderung der Vorschriften über die Straftaten gegen die sexuelle Selbstbestimmung und zur Änderung anderer Vorschriften	§ 140 StGB In § 140 werden nach den Wörtern „rechtswidrige Taten" die Wörter „oder eine rechtswidrige Tat nach § 176 Abs. 3, nach den §§ 176a und 176b, nach den §§ 177 und 178 oder nach § 179 Abs. 3, 5 und 6" eingefügt.

Anhang 2:
Historische Entwicklung seit 1870

A) Fassungen der §§ 88a ff.

15. Mai 1871, RGBl. 1871, S. 127
Gesetz betreffend die Redaktion des Strafgesetzbuchs für den Norddeutschen Bund als Strafgesetzbuch für das Deutsche Reich

§ 110 RStGB
Wer öffentlich vor einer Menschenmenge, oder wer durch Verbreitung oder öffentlichen Anschlag, oder durch öffentliche Ausstellung von Schriften oder anderen Darstellungen zum Ungehorsam gegen Gesetze oder rechtsgültige Verordnungen oder gegen die von der Obrigkeit innerhalb ihrer Zuständigkeit getroffenen Anordnungen auffordert, wird mit Geldstrafe bis zu zweihundert Thaler oder mit Gefängnis bis zu zwei Jahren bestraft.

§ 111 RStGB
(1) Wer auf die vorbezeichnete Weise zur Verübung einer strafbaren Handlung auffordert, soll gleich dem Anstifter bestraft werden, wenn die Aufforderung die strafbare Handlung oder einen strafbaren Versuch zur Folge gehabt hat.
(2) Ist die Aufforderung ohne Erfolg geblieben, tritt Geldstrafe bis zu zweihundert Thalern oder Gefängnis bis zu einem Jahre ein. Die Strafe darf jedoch, dem Art oder dem Maaße nach, keine schwerere sein als die auf die That selbst angedrohte.

25. August 1953, BGBl. I 1953, S. 1083
Bekanntmachung des Wortlautes des Strafgesetzbuchs

§ 110 StGB
Wer öffentlich vor einer Menschenmenge, oder wer durch Verbreitung oder öffentlichen Anschlag, oder öffentliche Ausstellung von Schriften oder anderen Darstellungen zum Ungehorsam gegen Gesetze oder rechtsgültige Verordnungen oder gegen die von der Obrigkeit innerhalb ihrer Zuständigkeit getroffenen Anordnungen auffordert, wird mit Geldstrafe oder mit Gefängnis bis zu zwei Jahren bestraft.

§ 111 StGB
(1) Wer auf die vorbezeichnete Weise zur Begehung einer strafbaren Handlung auffordert, ist gleich dem Anstifter zu bestrafen, wenn die Aufforderung die strafbare Handlung oder einen strafbaren Versuch derselben zur Folge gehabt hat.
(2) Dasselbe gilt, wenn die Aufforderung ohne Erfolg geblieben ist. Die Strafe kann nach den Vorschriften über die Bestrafung des Versuchs gemildert werden.

20. Mai 1970, BGBl. I S. 505
Artikel 1

§ 110 wird aufgehoben

§ 111 StGB
(1) Wer öffentlich, in einer Versammlung oder durch Verbreitung von Schriften oder

Darstellungen zu einer mit Strafe bedrohten Handlung auffordert, wird wie ein Anstifter bestraft.
(2) Bleibt die Aufforderung ohne Erfolg, so ist die Strafe nach den Vorschriften über die Bestrafung des Versuchs zu mildern.

2. Januar 1975, BGBl. I S. 1
Bekanntmachung der Neufassung des Strafgesetzbuchs

§ 110 StGB
(weggefallen)

§ 111 StGB
(1) Wer öffentlich, in einer Versammlung oder durch Verbreitung von Schriften (§ 11 Abs. 3) zu einer rechtswidrigen Tat auffordert, wird wie ein Anstifter (§ 26) bestraft.
(2) Bleibt die Aufforderung ohne Erfolg, so ist die Strafe nach § 49 Abs. 1 zu mildern.

§ 140 StGB
Wer eine der in § 138 Abs. 1 genannten rechtswidrigen Taten belohnt oder öffentlich billigt, nachdem sie begangen oder ihre Begehung versucht worden ist, wird mit Freiheitsstrafe bis zu fünf Jahren oder mit Geldstrafe bestraft, wenn die Tat nicht in anderen Vorschriften mit schwererer Strafe bedroht ist.

22. April 1976, BGBl I S. 1056
Vierzehntes Strafrechtsänderungsgesetz

§ 88a StGB
(1) Wer eine Schrift (§ 11 Abs. 3) die die Befürwortung einer der in § 126 Abs. 1 Nr. 1 bis 6 genannten Taten enthält und bestimmt sowie nach den Umständen geeignet ist, die Bereitschaft anderer zu fördern, sich durch die Begehung solcher Taten für Bestrebungen gegen den Bestand oder die Sicherheit der Bundesrepublik Deutschland oder gegen Verfassungsgrundsätze einzusetzen, verbreitet, öffentlich ausstellt, anschlägt, vorführt oder sonst zugänglich macht oder
herstellt, bezieht, liefert, vorrätig hält, anbietet, in den räumlichen Geltungsbereich dieses Gesetzes einzuführen oder auszuführen unternimmt, um sie oder aus ihr gewonnene Stücke im Sinne der Nummern 1 oder 2 zu verwenden oder einem anderen eine solche Verwendung zu ermöglichen,
wird mit Freiheitsstrafe bis zu drei Jahren oder mit Geldstrafe bestraft.
(2) Ebenso wird bestraft, wer öffentlich oder in einer Versammlung die Begehung einer der in § 126 Abs. 1 Nr. 1 bis 6 genannten rechtswidrigen Taten befürwortet, um die Bereitschaft anderer zu fördern, sich durch die Begehung solcher Taten für Bestrebungen gegen den Bestand oder die Sicherheit der Bundesrepublik Deutschland oder gegen Verfassungsgrundsätze einzusetzen.
(3) § 86 Abs. 3 gilt entsprechend.

§ 111 Abs. 2 StGB
Bleibt die Aufforderung ohne Erfolg, so ist die strafe Freiheitsstrafe bis zu fünf Jahren oder Geldstrafe. Die Strafe darf nicht schwerer sein als die, die für den Fall angedroht ist, dass die Aufforderung Erfolg hat (Absatz 1); § 49 Abs. 1 Nr. 2 ist anzuwenden."

§ 130a StGB
(1) Wer eine Schrift (§ 11 Abs. 3), die die Anleitung zu einer der in § 126 Abs. 1 Nr. 1 bis 6 genannten rechtswidrigen Taten enthält und bestimmt sowie nach den Umständen geeignet ist, die Bereitschaft anderer zu fördern, solche Taten zu begehen,

verbreitet,
öffentlich ausstellt, anschlägt, vorführt oder sonst zugänglich macht oder
herstellt, bezieht, liefert, vorrätig hält, anbietet, in den räumlichen Geltungsbereich dieses Gesetzes einzuführen oder auszuführen unternimmt, um sie oder aus ihr gewonnene Stücke im Sinne der Nummern 1 oder 2 zu verwenden oder einem anderen eine solche Verwendung zu ermöglichen,
wird mit Freiheitsstrafe bis zu drei Jahren oder mit Geldstrafe bestraft.
(2) Ebenso wird bestraft, wer öffentlich oder in einer Versammlung zu einer der in § 126 Abs. 1 Nr. 1 bis 6 genannten rechtswidrigen Taten eine Anleitung gibt, um die Bereitschaft anderer zu fördern, solche Taten zu begehen.
(3) § 86 Abs. 3 gilt entsprechend.

§ 140 StGB
Wer eine der in § 138 Abs. 1 Nr. 1 bis 5 und in § 126 Abs. 1 Nr. 1 bis 6 genannten rechtswidrigen Taten, nachdem sie begangen oder in strafbarer Weise versucht worden ist,
belohnt,
in einer Weise, die geeignet ist, den öffentlichen Frieden zu stören, öffentlich, in einer Versammlung oder durch Verbreiten von Schriften (§ 11 Abs. 3) billigt,
wird mit Freiheitsstrafe bis zu drei Jahren oder mit Geldstrafe bestraft.

7. August 1981, BGBl. I S. 808
Neunzehntes Strafrechtsänderungsgesetz

Artikel 1
Die §§ 88a, 130a des Strafgesetzbuchs in der Fassung vom 2. Januar 1975 (BGBl. I S. 1), zuletzt geändert durch Gesetz vom 28. März 1980 (BGBl. I. S. 373), werden aufgehoben.

19. Dezember 1986, BGBl. I S. 2566
Gesetz zur Bekämpfung des Terrorismus

§ 130a StGB
(1) Wer eine Schrift (§ 11 Abs. 3), die geeignet ist, als Anleitung zu einer in § 126 Abs. 1 genannten rechtswidrigen Tat zu dienen, und nach ihrem Inhalt bestimmt ist, die Bereitschaft anderer zu fördern, verbreitet, öffentlich ausstellt, anschlägt, vorführt oder sonst zugänglich macht, wird mit Freiheitsstrafe bist zu drei Jahren oder mit Geldstrafe bestraft.
(2) Ebenso wird bestraft, wer
1. eine Schrift (§ 11 Abs. 3), die geeignet ist, als Anleitung zu einer in § 126 genannten rechtswidrigen Taten zu dienen, verbreitet, öffentlich ausstellt, anschlägt, vorführt oder sonst zugänglich macht oder
2. öffentlich oder in einer Versammlung zu einer in § 126 Abs. 1 genannten rechtswidrigen Tat eine Anleitung gibt,
um die Bereitschaft anderer zu fördern oder zu wecken, eine solche Tat zu begehen.
(3) § 86 Abs. 3 gilt entsprechend.

§ 140 StGB
In § 140 wird die Verweisung „§ 126 Abs. 1 bis 6“ durch die Verweisung „§ 126 Abs. 1“ ersetzt.

27. Dezember 2003, BGBl. I S. 3007
Gesetz zur Änderung der Vorschriften über die Straftaten gegen die sexuelle Selbstbestimmung und zur Änderung anderer Vorschriften

§ 140 StGB
In § 140 werden nach den Wörtern „rechtswidrige Taten" die Wörter „oder eine rechtswidrige Tat nach § 176 Abs. 3, nach den §§ 176a und 176b, nach den §§ 177 und 178 oder nach § 179 Abs. 3, 5 und 6" eingefügt.

B) Katalogtatbestände der §§ 126, 138 und 140 und Wortlaut des § 86 Abs. 3 StGB[1]

I. Katalogstraftaten betreffend §§ 130a und 140 StGB (§ 126 Abs. 1 StGB)

§ 125a StGB (Landfriedensbruch im besonders schweren Fall)
In besonders schweren Fällen des § 125 Abs. 1 ist die Strafe Freiheitsstrafe von sechs Monaten bis zu zehn Jahren. Ein besonders schwerer Fall liegt in der Regel vor, wenn der Täter

1. eine Schußwaffe bei sich führt,

2. eine andere Waffe bei sich führt, um diese bei der Tat zu verwenden,

3. durch eine Gewalttätigkeit einen anderen in die Gefahr des Todes oder einer schweren Gesundheitsschädigung bringt oder

4. plündert oder bedeutenden Schaden an fremden Sachen anrichtet.

(1) Der Mörder wird mit lebenslanger Freiheitsstrafe bestraft.

(2) Mörder ist, wer aus Mordlust, zur Befriedigung des Geschlechtstriebs, aus Habgier oder sonst aus niedrigen Beweggründen, heimtückisch oder grausam oder mit gemeingefährlichen Mitteln oder um eine andere Straftat zu ermöglichen oder zu verdecken, einen Menschen tötet.

§ 212 StGB
(1) Wer einen Menschen tötet, ohne Mörder zu sein, wird als Totschläger mit Freiheitsstrafe nicht unter fünf Jahren bestraft.

(2) In besonders schweren Fällen ist auf lebenslange Freiheitsstrafe zu erkennen.

§ 6 Völkerstrafgesetzbuch
(1) Wer in der Absicht, eine nationale, rassische, religiöse oder ethnische Gruppe als solche ganz oder teilweise zu zerstören,

1. ein Mitglied der Gruppe tötet,

2. einem Mitglied der Gruppe schwere körperliche oder seelische Schäden, insbesondere der in § 226 des Strafgesetzbuches bezeichneten Art, zufügt,

3. die Gruppe unter Lebensbedingungen stellt, die geeignet sind, ihre körperliche Zerstörung ganz oder teilweise herbeizuführen,

---

1 Soweit nur einzelne Absätze in Bezug genommen wurden, sind diese in Fettdruck kenntlich gemacht.

4. Maßregeln verhängt, die Geburten innerhalb der Gruppe verhindern sollen,

5. ein Kind der Gruppe gewaltsam in eine andere Gruppe überführt,

wird mit lebenslanger Freiheitsstrafe bestraft.

(2) In minder schweren Fällen des Absatzes 1 Nr. 2 bis 5 ist die Strafe Freiheitsstrafe nicht unter fünf Jahren.

§ 7 Völkerstrafgesetzbuch
(1) Wer im Rahmen eines ausgedehnten oder systematischen Angriffs gegen eine Zivilbevölkerung

1. einen Menschen tötet,

2. in der Absicht, eine Bevölkerung ganz oder teilweise zu zerstören, diese oder Teile hiervon unter Lebensbedingungen stellt, die geeignet sind, deren Zerstörung ganz oder teilweise herbeizuführen,

3. Menschenhandel betreibt, insbesondere mit einer Frau oder einem Kind, oder wer auf andere Weise einen Menschen versklavt und sich dabei ein Eigentumsrecht an ihm anmaßt,

4. einen Menschen, der sich rechtmäßig in einem Gebiet aufhält, vertreibt oder zwangsweise überführt, indem er ihn unter Verstoß gegen eine allgemeine Regel des Völkerrechts durch Ausweisung oder andere Zwangsmaßnahmen in einen anderen Staat oder in ein anderes Gebiet verbringt,

5. einen Menschen, der sich in seinem Gewahrsam oder in sonstiger Weise unter seiner Kontrolle befindet, foltert, indem er ihm erhebliche körperliche oder seelische Schäden oder Leiden zufügt, die nicht lediglich Folge völkerrechtlich zulässiger Sanktionen sind,

6. einen anderen Menschen sexuell nötigt oder vergewaltigt, ihn zur Prostitution nötigt, der Fortpflanzungsfähigkeit beraubt oder in der Absicht, die ethnische Zusammensetzung einer Bevölkerung zu beeinflussen, eine unter Anwendung von Zwang geschwängerte Frau gefangen hält,

7. einen Menschen dadurch zwangsweise verschwinden lässt, dass er in der Absicht, ihn für längere Zeit dem Schutz des Gesetzes zu entziehen,

a) ihn im Auftrag oder mit Billigung eines Staates oder einer politischen Organisation entführt oder sonst in schwerwiegender Weise der körperlichen Freiheit beraubt, ohne dass im Weiteren auf Nachfrage unverzüglich wahrheitsgemäß Auskunft über sein Schicksal und seinen Verbleib erteilt wird, oder

b) sich im Auftrag des Staates oder der politischen Organisation oder entgegen einer Rechtspflicht weigert, unverzüglich Auskunft über das Schicksal und den Verbleib des Menschen zu erteilen, der unter den Voraussetzungen des Buchstaben a seiner körperlichen Freiheit beraubt wurde, oder eine falsche Auskunft dazu erteilt,

8. einem anderen Menschen schwere körperliche oder seelische Schäden, insbesondere der in § 226 des Strafgesetzbuches bezeichneten Art, zufügt,

9. einen Menschen unter Verstoß gegen eine allgemeine Regel des Völkerrechts in schwerwiegender Weise der körperlichen Freiheit beraubt oder

10. eine identifizierbare Gruppe oder Gemeinschaft verfolgt, indem er ihr aus politischen, rassischen, nationalen, ethnischen, kulturellen oder religiösen Gründen, aus Gründen des Geschlechts oder aus anderen anerkannten Gründen grundlegende Menschenrechte entzieht oder diese wesentlich einschränkt,

wird in den Fällen der Nummern 1 und 2 mit lebenslanger Freiheitsstrafe, in den Fällen der Nummern 3 bis 7 mit Freiheitsstrafe nicht unter fünf Jahren und in den Fällen der Nummern 8 bis 10 mit Freiheitsstrafe nicht unter drei Jahren bestraft.

(2) In minder schweren Fällen des Absatzes 1 Nr. 2 ist die Strafe Freiheitsstrafe nicht unter fünf Jahren, in minder schweren Fällen des Absatzes 1 Nr. 3 bis 7 Freiheitsstrafe nicht unter zwei Jahren und in minder schweren Fällen des Absatzes 1 Nr. 8 und 9 Freiheitsstrafe nicht unter einem Jahr.

(3) Verursacht der Täter durch eine Tat nach Absatz 1 Nr. 3 bis 10 den Tod eines Menschen, so ist die Strafe in den Fällen des Absatzes 1 Nr. 3 bis 7 lebenslange Freiheitsstrafe oder Freiheitsstrafe nicht unter zehn Jahren und in den Fällen des Absatzes 1 Nr. 8 bis 10 Freiheitsstrafe nicht unter fünf Jahren.

(4) In minder schweren Fällen des Absatzes 3 ist die Strafe bei einer Tat nach Absatz 1 Nr. 3 bis 7 Freiheitsstrafe nicht unter fünf Jahren und bei einer Tat nach Absatz 1 Nr. 8 bis 10 Freiheitsstrafe nicht unter drei Jahren.

(5) Wer ein Verbrechen nach Absatz 1 in der Absicht begeht, ein institutionalisiertes Regime der systematischen Unterdrückung und Beherrschung einer rassischen Gruppe durch eine andere aufrechtzuerhalten, wird mit Freiheitsstrafe nicht unter fünf Jahren bestraft, soweit nicht die Tat nach Absatz 1 oder Absatz 3 mit schwererer Strafe bedroht ist. In minder schweren Fällen ist die Strafe Freiheitsstrafe nicht unter drei Jahren, soweit nicht die Tat nach Absatz 2 oder Absatz 4 mit schwererer Strafe bedroht ist.

§ 8 Völkerstrafgesetzbuch

(1) Wer im Zusammenhang mit einem internationalen oder nichtinternationalen bewaffneten Konflikt

1. eine nach dem humanitären Völkerrecht zu schützende Person tötet,

2. eine nach dem humanitären Völkerrecht zu schützende Person als Geisel nimmt, nach den allgemeinen Regeln des Völkerrechts als unzulässig ,

3. eine nach dem humanitären Völkerrecht zu schützende Person grausam oder unmenschlich behandelt, indem er ihr erhebliche körperliche oder seelische Schäden

oder Leiden zufügt, insbesondere sie foltert oder verstümmelt,

4. eine nach dem humanitären Völkerrecht zu schützende Person sexuell nötigt oder vergewaltigt, sie zur Prostitution nötigt, der Fortpflanzungsfähigkeit beraubt, oder in der Absicht, die ethnische Zusammensetzung einer Bevölkerung zu beeinflussen, eine unter Anwendung von Zwang geschwängerte Frau gefangen hält,

5. Kinder unter 15 Jahren für Streitkräfte zwangsverpflichtet oder in Streitkräfte oder bewaffnete Gruppen eingliedert oder sie zur aktiven Teilnahme an Feindseligkeiten verwendet,

6. eine nach dem humanitären Völkerrecht zu schützende Person, die sich rechtmäßig in einem Gebiet aufhält, vertreibt oder zwangsweise überführt, indem er sie unter Verstoß

gegen eine allgemeine Regel des Völkerrechts durch Ausweisung oder andere Zwangsmaßnahmen in einen anderen Staat oder in ein anderes Gebiet verbringt,

7. gegen eine nach dem humanitären Völkerrecht zu schützende Person eine erhebliche Strafe, insbesondere die Todesstrafe oder eine Freiheitsstrafe verhängt oder vollstreckt, ohne dass diese Person in einem unparteiischen ordentlichen Gerichtsverfahren, das die völkerrechtlich erforderlichen Rechtsgarantien bietet, abgeurteilt worden ist,

8. eine nach dem humanitären Völkerrecht zu schützende Person in die Gefahr des Todes oder einer schweren Gesundheitsschädigung bringt, indem er

a) an einer solchen Person Versuche vornimmt, in die sie nicht zuvor freiwillig und ausdrücklich eingewilligt hat oder die weder medizinisch notwendig sind noch in ihrem Interesse durchgeführt werden,

b) einer solchen Person Gewebe oder Organe für Übertragungszwecke entnimmt, sofern es sich nicht um die Entnahme von Blut oder Haut zu therapeutischen Zwecken im Einklang mit den allgemein anerkannten medizinischen Grundsätzen handelt und die Person zuvor nicht freiwillig und ausdrücklich eingewilligt hat, oder

c) bei einer solchen Person medizinisch nicht anerkannte Behandlungsmethoden anwendet, ohne dass dies medizinisch notwendig ist und die Person zuvor freiwillig und ausdrücklich eingewilligt hat, oder

9. eine nach dem humanitären Völkerrecht zu schützende Person in schwerwiegender Weise entwürdigend oder erniedrigend behandelt,

wird in den Fällen der Nummer 1 mit lebenslanger Freiheitsstrafe, in den Fällen der Nummer 2 mit Freiheitsstrafe nicht unter fünf Jahren, in den Fällen der Nummern 3 bis 5 mit Freiheitsstrafe nicht unter drei Jahren, in Fortpflanzungsfähigkeit beraubt oder in der Absicht, die ethnische den Fällen der Nummern 6 bis 8 mit Freiheitsstrafe nicht unter zwei Jahren und in den Fällen der Nummer 9 mit Freiheitsstrafe nicht unter einem Jahr bestraft.

(2) Wer im Zusammenhang mit einem internationalen oder nichtinternationalen bewaffneten Konflikt einen Angehörigen der gegnerischen Streitkräfte oder einen Kämpfer der gegnerischen Partei verwundet, nachdem dieser sich bedingungslos ergeben hat oder sonst außer Gefecht ist, wird mit Freiheitsstrafe nicht unter drei Jahren bestraft.

(3) Wer im Zusammenhang mit einem internationalen bewaffneten Konflikt

1. eine geschützte Person im Sinne des Absatzes 6 Nr. 1 rechtswidrig gefangen hält oder ihre Heimschaffung ungerechtfertigt verzögert,

2. als Angehöriger einer Besatzungsmacht einen Teil der eigenen Zivilbevölkerung in das besetzte Gebiet überführt,

3. eine geschützte Person im Sinne des Absatzes 6 Nr. 1 mit Gewalt oder durch Drohung mit einem empfindlichen Übel zum Dienst in den Streitkräften einer feindlichen Macht nötigt oder

4. einen Angehörigen der gegnerischen Partei mit Gewalt oder durch Drohung mit einem empfindlichen Übel nötigt, an Kriegshandlungen gegen sein eigenes Land teilzunehmen,

wird mit Freiheitsstrafe nicht unter zwei Jahren bestraft.

(4) Verursacht der Täter durch eine Tat nach Absatz 1 Nr. 2 bis 6 den Tod des Opfers, so ist in den Fällen des Absatzes 1 Nr. 2 die Strafe lebenslange Freiheitsstrafe oder Freiheitsstrafe nicht unter zehn Jahren, in den Fällen des Absatzes 1 Nr. 3 bis 5 Freiheitsstrafe nicht unter fünf Jahren, in den Fällen des Absatzes 1 Nr. 6 Freiheitsstrafe nicht unter drei Jahren. Führt eine Handlung nach Absatz 1 Nr. 8 zum Tod oder zu einer schweren Gesundheitsschädigung, so ist die Strafe Freiheitsstrafe nicht unter drei Jahren.

(5) In minder schweren Fällen des Absatzes 1 Nr. 2 ist die Strafe Freiheitsstrafe nicht unter zwei Jahren, in minder schweren Fällen des Absatzes 1 Nr. 3 und 4 und des Absatzes 2 Freiheitsstrafe nicht unter einem Jahr, in minder schweren Fällen des Absatzes 1 Nr. 6 und des Absatzes 3 Nr. 1 Freiheitsstrafe von sechs Monaten bis zu fünf Jahren.

(6) Nach dem humanitären Völkerrecht zu schützende Personen sind

1. im internationalen bewaffneten Konflikt: geschützte Personen im Sinne der Genfer Abkommen und des Zusatzprotokolls I (Anlage zu diesem Gesetz), namentlich Verwundete, Kranke, Schiffbrüchige, Kriegsgefangene und Zivilpersonen;

2. im nichtinternationalen bewaffneten Konflikt: Verwundete, Kranke, Schiffbrüchige sowie Personen, die nicht unmittelbar an den Feindseligkeiten teilnehmen und sich in der Gewalt der gegnerischen Partei befinden;

3. im internationalen und im nichtinternationalen bewaffneten Konflikt: Angehörige der Streitkräfte und Kämpfer der gegnerischen Partei, welche die Waffen gestreckt haben oder in sonstiger Weise wehrlos sind.

§ 9 Völkerstrafgesetzbuch
(1) Wer im Zusammenhang mit einem internationalen oder nichtinternationalen bewaffneten Konflikt plündert oder, ohne dass dies durch die Erfordernisse des bewaffneten Konflikts geboten ist, sonst in erheblichem Umfang völkerrechtswidrig Sachen der gegnerischen Partei, die der Gewalt der eigenen Partei unterliegen, zerstört, sich aneignet oder beschlagnahmt, wird mit Freiheitsstrafe von einem Jahr bis zu zehn Jahren bestraft.

(2) Wer im Zusammenhang mit einem internationalen bewaffneten Konflikt völkerrechtswidrig anordnet, dass Rechte und Forderungen aller oder eines wesentlichen Teils der Angehörigen der gegnerischen Partei aufgehoben oder ausgesetzt werden oder vor Gericht nicht einklagbar sind, wird mit Freiheitsstrafe von einem Jahr bis zu zehn Jahren bestraft.

§ 10 Völkerstrafgesetzbuch
(1) Wer im Zusammenhang mit einem internationalen oder nichtinternationalen bewaffneten Konflikt

1. einen Angriff gegen Personen, Einrichtungen, Material, Einheiten oder Fahrzeuge richtet, die an einer humanitären Hilfsmission oder an einer friedenserhaltenden Mission in Übereinstimmung mit der Charta der Vereinten Nationen beteiligt sind, solange sie Anspruch auf den Schutz haben, der Zivilpersonen oder zivilen Objekten nach dem humanitären Völkerrecht gewährt wird, oder

2. einen Angriff gegen Personen, Gebäude, Material, Sanitätseinheiten oder Sanitätstransportmittel richtet, die in Übereinstimmung mit dem humanitären Völkerrecht mit den Schutzzeichen der Genfer Abkommen gekennzeichnet sind, wird mit Freiheitsstrafe nicht unter drei Jahren bestraft. In minder schweren Fällen, insbesondere wenn der Angriff nicht mit militärischen Mitteln erfolgt, ist die Strafe Freiheitsstrafe nicht unter einem Jahr.

(2) Wer im Zusammenhang mit einem internationalen oder nichtinternationalen bewaffneten Konflikt die Schutzzeichen der Genfer Abkommen, die Parlamentärflagge oder die Flagge, die militärischen Abzeichen oder die Uniform des Feindes oder der Vereinten Nationen missbraucht und dadurch den Tod oder die schwere Verletzung eines Menschen (§ 226 des Strafgesetzbuches) verursacht, wird mit Freiheitsstrafe nicht unter fünf Jahren bestraft.

§ 11 Völkerstrafgesetzbuch
(1) Wer im Zusammenhang mit einem internationalen oder nichtinternationalen bewaffneten Konflikt

1. mit militärischen Mitteln einen Angriff gegen die Zivilbevölkerung als solche oder gegen einzelne Zivilpersonen richtet, die an den Feindseligkeiten nicht unmittelbar teilnehmen,

2. mit militärischen Mitteln einen Angriff gegen zivile Objekte richtet, solange sie durch das humanitäre Völkerrecht als solche geschützt sind, namentlich Gebäude, die dem Gottesdienst, der Erziehung, der Kunst, der Wissenschaft oder der Wohltätigkeit gewidmet sind, geschichtliche Denkmäler, Krankenhäuser und Sammelplätze für Kranke und Verwundete, unverteidigte Städte, Dörfer, Wohnstätten oder Gebäude oder entmilitarisierte Zonen sowie Anlagen und Einrichtungen, die gefährliche Kräfte enthalten,

3. mit militärischen Mitteln einen Angriff durchführt und dabei als sicher erwartet, dass der Angriff die Tötung oder Verletzung von Zivilpersonen oder die Beschädigung ziviler Objekte in einem Ausmaß verursachen wird, das außer Verhältnis zu dem insgesamt erwarteten konkreten und unmittelbaren militärischen Vorteil steht,

4. eine nach dem humanitären Völkerrecht zu schützende Person als Schutzschild einsetzt, um den Gegner von Kriegshandlungen gegen bestimmte Ziele abzuhalten,

5. das Aushungern von Zivilpersonen als Methode der Kriegsführung einsetzt, indem er ihnen die für sie lebensnotwendigen Gegenstände vorenthält oder Hilfslieferungen unter Verstoß gegen das humanitäre Völkerrecht behindert,

6. als Befehlshaber anordnet oder androht, dass kein Pardon gegeben wird, oder

7. einen Angehörigen der gegnerischen Streitkräfte oder einen Kämpfer der gegnerischen Partei meuchlerisch tötet oder verwundet, wird mit Freiheitsstrafe nicht unter drei Jahren bestraft. In minder schweren Fällen der Nummer 2 ist die Strafe Freiheitsstrafe nicht unter einem Jahr.

(2) Verursacht der Täter durch eine Tat nach Absatz 1 Nr. 1 bis 6 den Tod oder die schwere Verletzung einer Zivilperson (§ 226 des Strafgesetzbuches) oder einer nach dem humanitären Völkerrecht zu schützenden Person, wird er mit Freiheitsstrafe nicht unter fünf Jahren bestraft. Führt der Täter den Tod vorsätzlich herbei, ist die Strafe lebenslange Freiheitsstrafe oder Freiheitsstrafe nicht unter zehn Jahren.

(3) Wer im Zusammenhang mit einem internationalen bewaffneten Konflikt mit militärischen Mitteln einen Angriff durchführt und dabei als sicher erwartet, dass der Angriff weit reichende, langfristige und schwere Schäden an der natürlichen Umwelt verursachen wird, die außer Verhältnis zu dem insgesamt erwarteten konkreten und unmittelbaren militärischen Vorteil stehen, wird mit Freiheitsstrafe nicht unter drei Jahren bestraft.

§ 12 Kriegsverbrechen des Einsatzes verbotener Mittel der Kriegsführung
(1) Wer im Zusammenhang mit einem internationalen oder nichtinternationalen bewaffneten Konflikt

1. Gift oder vergiftete Waffen verwendet,

2. biologische oder chemische Waffen verwendet oder

3. Geschosse verwendet, die sich leicht im Körper des Menschen ausdehnen oder flachdrücken, insbesondere Geschosse mit einem harten Mantel, der den Kern nicht ganz umschließt oder mit Einschnitten versehen ist,

wird mit Freiheitsstrafe nicht unter drei Jahren bestraft.

(2) Verursacht der Täter durch eine Tat nach Absatz 1 den Tod oder die schwere Verletzung einer Zivilperson (§ 226 des Strafgesetzbuches) oder einer nach dem humanitären Völkerrecht zu schützenden Person, wird er mit Freiheitsstrafe nicht unter fünf Jahren bestraft. Führt der Täter den Tod vorsätzlich herbei, ist die Strafe lebenslange Freiheitsstrafe oder Freiheitsstrafe nicht unter zehn Jahren.

Wer es unterlässt, einen Untergebenen, der seiner Anordnungsgewalt oder seiner tatsächlichen Kontrolle untersteht, gehörig zu beaufsichtigen, wird wegen Verletzung der Aufsichtspflicht bestraft, wenn der Untergebene eine Tat nach diesem Gesetz begeht, deren Bevorstehen dem Vorgesetzten ohne weiteres erkennbar war und die er hätte verhindern können.

(3) § 4 Abs. 2 gilt entsprechend. (4) Die vorsätzliche Verletzung der Aufsichtspflicht wird mit Freiheitsstrafe bis zu fünf Jahren, die fahrlässige Verletzung der Aufsichtspflicht wird mit Freiheitsstrafe bis zu drei Jahren bestraft.

§ 226 StGB
(1) Hat die Körperverletzung zur Folge, dass die verletzte Person

1. das Sehvermögen auf einem Auge oder beiden Augen, das Gehör, das Sprechvermögen oder die Fortpflanzungsfähigkeit verliert,

2. ein wichtiges Glied des Körpers verliert oder dauernd nicht mehr gebrauchen kann oder

3. in erheblicher Weise dauernd entstellt wird oder in Siechtum, Lähmung oder geistige Krankheit oder Behinderung verfällt,

so ist die Strafe Freiheitsstrafe von einem Jahr bis zu zehn Jahren.

(2) Verursacht der Täter eine der in Absatz 1 bezeichneten Folgen absichtlich oder wissentlich, so ist die Strafe Freiheitsstrafe nicht unter drei Jahren.

(3) In minder schweren Fällen des Absatzes 1 ist auf Freiheitsstrafe von sechs Monaten bis zu fünf Jahren, in minder schweren Fällen des Absatzes 2 auf Freiheitsstrafe von einem Jahr bis zu zehn Jahren zu erkennen.

§ 232 StGB
(1) Wer eine andere Person unter Ausnutzung einer Zwangslage oder der Hilflosigkeit, die mit ihrem Aufenthalt in einem fremden Land verbunden ist, zur Aufnahme oder Fortsetzung der Prostitution oder dazu bringt, sexuelle Handlungen, durch die sie ausgebeutet wird, an oder vor dem Täter oder einem Dritten vorzunehmen oder von dem Täter oder einem Dritten an sich vornehmen zu lassen, wird mit Freiheitsstrafe von sechs Monaten bis zu zehn Jahren bestraft. Ebenso wird bestraft, wer eine Person unter einundzwanzig Jahren zur Aufnahme oder Fortsetzung der Prostitution oder zu den sonst in Satz 1 bezeichneten sexuellen Handlungen bringt.

(2) Der Versuch ist strafbar.

(3) Auf Freiheitsstrafe von einem Jahr bis zu zehn Jahren ist zu erkennen, wenn

1. das Opfer der Tat ein Kind (§ 176 Abs. 1) ist, 2. der Täter das Opfer bei der Tat körperlich schwer misshandelt oder durch die Tat in die Gefahr des Todes bringt oder 3. der Täter die Tat gewerbsmäßig oder als Mitglied einer Bande, die sich zur fortgesetzten Begehung solcher Taten verbunden hat, begeht.

(4) Nach Absatz 3 wird auch bestraft, wer

1. eine andere Person mit Gewalt, durch Drohung mit einem empfindlichen Übel oder durch List zur Aufnahme oder Fortsetzung der Prostitution oder zu den sonst in Absatz 1 Satz 1 bezeichneten sexuellen Handlungen bringt oder

2. sich einer anderen Person mit Gewalt, durch Drohung mit einem empfindlichen Übel oder durch List bemächtigt, um sie zur Aufnahme oder Fortsetzung der Prostitution oder zu den sonst in Absatz 1 Satz 1 bezeichneten sexuellen Handlungen zu bringen.

(5) In minder schweren Fällen des Absatzes 1 ist auf Freiheitsstrafe von drei Monaten bis zu fünf Jahren, in minder schweren Fällen der Absätze 3 und 4 ist auf Freiheitsstrafe von sechs Monaten bis zu fünf Jahren zu erkennen.

§ 233 StGB
(1) Wer eine andere Person unter Ausnutzung einer Zwangslage oder der Hilflosigkeit, die mit ihrem Aufenthalt in einem fremden Land verbunden ist, in Sklaverei, Leibeigenschaft oder Schuldknechtschaft oder zur Aufnahme oder Fortsetzung einer Beschäftigung bei ihm oder einem Dritten zu Arbeitsbedingungen, die in einem auffälligen Missverhältnis zu den Arbeitsbedingungen anderer Arbeitnehmerinnen oder Arbeitnehmer stehen, welche die gleiche oder eine vergleichbare Tätigkeit ausüben, bringt, wird mit Freiheitsstrafe von sechs Monaten bis zu zehn Jahren bestraft. Ebenso wird bestraft, wer eine Person unter einundzwanzig Jahren in Sklaverei, Leibeigenschaft oder Schuldknechtschaft oder zur Aufnahme oder Fortsetzung einer in Satz 1 bezeichneten Beschäftigung bringt.

(2) Der Versuch ist strafbar.

(3) § 232 Abs. 3 bis 5 gilt entsprechend.

§ 234 StGB
(1) Wer sich einer anderen Person mit Gewalt, durch Drohung mit einem empfindlichen Übel oder durch List bemächtigt, um sie in hilfloser Lage auszusetzen oder dem Dienst

in einer militärischen oder militärähnlichen Einrichtung im Ausland zuzuführen, wird mit Freiheitsstrafe von einem Jahr bis zu zehn Jahren bestraft.

(2) In minder schweren Fällen ist die Strafe Freiheitsstrafe von sechs Monaten bis zu fünf Jahren.

§ 234a StGB
(1) Wer einen anderen durch List, Drohung oder Gewalt in ein Gebiet außerhalb des räumlichen Geltungsbereichs dieses Gesetzes verbringt oder veranlasst, sich dorthin zu begeben, oder davon abhält, von dort zurückzukehren, und dadurch der Gefahr aussetzt, aus politischen Gründen verfolgt zu werden und hierbei im Widerspruch zu rechtsstaatlichen Grundsätzen durch Gewalt- oder Willkürmaßnahmen Schaden an Leib oder Leben zu erleiden, der Freiheit beraubt oder in seiner beruflichen oder wirtschaftlichen Stellung empfindlich beeinträchtigt zu werden, wird mit Freiheitsstrafe nicht unter einem Jahr bestraft.

(2) In minder schweren Fällen ist die Strafe Freiheitsstrafe von drei Monaten bis zu fünf Jahren.

(3) Wer eine solche Tat vorbereitet, wird mit Freiheitsstrafe bis zu fünf Jahren oder mit Geldstrafe bestraft.

§ 239b StGB
(1) Wer einen Menschen entführt oder sich eines Menschen bemächtigt, um ihn oder einen Dritten durch die Drohung mit dem Tod oder einer schweren Körperverletzung (§ 226) des Opfers oder mit dessen Freiheitsentziehung von über einer Woche Dauer zu einer Handlung, Duldung oder Unterlassung zu nötigen, oder wer die von ihm durch eine solche Handlung geschaffene Lage eines Menschen zu einer solchen Nötigung ausnutzt, wird mit Freiheitsstrafe nicht unter fünf Jahren bestraft.

(2) § 239a Abs. 2 bis 4 gilt entsprechend.

§ 249 StGB
(1) Wer mit Gewalt gegen eine Person oder unter Anwendung von Drohungen mit gegenwärtiger Gefahr für Leib oder Leben eine fremde bewegliche Sache einem anderen in der Absicht wegnimmt, die Sache sich oder einem Dritten rechtswidrig zuzueignen, wird mit Freiheitsstrafe nicht unter einem Jahr bestraft.

(2) In minder schweren Fällen ist die Strafe Freiheitsstrafe von sechs Monaten bis zu fünf Jahren. § 250 StGB.

(1) Auf Freiheitsstrafe nicht unter drei Jahren ist zu erkennen, wenn 1. der Täter oder ein anderer Beteiligter am Raub

a) eine Waffe oder ein anderes gefährliches Werkzeug bei sich führt,

b) sonst ein Werkzeug oder Mittel bei sich führt, um den Widerstand einer anderen Person durch Gewalt oder Drohung mit Gewalt zu verhindern oder zu überwinden,

c) eine andere Person durch die Tat in die Gefahr einer schweren Gesundheitsschädigung bringt oder

2. der Täter den Raub als Mitglied einer Bande, die sich zur fortgesetzten Begehung von Raub oder Diebstahl verbunden hat, unter Mitwirkung eines anderen Bandenmitglieds begeht.

(2) Auf Freiheitsstrafe nicht unter fünf Jahren ist zu erkennen, wenn der Täter oder ein anderer Beteiligter am Raub

1. bei der Tat eine Waffe oder ein anderes gefährliches Werkzeug verwendet,

2. in den Fällen des Absatzes 1 Nr. 2 eine Waffe bei sich führt oder

3. eine andere Person

a) bei der Tat körperlich schwer mißhandelt oder

b) durch die Tat in die Gefahr des Todes bringt.

(3) In minder schweren Fällen der Absätze 1 und 2 ist die Strafe Freiheitsstrafe von einem Jahr bis zu zehn Jahren.

§ 255 StGB
Wird die Erpressung durch Gewalt gegen eine Person oder unter Anwendung von Drohungen mit gegenwärtiger Gefahr für Leib oder Leben begangen, so ist der Täter gleich einem Räuber zu bestrafen.

§ 306 Brandstiftung
(1) Wer fremde

1. Gebäude oder Hütten,

2. Betriebsstätten oder technische Einrichtungen, namentlich Maschinen,

3. Warenlager oder -vorräte,

4. Kraftfahrzeuge, Schienen-, Luft- oder Wasserfahrzeuge,

5. Wälder, Heiden oder Moore oder

6. land-, ernährungs- oder forstwirtschaftliche Anlagen oder Erzeugnisse

in Brand setzt oder durch eine Brandlegung ganz oder teilweise zerstört, wird mit Freiheitsstrafe von einem Jahr bis zu zehn Jahren bestraft. (2) In minder schweren Fällen ist die Strafe Freiheitsstrafe von sechs Monaten bis zu fünf Jahren.

§ 306a StGB
(1) Mit Freiheitsstrafe nicht unter einem Jahr wird bestraft, wer

1. ein Gebäude, ein Schiff, eine Hütte oder eine andere Räumlichkeit, die der Wohnung von Menschen dient,

2. eine Kirche oder ein anderes der Religionsausübung dienendes Gebäude oder

3. eine Räumlichkeit, die zeitweise dem Aufenthalt von Menschen dient, zu einer Zeit, in der Menschen sich dort aufzuhalten pflegen,

in Brand setzt oder durch eine Brandlegung ganz oder teilweise zerstört.

(2) Ebenso wird bestraft, wer eine in § 306 Abs. 1 Nr. 1 bis 6 bezeichnete Sache in Brand setzt oder durch eine Brandlegung ganz oder teilweise zerstört und dadurch einen anderen Menschen in die Gefahr einer Gesundheitsschädigung bringt.

(3) In minder schweren Fällen der Absätze 1 und 2 ist die Strafe Freiheitsstrafe von sechs Monaten bis zu fünf Jahren.

§ 306b StGB
(1) Wer durch eine Brandstiftung nach § 306 oder § 306a eine schwere Gesundheitsschädigung eines anderen Menschen oder eine Gesundheitsschädigung einer großen Zahl von Menschen verursacht, wird mit Freiheitsstrafe nicht unter zwei Jahren bestraft.

(2) Auf Freiheitsstrafe nicht unter fünf Jahren ist zu erkennen, wenn der Täter in den Fällen des § 306a

1. einen anderen Menschen durch die Tat in die Gefahr des Todes bringt,

2. in der Absicht handelt, eine andere Straftat zu ermöglichen oder zu verdecken oder

3. das Löschen des Brandes verhindert oder erschwert.

§ 306c StGB
Verursacht der Täter durch eine Brandstiftung nach den §§ 306 bis 306b wenigstens leichtfertig den Tod eines anderen Menschen, so ist die Strafe lebenslange Freiheitsstrafe oder Freiheitsstrafe nicht unter zehn Jahren.

§ 307 StGB
(1) Wer es unternimmt, durch Freisetzen von Kernenergie eine Explosion herbeizuführen und dadurch Leib oder Leben eines anderen Menschen oder fremde Sachen von bedeutendem Wert zu gefährden, wird mit Freiheitsstrafe nicht unter fünf Jahren bestraft.

(2) Wer durch Freisetzen von Kernenergie eine Explosion herbeiführt und dadurch Leib oder Leben eines anderen Menschen oder fremde Sachen von bedeutendem Wert fahrlässig gefährdet, wird mit Freiheitsstrafe von einem Jahr bis zu zehn Jahren bestraft.

(3) Verursacht der Täter durch die Tat wenigstens leichtfertig den Tod eines anderen Menschen, so ist die Strafe

1. in den Fällen des Absatzes 1 lebenslange Freiheitsstrafe oder Freiheitsstrafe nicht unter zehn Jahren,

2. in den Fällen des Absatzes 2 Freiheitsstrafe nicht unter fünf Jahren.

(4) Wer in den Fällen des Absatzes 2 fahrlässig handelt und die Gefahr fahrlässig verursacht, wird mit Freiheitsstrafe bis zu drei Jahren oder mit Geldstrafe bestraft.

§ 308 StGB
(1) Wer anders als durch Freisetzen von Kernenergie, namentlich durch Sprengstoff, eine Explosion herbeiführt und dadurch Leib oder Leben eines anderen Menschen oder fremde Sachen von bedeutendem Wert gefährdet, wird mit Freiheitsstrafe nicht unter einem Jahr bestraft.

(2) Verursacht der Täter durch die Tat eine schwere Gesundheitsschädigung eines anderen Menschen oder eine Gesundheitsschädigung einer großen Zahl von Menschen, so ist auf Freiheitsstrafe nicht unter zwei Jahren zu erkennen.

(3) Verursacht der Täter durch die Tat wenigstens leichtfertig den Tod eines anderen Menschen, so ist die Strafe lebenslange Freiheitsstrafe oder Freiheitsstrafe nicht unter zehn Jahren.

(4) In minder schweren Fällen des Absatzes 1 ist auf Freiheitsstrafe von sechs Monaten bis zu fünf Jahren, in minder schweren Fällen des Absatzes 2 auf Freiheitsstrafe von einem Jahr bis zu zehn Jahren zu erkennen.

(5) Wer in den Fällen des Absatzes 1 die Gefahr fahrlässig verursacht, wird mit Freiheitsstrafe bis zu fünf Jahren oder mit Geldstrafe bestraft.

(6) Wer in den Fällen des Absatzes 1 fahrlässig handelt und die Gefahr fahrlässig verursacht, wird mit Freiheitsstrafe bis zu drei Jahren oder mit Geldstrafe bestraft.

§ 309 StGB
(1) Wer in der Absicht, die Gesundheit eines anderen Menschen zu schädigen, es unternimmt, ihn einer ionisierenden Strahlung auszusetzen, die dessen Gesundheit zu schädigen geeignet ist, wird mit Freiheitsstrafe von einem Jahr bis zu zehn Jahren bestraft.

(2) Unternimmt es der Täter, eine unübersehbare Zahl von Menschen einer solchen Strahlung auszusetzen, so ist die Strafe Freiheitsstrafe nicht unter fünf Jahren.

(3) Verursacht der Täter in den Fällen des Absatzes 1 durch die Tat eine schwere Gesundheitsschädigung eines anderen Menschen oder eine Gesundheitsschädigung einer großen Zahl von Menschen, so ist auf Freiheitsstrafe nicht unter zwei Jahren zu erkennen.

(4) Verursacht der Täter durch die Tat wenigstens leichtfertig den Tod eines anderen Menschen, so ist die Strafe lebenslange Freiheitsstrafe oder Freiheitsstrafe nicht unter zehn Jahren.

(5) In minder schweren Fällen des Absatzes 1 ist auf Freiheitsstrafe von sechs Monaten bis zu fünf Jahren, in minder schweren Fällen des Absatzes 3 auf Freiheitsstrafe von einem Jahr bis zu zehn Jahren zu erkennen.

(6) Wer in der Absicht,

1. die Brauchbarkeit einer fremden Sache von bedeutendem Wert zu beeinträchtigen,

2. nachhaltig ein Gewässer, die Luft oder den Boden nachteilig zu verändern oder

3. ihm nicht gehörende Tiere oder Pflanzen von bedeutendem Wert zu schädigen, die Sache, das Gewässer, die Luft, den Boden, die Tiere oder Pflanzen einer ionisierenden Strahlung aussetzt, die geeignet ist, solche Beeinträchtigungen, Veränderungen oder Schäden hervorzurufen, wird mit Freiheitsstrafe bis zu fünf Jahren oder mit Geldstrafe bestraft. Der Versuch ist strafbar.

§ 313 StGB
(1) Wer eine Überschwemmung herbeiführt und dadurch Leib oder Leben eines anderen Menschen oder fremde Sachen von bedeutendem Wert gefährdet, wird mit Freiheitsstrafe von einem Jahr bis zu zehn Jahren bestraft.

(2) § 308 Abs. 2 bis 6 gilt entsprechend.

§ 315 StGB
(1) Wer die Sicherheit des Schienenbahn-, Schwebebahn-, Schiffs- oder Luftverkehrs dadurch beeinträchtigt, dass er

1. Anlagen oder Beförderungsmittel zerstört, beschädigt oder beseitigt, 2. Hindernisse bereitet,

3. falsche Zeichen oder Signale gibt oder

4. einen ähnlichen, ebenso gefährlichen Eingriff vornimmt,

und dadurch Leib oder Leben eines anderen Menschen oder fremde Sachen von bedeutendem Wert gefährdet, wird mit Freiheitsstrafe von sechs Monaten bis zu zehn Jahren bestraft.

(2) Der Versuch ist strafbar.

(3) Auf Freiheitsstrafe nicht unter einem Jahr ist zu erkennen, wenn der Täter

1. in der Absicht handelt,

a) einen Unglücksfall herbeizuführen oder

b) eine andere Straftat zu ermöglichen oder zu verdecken, oder

2. durch die Tat eine schwere Gesundheitsschädigung eines anderen Menschen oder eine Gesundheitsschädigung einer großen Zahl von Menschen verursacht.

(4) In minder schweren Fällen des Absatzes 1 ist auf Freiheitsstrafe von drei Monaten bis zu fünf Jahren, in minder schweren Fällen des Absatzes 3 auf Freiheitsstrafe von sechs Monaten bis zu fünf Jahren zu erkennen.

(5) Wer in den Fällen des Absatzes 1 die Gefahr fahrlässig verursacht, wird mit Freiheitsstrafe bis zu fünf Jahren oder mit Geldstrafe bestraft.

(6) Wer in den Fällen des Absatzes 1 fahrlässig handelt und die Gefahr fahrlässig verursacht, wird mit Freiheitsstrafe bis zu zwei Jahren oder mit Geldstrafe bestraft.

§ 314 StGB Gemeingefährliche Vergiftung
(1) Mit Freiheitsstrafe von einem Jahr bis zu zehn Jahren wird bestraft, wer

1. Wasser in gefassten Quellen, in Brunnen, Leitungen oder Trinkwasserspeichern oder

2. Gegenstände, die zum öffentlichen Verkauf oder Verbrauch bestimmt sind,

vergiftet oder ihnen gesundheitsschädliche Stoffe beimischt oder vergiftete oder mit gesundheitsschädlichen Stoffen vermischte Gegenstände im Sinne der Nummer 2 verkauft, feilhält oder sonst in den Verkehr bringt.

(2) § 308 Abs. 2 bis 4 gilt entsprechend.

§ 315b StGB
(1) Wer die Sicherheit des Straßenverkehrs dadurch beeinträchtigt, dass er

1. Anlagen oder Fahrzeuge zerstört, beschädigt oder beseitigt,

2. Hindernisse bereitet oder

3. einen ähnlichen, ebenso gefährlichen Eingriff vornimmt,

und dadurch Leib oder Leben eines anderen Menschen oder fremde Sachen von bedeutendem Wert gefährdet, wird mit Freiheitsstrafe bis zu fünf Jahren oder mit Geldstrafe bestraft.

(2) Der Versuch ist strafbar.

(3) Handelt der Täter unter den Voraussetzungen des § 315 Abs. 3, so ist die Strafe Freiheitsstrafe von einem Jahr bis zu zehn Jahren, in minder schweren Fällen Freiheitsstrafe von sechs Monaten bis zu fünf Jahren.

(4) Wer in den Fällen des Absatzes 1 die Gefahr fahrlässig verursacht, wird mit Freiheitsstrafe bis zu drei Jahren oder mit Geldstrafe bestraft.

(5) Wer in den Fällen des Absatzes 1 fahrlässig handelt und die Gefahr fahrlässig verursacht, wird mit Freiheitsstrafe bis zu zwei Jahren oder mit Geldstrafe bestraft.

§ 316a StGB
(1) Wer zur Begehung eines Raubes (§§ 249 oder 250), eines räuberischen Diebstahls (§ 252) oder einer räuberischen Erpressung (§ 255) einen Angriff auf Leib oder Leben oder die Entschlußfreiheit des Führers eines Kraftfahrzeugs oder eines Mitfahrers verübt und dabei die besonderen Verhältnisse des Straßenverkehrs ausnutzt, wird mit Freiheitsstrafe nicht unter fünf Jahren bestraft.

(2) In minder schweren Fällen ist die Strafe Freiheitsstrafe von einem Jahr bis zu zehn Jahren.

(3) Verursacht der Täter durch die Tat wenigstens leichtfertig den Tod eines anderen Menschen, so ist die Strafe lebenslange Freiheitsstrafe oder Freiheitsstrafe nicht unter zehn Jahren.

§ 316c StGB
(1) Mit Freiheitsstrafe nicht unter fünf Jahren wird bestraft, wer

1. Gewalt anwendet oder die Entschlußfreiheit einer Person angreift oder sonstige Machenschaften vornimmt, um dadurch die Herrschaft über a) ein im zivilen Luftverkehr eingesetztes und im Flug befindliches Luftfahrzeug oder

b) ein im zivilen Seeverkehr eingesetztes Schiff

zu erlangen oder auf dessen Führung einzuwirken, oder

2. um ein solches Luftfahrzeug oder Schiff oder dessen an Bord befindliche Ladung zu zerstören oder zu beschädigen, Schußwaffen gebraucht oder es unternimmt, eine Explosion oder einen Brand herbeizuführen.

Einem im Flug befindlichen Luftfahrzeug steht ein Luftfahrzeug gleich, das von Mitgliedern der Besatzung oder von Fluggästen bereits betreten ist oder dessen Beladung bereits begonnen hat oder das von Mitgliedern der Besatzung oder von Fluggästen noch nicht planmäßig verlassen ist oder dessen planmäßige Entladung noch nicht abgeschlossen ist.

(2) In minder schweren Fällen ist die Strafe Freiheitsstrafe von einem Jahr bis zu zehn Jahren.

(3) Verursacht der Täter durch die Tat wenigstens leichtfertig den Tod eines anderen Menschen, so ist die Strafe lebenslange Freiheitsstrafe oder Freiheitsstrafe nicht unter zehn Jahren.

(4) Wer zur Vorbereitung einer Straftat nach Absatz 1 Schußwaffen, Sprengstoffe oder sonst zur Herbeiführung einer Explosion oder eines Brandes bestimmte Stoffe oder Vorrichtungen herstellt, sich oder einem anderen verschafft, verwahrt oder einem

anderen überläßt, wird mit Freiheitsstrafe von sechs Monaten bis zu fünf Jahren bestraft.

§ 318 StGB
(1) Wer Wasserleitungen, Schleusen, Wehre, Deiche, Dämme oder andere Wasserbauten oder Brücken, Fähren, Wege oder Schutzwehre oder dem Bergwerksbetrieb dienende Vorrichtungen zur Wasserhaltung, zur Wetterführung oder zum Ein- und Ausfahren der Beschäftigten beschädigt oder zerstört und dadurch Leib oder Leben eines anderen Menschen gefährdet, wird mit Freiheitsstrafe von drei Monaten bis zu fünf Jahren bestraft.

(2) Der Versuch ist strafbar.

(3) Verursacht der Täter durch die Tat eine schwere Gesundheitsschädigung eines anderen Menschen oder eine Gesundheitsschädigung einer großen Zahl von Menschen, so ist auf Freiheitsstrafe von einem Jahr bis zu zehn Jahren zu erkennen.

(4) Verursacht der Täter durch die Tat den Tod eines anderen Menschen, so ist die Strafe Freiheitsstrafe nicht unter drei Jahren.

(5) In minder schweren Fällen des Absatzes 3 ist auf Freiheitsstrafe von sechs Monaten bis zu fünf Jahren, in minder schweren Fällen des Absatzes 4 auf Freiheitsstrafe von einem Jahr bis zu zehn Jahren zu erkennen.

(6) Wer in den Fällen des Absatzes 1

1. die Gefahr fahrlässig verursacht oder

2. fahrlässig handelt und die Gefahr fahrlässig verursacht,

wird mit Freiheitsstrafe bis zu drei Jahren oder mit Geldstrafe bestraft.

§ 311 StGB
(1) Wer unter Verletzung verwaltungsrechtlicher Pflichten (§ 330d Nr. 4, 5)

1. ionisierende Strahlen freisetzt oder

2. Kernspaltungsvorgänge bewirkt,

die geeignet sind, Leib oder Leben eines anderen Menschen oder fremde Sachen von bedeutendem Wert zu schädigen, wird mit Freiheitsstrafe bis zu fünf Jahren oder mit Geldstrafe bestraft.

(2) Der Versuch ist strafbar.

(3) Wer fahrlässig

1. beim Betrieb einer Anlage, insbesondere einer Betriebsstätte, eine Handlung im Sinne des Absatzes 1 in einer Weise begeht, die geeignet ist, eine Schädigung außerhalb des zur Anlage gehörenden Bereichs herbeizuführen oder

2. in sonstigen Fällen des Absatzes 1 unter grober Verletzung verwaltungsrechtlicher Pflichten handelt,

wird mit Freiheitsstrafe bis zu zwei Jahren oder mit Geldstrafe bestraft.

§ 316b StGB
(1) Wer den Betrieb

1. von Unternehmen oder Anlagen, die der öffentlichen Versorgung mit Postdienstleistungen oder dem öffentlichen Verkehr dienen,

2. einer der öffentlichen Versorgung mit Wasser, Licht, Wärme oder Kraft dienenden Anlage oder eines für die Versorgung der Bevölkerung lebenswichtigen Unternehmens oder

3. einer der öffentlichen Ordnung oder Sicherheit dienenden Einrichtung oder Anlage dadurch verhindert oder stört, dass er eine dem Betrieb dienende Sache zerstört, beschädigt, beseitigt, verändert oder unbrauchbar macht oder die für den Betrieb bestimmte elektrische Kraft entzieht, wird mit Freiheitsstrafe bis zu fünf Jahren oder mit Geldstrafe bestraft.

(2) Der Versuch ist strafbar.

(3) In besonders schweren Fällen ist die Strafe Freiheitsstrafe von sechs Monaten bis zu zehn Jahren. Ein besonders schwerer Fall liegt in der Regel vor, wenn der Täter durch die Tat die Versorgung der Bevölkerung mit lebenswichtigen Gütern, insbesondere mit Wasser, Licht, Wärme oder Kraft, beeinträchtigt.

§ 317 StGB
(1) Wer den Betrieb einer öffentlichen Zwecken dienenden Telekommunikationsanlage dadurch verhindert oder gefährdet, dass er eine dem Betrieb dienende Sache zerstört, beschädigt, beseitigt, verändert oder unbrauchbar macht oder die für den Betrieb bestimmte elektrische Kraft entzieht, wird mit Freiheitsstrafe bis zu fünf Jahren oder mit Geldstrafe bestraft.

(2) Der Versuch ist strafbar.

(3) Wer die Tat fahrlässig begeht, wird mit Freiheitsstrafe bis zu einem Jahr oder mit Geldstrafe bestraft.

Katalogtatbestände nur des § 140 StGB (§ 138 Abs. 1 Nr. 1-4) und Sexualstraftaten

§ 81 StGB
(1) Wer es unternimmt, mit Gewalt oder durch Drohung mit Gewalt

1. den Bestand der Bundesrepublik Deutschland zu beeinträchtigen oder

2. die auf dem Grundgesetz der Bundesrepublik Deutschland beruhende verfassungsmäßige Ordnung zu ändern,

wird mit lebenslanger Freiheitsstrafe oder mit Freiheitsstrafe nicht unter zehn Jahren bestraft.

(2) In minder schweren Fällen ist die Strafe Freiheitsstrafe von einem Jahr bis zu zehn Jahren.

§ 82 StGB
(1) Wer es unternimmt, mit Gewalt oder durch Drohung mit Gewalt Bundesrepublik Deutschland einzuverleiben oder einen Teil eines Landes von diesem abzutrennen oder

2. die auf der Verfassung eines Landes beruhende verfassungsmäßige Ordnung zu ändern,

wird mit Freiheitsstrafe von einem Jahr bis zu zehn Jahren bestraft.

(2) In minder schweren Fällen ist die Strafe Freiheitsstrafe von sechs Monaten bis zu fünf Jahren.

§ 83 StGB
(1) Wer ein bestimmtes hochverräterisches Unternehmen gegen den Bund vorbereitet, wird mit Freiheitsstrafe von einem Jahr bis zu zehn Jahren, in minder schweren Fällen mit Freiheitsstrafe von einem Jahr bis zu fünf Jahren bestraft.

(2) Wer ein bestimmtes hochverräterisches Unternehmen gegen ein Land vorbereitet, wird mit Freiheitsstrafe von drei Monaten bis zu fünf Jahren bestraft.

(1) Wer ein Staatsgeheimnis

1. einer fremden Macht oder einem ihrer Mittelsmänner mitteilt oder

2. sonst an einen Unbefugten gelangen läßt oder öffentlich bekanntmacht, um die Bundesrepublik Deutschland zu benachteiligen oder eine fremde Macht zu begünstigen,

und dadurch die Gefahr eines schweren Nachteils für die äußere Sicherheit der Bundesrepublik Deutschland herbeiführt, wird mit Freiheitsstrafe nicht unter einem Jahr bestraft.

(2) In besonders schweren Fällen ist die Strafe lebenslange Freiheitsstrafe oder Freiheitsstrafe nicht unter fünf Jahren. Ein besonders schwerer Fall liegt in der Regel vor, wenn der Täter

1. eine verantwortliche Stellung mißbraucht, die ihn zur Wahrung von Staatsgeheimnissen besonders verpflichtet, oder

2. durch die Tat die Gefahr eines besonders schweren Nachteils für die äußere Sicherheit der Bundesrepublik Deutschland herbeiführt.

§ 95 StGB
(1) Wer ein Staatsgeheimnis, das von einer amtlichen Stelle oder auf deren Veranlassung geheimgehalten wird, an einen Unbefugten gelangen läßt oder öffentlich bekanntmacht und dadurch die Gefahr eines schweren

1. das Gebiet eines Landes ganz oder zum Teil einem anderen Land der Nachteils für die äußere Sicherheit der Bundesrepublik Deutschland herbeiführt, wird mit Freiheitsstrafe von sechs Monaten bis zu fünf Jahren bestraft, wenn die Tat nicht in § 94 mit Strafe bedroht ist.

(2) Der Versuch ist strafbar.

(3) In besonders schweren Fällen ist die Strafe Freiheitsstrafe von einem Jahr bis zu zehn Jahren. § 94 Abs. 2 Satz 2 ist anzuwenden.

§ 96 StGB
(1) Wer sich ein Staatsgeheimnis verschafft, um es zu verraten (§ 94), wird mit Freiheitsstrafe von einem Jahr bis zu zehn Jahren bestraft.

(2) Wer sich ein Staatsgeheimnis, das von einer amtlichen Stelle oder auf deren Veranlassung geheimgehalten wird, verschafft, um es zu offenbaren (§ 95), wird mit Freiheitsstrafe von sechs Monaten bis zu fünf Jahren bestraft. Der Versuch ist strafbar.

§ 97a StGB
Wer ein Geheimnis, das wegen eines der in § 93 Abs. 2 bezeichneten Verstöße kein Staatsgeheimnis ist, einer fremden Macht oder einem ihrer Mittelsmänner mitteilt und dadurch die Gefahr eines schweren Nachteils für die äußere Sicherheit der Bundesrepublik Deutschland herbeiführt, wird wie ein Landesverräter (§ 94) bestraft. § 96 Abs. 1 in Verbindung mit § 94 Abs. 1 Nr. 1 ist auf Geheimnisse der in Satz 1 bezeichneten Art entsprechend anzuwenden.

§ 100 StGB
(1) Wer als Deutscher, der seine Lebensgrundlage im räumlichen Geltungsbereich dieses Gesetzes hat, in der Absicht, einen Krieg oder ein bewaffnetes Unternehmen gegen die Bundesrepublik Deutschland herbeizuführen, zu einer Regierung, Vereinigung oder Einrichtung außerhalb des räumlichen Geltungsbereichs dieses Gesetzes oder zu einem ihrer Mittelsmänner Beziehungen aufnimmt oder unterhält, wird mit Freiheitsstrafe nicht unter einem Jahr bestraft.

(2) In besonders schweren Fällen ist die Strafe lebenslange Freiheitsstrafe oder Freiheitsstrafe nicht unter fünf Jahren. Ein besonders schwerer Fall liegt in der Regel vor, wenn der Täter durch die Tat eine schwere Gefahr für den Bestand der Bundesrepublik Deutschland herbeiführt.

(3) In minder schweren Fällen ist die Strafe Freiheitsstrafe von einem Jahr bis zu fünf Jahren.

§ 146 StGB
(1) Mit Freiheitsstrafe nicht unter einem Jahr wird bestraft, wer

1. Geld in der Absicht nachmacht, dass es als echt in Verkehr gebracht oder dass ein solches Inverkehrbringen ermöglicht werde, oder Geld in dieser Absicht so verfälscht, daß der Anschein eines höheren Wertes hervorgerufen wird,

2. falsches Geld in dieser Absicht sich verschafft oder feilhält oder

3. falsches Geld, das er unter den Voraussetzungen der Nummern 1 oder 2 nachgemacht, verfälscht oder sich verschafft hat, als echt in Verkehr bringt.

(2) Handelt der Täter gewerbsmäßig oder als Mitglied einer Bande, die sich zur fortgesetzten Begehung einer Geldfälschung verbunden hat, so ist die Strafe Freiheitsstrafe nicht unter zwei Jahren.

(3) In minder schweren Fällen des Absatzes 1 ist auf Freiheitsstrafe von drei Monaten bis zu fünf Jahren, in minder schweren Fällen des Absatzes 2 auf Freiheitsstrafe von einem Jahr bis zu zehn Jahren zu erkennen.

§ 151 StGB
Dem Geld im Sinne der §§ 146, 147, 149 und 150 stehen folgende Wertpapiere gleich, wenn sie durch Druck und Papierart gegen Nachahmung besonders gesichert sind:

1. Inhaber- sowie solche Orderschuldverschreibungen, die Teile einer Gesamtemission sind, wenn in den Schuldverschreibungen die Zahlung einer bestimmten Geldsumme versprochen wird;

2. Aktien;

3. von Kapitalanlagegesellschaften ausgegebene Anteilscheine;

4. Zins-, Gewinnanteil- und Erneuerungsscheine zu Wertpapieren der in den Nummern 1 bis 3 bezeichneten Art sowie Zertifikate über Lieferung solcher Wertpapiere;

5. Reiseschecks.

§ 152 StGB
Die §§ 146 bis 151 sind auch auf Geld, Wertzeichen und Wertpapiere eines fremden Währungsgebiets anzuwenden.

§ 152b StGB
(1) Wer eine der in § 152a Abs. 1 bezeichneten Handlungen in Bezug auf Zahlungskarten mit Garantiefunktion oder Euroscheckvordrucke begeht, wird mit Freiheitsstrafe von einem Jahr bis zu zehn Jahren bestraft. (2) Handelt der Täter gewerbsmäßig oder als Mitglied einer Bande, die sich zur fortgesetzten Begehung von Straftaten nach Absatz 1 verbunden hat, so ist die Strafe Freiheitsstrafe nicht unter zwei Jahren.

(3) In minder schweren Fällen des Absatzes 1 ist auf Freiheitsstrafe von drei Monaten bis zu fünf Jahren, in minder schweren Fällen des Absatzes 2 auf Freiheitsstrafe von einem Jahr bis zu zehn Jahren zu erkennen.

(4) Zahlungskarten mit Garantiefunktion im Sinne des Absatzes 1 sind Kreditkarten, Euroscheckkarten und sonstige Karten,

1. die es ermöglichen, den Aussteller im Zahlungsverkehr zu einer garantierten Zahlung zu veranlassen, und

2. durch Ausgestaltung oder Codierung besonders gegen Nachahmung gesichert sind.

(5) § 149, soweit er sich auf die Fälschung von Geld bezieht, und § 150 Abs. 2 gelten entsprechend.

§ 176 StGB
(1) Wer sexuelle Handlungen an einer Person unter vierzehn Jahren (Kind) vornimmt oder an sich von dem Kind vornehmen läßt, wird mit Freiheitsstrafe von sechs Monaten bis zu zehn Jahren bestraft.

(2) Ebenso wird bestraft, wer ein Kind dazu bestimmt, daß es sexuelle Handlungen an einem Dritten vornimmt oder von einem Dritten an sich vornehmen läßt.

(3) In besonders schweren Fällen ist auf Freiheitsstrafe nicht unter einem Jahr zu erkennen.

(4) Mit Freiheitsstrafe von drei Monaten bis zu fünf Jahren wird bestraft, wer

1. sexuelle Handlungen vor einem Kind vornimmt,

2. ein Kind dazu bestimmt, dass es sexuelle Handlungen vornimmt, soweit die Tat nicht nach Absatz 1 oder Absatz 2 mit Strafe bedroht ist,

3. auf ein Kind durch Schriften (§ 11 Abs. 3) einwirkt, um es zu sexuellen Handlungen zu bringen, die es an oder vor dem Täter oder einem Dritten vornehmen oder von dem Täter oder einem Dritten an sich vornehmen lassen soll, oder

4. auf ein Kind durch Vorzeigen pornographischer Abbildungen oder Darstellungen, durch Abspielen von Tonträgern pornographischen Inhalts oder durch entsprechende Reden einwirkt.

(5) Mit Freiheitsstrafe von drei Monaten bis zu fünf Jahren wird bestraft, wer ein Kind für eine Tat nach den Absätzen 1 bis 4 anbietet oder nachzuweisen verspricht oder wer sich mit einem anderen zu einer solchen Tat verabredet.

(6) Der Versuch ist strafbar; dies gilt nicht für Taten nach Absatz 4 Nr. 3 und 4 und Absatz 5.

§ 176a StGB
(1) Der sexuelle Missbrauch von Kindern wird in den Fällen des § 176 Abs. 1 und 2 mit Freiheitsstrafe nicht unter einem Jahr bestraft, wenn der Täter innerhalb der letzten fünf Jahre wegen einer solchen Straftat rechtskräftig verurteilt worden ist.

(2) Der sexuelle Missbrauch von Kindern wird in den Fällen des § 176 Abs. 1 und 2 mit Freiheitsstrafe nicht unter zwei Jahren bestraft, wenn

1. eine Person über achtzehn Jahren mit dem Kind den Beischlaf vollzieht oder ähnliche sexuelle Handlungen an ihm vornimmt oder an sich von ihm vornehmen lässt, die mit einem Eindringen in den Körper verbunden sind,

2. die Tat von mehreren gemeinschaftlich begangen wird oder

3. der Täter das Kind durch die Tat in die Gefahr einer schweren Gesundheitsschädigung oder einer erheblichen Schädigung der körperlichen oder seelischen Entwicklung bringt.

(3) Mit Freiheitsstrafe nicht unter zwei Jahren wird bestraft, wer in den Fällen des § 176 Abs. 1 bis 3, 4 Nr. 1 oder Nr. 2 oder des § 176 Abs. 6 als Täter oder anderer Beteiligter in der Absicht handelt, die Tat zum Gegenstand einer pornographischen Schrift (§ 11 Abs. 3) zu machen, die nach § 184b Abs. 1 bis 3 verbreitet werden soll.

(4) In minder schweren Fällen des Absatzes 1 ist auf Freiheitsstrafe von drei Monaten bis zu fünf Jahren, in minder schweren Fällen des Absatzes 2 auf Freiheitsstrafe von einem Jahr bis zu zehn Jahren zu erkennen.

(5) Mit Freiheitsstrafe nicht unter fünf Jahren wird bestraft, wer das Kind in den Fällen des § 176 Abs. 1 bis 3 bei der Tat körperlich schwer misshandelt oder durch die Tat in die Gefahr des Todes bringt.

(6) In die in Absatz 1 bezeichnete Frist wird die Zeit nicht eingerechnet, in welcher der Täter auf behördliche Anordnung in einer Anstalt verwahrt worden ist. Eine Tat, die im Ausland abgeurteilt worden ist, steht in den Fällen des Absatzes 1 einer im Inland abgeurteilten Tat gleich, wenn sie nach deutschem Strafrecht eine solche nach § 176 Abs. 1 oder 2 wäre.

§ 176b StGB
Verursacht der Täter durch den sexuellen Mißbrauch (§§ 176 und 176a) wenigstens leichtfertig den Tod des Kindes, so ist die Strafe lebenslange Freiheitsstrafe oder Freiheitsstrafe nicht unter zehn Jahren.

§ 177 StGB
(1) Wer eine andere Person

1. mit Gewalt,

2. durch Drohung mit gegenwärtiger Gefahr für Leib oder Leben oder

3. unter Ausnutzung einer Lage, in der das Opfer der Einwirkung des Täters schutzlos ausgeliefert ist,

nötigt, sexuelle Handlungen des Täters oder eines Dritten an sich zu dulden oder an dem Täter oder einem Dritten vorzunehmen, wird mit Freiheitsstrafe nicht unter einem Jahr bestraft.

(2) In besonders schweren Fällen ist die Strafe Freiheitsstrafe nicht unter zwei Jahren. Ein besonders schwerer Fall liegt in der Regel vor, wenn

1. der Täter mit dem Opfer den Beischlaf vollzieht oder ähnliche sexuelle Handlungen an dem Opfer vornimmt oder an sich von ihm vornehmen läßt, die dieses besonders erniedrigen, insbesondere, wenn sie mit einem Eindringen in den Körper verbunden sind (Vergewaltigung), oder

2. die Tat von mehreren gemeinschaftlich begangen wird.

(3) Auf Freiheitsstrafe nicht unter drei Jahren ist zu erkennen, wenn der Täter

1. eine Waffe oder ein anderes gefährliches Werkzeug bei sich führt,

2. sonst ein Werkzeug oder Mittel bei sich führt, um den Widerstand einer anderen Person durch Gewalt oder Drohung mit Gewalt zu verhindern oder zu überwinden, oder

3. das Opfer durch die Tat in die Gefahr einer schweren Gesundheitsschädigung bringt.

(4) Auf Freiheitsstrafe nicht unter fünf Jahren ist zu erkennen, wenn der Täter

1. bei der Tat eine Waffe oder ein anderes gefährliches Werkzeug verwendet oder

2. das Opfer

a) bei der Tat körperlich schwer mißhandelt oder

b) durch die Tat in die Gefahr des Todes bringt.

(5) In minder schweren Fällen des Absatzes 1 ist auf Freiheitsstrafe von sechs Monaten bis zu fünf Jahren, in minder schweren Fällen der Absätze 3 und 4 auf Freiheitsstrafe von einem Jahr bis zu zehn Jahren zu erkennen.

§ 178 StGB
Verursacht der Täter durch die sexuelle Nötigung oder Vergewaltigung (§ 177) wenigstens leichtfertig den Tod des Opfers, so ist die Strafe lebenslange Freiheitsstrafe oder Freiheitsstrafe nicht unter zehn Jahren.

§ 179 StGB
(1) Wer eine andere Person, die

1. wegen einer geistigen oder seelischen Krankheit oder Behinderung einschließlich einer Suchtkrankheit oder wegen einer tiefgreifenden Bewußtseinsstörung oder

2. körperlich zum Widerstand unfähig ist, dadurch mißbraucht, daß er unter Ausnutzung der Widerstandsunfähigkeit sexuelle Handlungen an ihr vornimmt oder an sich von ihr vornehmen läßt, wird mit Freiheitsstrafe von sechs Monaten bis zu zehn Jahren bestraft.

(2) Ebenso wird bestraft, wer eine widerstandsunfähige Person (Absatz 1) dadurch mißbraucht, daß er sie unter Ausnutzung der Widerstandsunfähigkeit dazu bestimmt,

sexuelle Handlungen an einem Dritten vorzunehmen oder von einem Dritten an sich vornehmen zu lassen.

(3) In besonders schweren Fällen ist auf Freiheitsstrafe nicht unter einem Jahr zu erkennen.

(4) Der Versuch ist strafbar.

(5) Auf Freiheitsstrafe nicht unter zwei Jahren ist zu erkennen, wenn

1. der Täter mit dem Opfer den Beischlaf vollzieht oder ähnliche sexuelle Handlungen an ihm vornimmt oder an sich von ihm vornehmen läßt, die mit einem Eindringen in den Körper verbunden sind,

2. die Tat von mehreren gemeinschaftlich begangen wird oder

3. der Täter das Opfer durch die Tat in die Gefahr einer schweren Gesundheitsschädigung oder einer erheblichen Schädigung der körperlichen oder seelischen Entwicklung bringt.

(6) In minder schweren Fällen des Absatzes 5 ist auf Freiheitsstrafe von einem Jahr bis zu zehn Jahren zu erkennen.

(7) § 177 Abs. 4 Nr. 2 und § 178 gelten entsprechend.

§ 86 StGB
(3) Absatz 1 gilt nicht, wenn das Propagandamittel oder die Handlung der staatsbürgerlichen Aufklärung, der Abwehr verfassungswidriger Bestrebungen, der Kunst oder der Wissenschaft, der Forschung oder der Lehre, der Berichterstattung über Vorgänge des Zeitgeschehens oder der Geschichte oder ähnlichen Zwecken dient.

Anhang 3: Quellenverzeichnis

A) Veröffentlichte Quellen

1. Deutsches Partikularrecht

1.1 Quellensammlungen

1.1.1 Gemeines Recht

Die Peinliche Gerichtsordnung Kaiser Karls V. und des Heiligen Römischen Reichs von 1532 (Carolina). Herausgegeben und erläutert von Friedrich-Christian Schroeder. Stuttgart 2000.

1.1.2 Sammlung der deutschen Strafgesetzbücher, hrsg. von Melchior Stenglein München, 1858.

Erstes Bändlein: Bayern, Oldenburg, Sachsen-Altenburg, Württemberg, Braunschweig.

Zweites Bändlein: Hannover, Hessen-Darmstadt und Frankfurt, Baden, Nassau.

Drittes Bändlein: Thüringisches Strafgesetzbuch, Preußen, Österreich, Sachsen.

1.1.3 Gesetzrevision (1825-1848), hrsg. von Werner Schubert und Jürgen Regge:

I. Abteilung Straf- und Strafprozeßrecht, Quellen zur Preußischen Gesetzgebung des 19. Jahrhunderts

– Bd 1: Strafrecht (Ministerium Danckelmann; 1827-1830). Liechtenstein 1981.

– Bd. 3: Straf- und Strafprozeßrecht (Ministerium Kamptz; 1833–1827).

Liechtenstein 1984

– Bd. 5: Straf- und Strafprozeßrecht (1843), Liechtenstein 1994.

– Bd. 6: Straf- und Strafprozeßrecht (1845–1848), Liechtenstein 1996.

1.2 Einzelquellen (nach Staaten alphabetisch sortiert)

1.2.1 Großherzogthum Baden

Strafgesetzbuch für das Großherzogthum Baden vom 6. Mai 1845, abgedruckt in: Stenglein (s. 1.1.1) Bd. 2 Nr. VIII.

1.2.2 Das Strafgesetzbuch für das Großherzogthum Baden nebst Abänderungen und Ergänzungen mit Erläuterungen, Dr. Sigismund Puchelt. Mannheim 1868.

1.2.3 Königreich Bayern

1.2.3.1 Bayerisches Strafgesetzbuch vom 6. Mai 1813, abgedruckt in: Stenglein (s. 1.1.1), Bd. 1 Nr. 1.

1.2.3.2 Strafgesetzbuch für das Königreich Bayern vom 10. November 1861 sammt dem Gesetze vom 10. November 1861 zur Einführung des Strafgesetzbuchs und des Polizeistrafgesetzbuchs, erläutert von Dr. Ludwig Weis. Erster Band. München 1863.

1.2.4 Bremen

Entwurf eines Strafgesetzbuchs der freien Hansestadt Bremen. Erster Theil. Verbrechen und Vergehen. Nebst Motiven und einem Anhange, den Vollzug der Freiheitsstrafen betreffend. Bremen 1861.

1.2.5 Herzogthum Braunschweig

Criminalgesetz für das Herzogthum Braunschweig vom 10. Juli 1840.

(= Criminalgesetz für das Fürstenthum Lippe-Detmold vom 18. Juli 1843), abgedruckt in: Stenglein (s. 1.1.1) Bd. 1 Nr. 5.

1.2.6 Freie und Hansestadt Hamburg

Das Hamburgische Criminalgesetzbuch vom 22. April 1869.

1.2.7 Großherzogthum Hessen

Strafgesetzbuch für das Großherzogthum Hessen vom 17. September 1841, abgedruckt in: Stenglein (s. 1.1.1), Bd. 2 Nr. VI.

1.2.8 Freie und Hansestadt Lübeck

Straf-Gesetzbuch für die freie und Hansestadt Lübeck vom 20. Juli 1863.

1.2.9 Großherzogthum Mecklenburg-Schwerin und Streglitz

Verordnung zum Schutz gegen den Mißbrauch der Presse vom 4. März 1856, in: Beilage zu Nr. 10 des Regierungs-Blatts für das Großherzogtum Mecklenburg-Schwerin.

1.2.10 Herzogthum Nassau

Strafgesetzbuch für das Herzogthum Nassau vom 14. April 1849, abgedruckt in: Stenglein (s. 1.1.1) Bd. 2, Nr. IX.

1.2.11 Kaiserthum Österreich

1.2.11.1 Gesetz gegen den Mißbrauch der Presse vom 13. März 1849, abgedruckt in: Koppel, Österreichische Strafgesetze, S. 71 ff.

1.2.11.2 Das Strafgesetz über Verbrechen, Vergehen, und Übertretungen für das Kaiserthum Österreich vom 27. Mai 1852, abgedruckt in: Stenglein (s. 1.1.1), Bd. 3 Nr. XII.

1.2.12 Königreich Preußen

1.2.12.1 Allgemeines Landrecht für die Preußischen Staaten vom 1. Juni 1794. Mit einer Einführung von Hans Hattenhauer und einer Bibliografie von Günther Bernert. 2. Auflage. Neuwied / Kriftel / Berlin 1994.

1.2.12.2 Rheinisches Straf-Gesetzbuch nach der von dem französischen Gouvernement angeordneten offiziellen deutschen Übersetzung. Crefeld 1836.

Strafgesetzbuch für die Preußischen Staaten. Vom 14. April 1851. Nebst den Abweichungen der Strafgesetzbücher für das Herzogthum Anhalt-Bernburg vom 22. Januar 1852 und das Fürstenthum Waldeck und Pyrmont vom 15. Mai 1855, abgedruckt in: Stenglein (s. 1.1.1), Bd. 3 Nr. XI.

1.2.12.3 Verfassung für den preußischen Staat. Vom 5. Dezember 1848 (Pr.GS.1848, 375).

1.2.12.4 Revidierte Verfassung für den preußischen Staat. Vom 31. Januar 1850 (Pr.GS. 1850, 17).

1.2.12.5 Verordnung, betreffend die Vervielfältigung und Verbreitung von Schriften und verschiedene durch Wort, Schrift, Druck, Zeichen, bildliche oder andere Darstellungen begangene strafbare Handlungen. Vom 30. Juni 1849 (Pr.GS .1849, 226).

1.2.13 Königreich Sachsen

1.2.13.1 Strafgesetzbuch für das Königreich Sachsen vom 11. August 1855, abgedruckt in: Stenglein (s. 1.1.1), Bd. 3 Nr. XIII.

1.2.13.2 Das Revidierte Strafgesetzbuch für das Königreich Sachsen vom 1. Oktober 1868 sammt der hiermit in Verbindung stehenden älteren und gleichzeitigen Gesetzen und Verordnungen und mit Verweisung auf die einschkagenden älteren Bestimmungen und auf die Literatur nebst einem ausführlichen Sachregister mit Angabe der Strafmaße. Dresden 1868.

1.2.14 Herzogthum Sachsen-Altenburg

Criminalgesetz für das Herzogthum Sachsen-Altenburg vom 3. Mai 1841, abgedruckt in: Stenglein (s. 1.1.1), Bd. 1 Nr. III.

1.2.15 Herzogthum Sachsen-Weimar-Eisenach, Herzogthum Sachsen-Meiningen, Herzogthum Sachsen-Coburg-Gotha, Herzogthum Anhalt-Dessa und Köthen, und die Fürstenthümer Schwarzburg-Rudolfstadt, Schwarzburg-Sondershausen und Reuß jüngere Linie

„Thüring'sches Strfgesetzbuch von 1850, abgedruckt in: Stenglein (s. 1.1.1), Bd. 3 Nr. X.

1.2.16 Königreich Westphalen

Der Code pénal des Königreichs Westphalen von 1813 mit dem code pénal von 1810 im Original und in deutscher Übersetzung. Herausgegeben und mit einer Einleitung versehen von Werner Schubert. Frankfurt am Main 2001.

1.2.17 Königreich Württemberg

Strafgesetzbuch für das Königreich Württemberg vom 1. März 1839, abgedruckt in: Stenglein (s. 1.1.1), Bd. 1 Nr. IV.

2. Gesetze und Reformmaterialien des Norddeutschen Bundes, des Deutschen Reiches und der Bundesrepublik Deutschland

2.1 Quellensammlungen

2.1.1 Entstehung des Strafgesetzbuchs, hrsg. von Werner Schubert und Thomas Vormbaum, Kommissionsprotokolle und Entwürfe

- Bd. I: 1869, Baden-Baden 2002.
- Bd. II. 1870, Berlin 2004.

2.1.2 Schubert, Werner (Hrsg.) Kodifikationsgeschichte Strafrecht. Bd. 3. Verhandlungen des Reichsrates und Reichstages des Norddeutschen Bundes über den Entwurf eines Strafgesetzbuches. Frankfurt am Main, 1992.

2.1.3 Vergleichende Darstellung des deutschen und ausländischen Strafrechts. Vorarbeiten zur deutschen Strafrechtsreform. Hrsg. auf Anregung des Reichsjustizamts von Karl Birkmeyer, Fritz van Calker, Reinhard Frank, Robert v. Hippel, Wilhelm Kahl, Karl v. Lilienthal, Franz v. Liszt, Adolf Wach. 6 Bde. zum Allgemeinen Teil, 8 Bde. zum Besonderen Teil, Registerbd. Berlin 1905–1909.

2.1.4 Protokolle der Kommission zur Reform des Strafgesetzbuches (1911–1913)

- Band 1: Allgemeiner Teil des Vorentwurfs in 1. Lesung, Protokolle 1–70.
- Band 2: Schlußberatungen des Allgemeinen Teils. 1. Lesung des Besonderen Teils, §§ 100–211 des Vorentwurfs. Protokolle 71–140.
- Band 4. Zweite Lesung und Schlußredaktion des Entwurfs. Protokolle 208–282.

2.1.5 Entwürfe der Strafrechtskommission zu einem deutschen Strafgesetzbuch und zu einem Einführungsgesetz (1911–1914), Hersg. von Werner Schubert, Frankfurt am Main 1990.

2.1.6 Quellen zur Reform des Straf- und Strafprozeßrechts, Hersg. von Werner Schubert, Jürgen Regge, Peter Rieß und Werner Schmid, Berlin/New-York.

2.1.6.1 I. Abteilung: Weimarer Republik (1918–1932)

- Bd. 1: Entwürfe zu einem Strafgesetzbuch (1919, 1922, 1924/1925, 1927), Hersg. von Jürgen Regge und Werner Schubert, 1995.
- Bd. 2: Beratungen des Entwurfs zu einem Allgemeinen Deutschen Strafgesetzbuch im Reichsrat 1924/25, mit einer Einleitung von Werner Schubert, 1998.
- Bd. 3: Protokolle der Strafrechtsausschüsse des Reichstags:

  1. Teil, Sitzungen vo Juli 1927 bis März 1928, Sitzungen der deutschen und österreichischen parlamentarischen Strafrechts-Konferenzen (1927–1930), Hrsg. von Werner Schubert, 1995.

  2. Teil, Sitzungen von Juli 1928 bis September 1929, Hrsg. von Werner Schubert, 1996.

3. Teil, Sitzungen von Juli 1928 bis September 1929, Hrsg. von Werner Schubert, 1997.

4. Teil, Sitzungen von Dezember 1930 bis Mai 1932, Zusammenstellung der Beschlüsse; Hrsg. von Werner Schubert, 1994.

2.1.6.2 II. Abteilung: NS-Zeit (1933–1939)

– Bd. 1: Entwürfe eines Strafgesetzbuchs.

1. Teil, Hrsg. von Jürgen Regge und Werner Schubert. Teilband 1, 1988, Teilband 2, 1990.

– Bd. 2, Protokolle der Strafrechtskommission des Reichsjustizministeriums, Hrsg. von Jürgen Regge und Werner Schubert.

Teilbände 1 und 2: Erste Lesung, Hrsg. von Jürgen Regge und Werner Schubert, 1988, 1989.

– Bd. 4, Protokolle der Strafrechtskommission des Reichsjustizministeriums.

4. Teil, Zweite Lesung: Besonderer Teil, Hrsg. von Jürgen Regge und Werner Schubert, 1994.

2.1.7 Das Strafgesetzbuch, Sammlung der Änderungsgesetze und Neubekanntmachungen. Hrsg. von Thomas Vormbaum und Jürgen Welp, Baden-Baden

– Bd. 1: 1870–1953 (2000).

– Bd. 2: 1954–1974 (2002).

– Bd. 3: 1975–1992 (2002).

– Bd. 4: 1993–2000 (2002).

2.1.8 Materialien zur Strafrechtsreform. 15 Bände. Bonn 1954–1962

2.1.9 Niederschriften über die Sitzungen der Großen Strafrechtskommission. 14 Bände und 1 Registerband. Bonn 1956–1960.

2.2 Einzelquellen (in chronologischer Reihenfolge)

2.2.1 Strafgesetzbuch für den Norddeutschen Bund vom 31. Mai 1870, BgBl. NdB 1870, 197.

2.2.2 Gesetz betreffend die Redaktion des Strafgesetzbuchs für den Norddeutschen Bund als Strafgesetzblatt für das Deutsche Reich vom 15. Mai 1871, RGBl. 1971, 127.

2.2.3 Gesetz gegen die gemeingefährlichen Bestrebungen der Sozialdemokratie vom 21. Oktober 1878, RGBl. 1876, 521.

2.2.4 Vorentwurf zu einem Deutschen Strafgesetzbuch. Bearbeitet von der hierzu bestellten Sachverständigenkommission. Veröffentlicht auf Anordnung des Reichsjustizamts. Berlin 1909 mit Begründung. 2 Bde. (AT und BT). Berlin 1909.

2.2.5 Zusammenstellung der gutachterlichen Äußerungen über den Vorentwurf zu einem deutschen Strafgesetzbuch. Gefertigt im Reichsjustizamt. Als Manuskript gedruckt. Berlin (Reichsdruckerei) 1911.

2.2.6 Zusammenstellung der Äußerungen der Bundesregierungen über den Vorentwurf zu einem Deutschen Strafgesetzbuch. Gefertigt im Reichsjustizamt. Als Manuskript gedruckt. Berlin (Reichsdruckerei) 1911.

2.2.7 Gegenentwurf zum Vorentwurf eines deutschen Strafgesetzbuchs. Aufgestellt von w. Kahl, K. v. Lilienthal, F. v. Liszt, J. Goldschmidt. Text mit Vorwort. Berlin 1911. Begründung (mit einer Denschrift betreffend die Einarbeitung der Nebengesetze, von N.H. Kriegsmann). Berlin 1911.

2.2.8 Entwürfe zu einem Deutschen Strafgesetzbuch. Veröffentlicht auf Anordnung des Reichsjustizministeriums. Berlin 1920. Darin in jeweils eigener Paginierung).

2.2.8.1 Entwurf der Strafrechtskommission (1913).

2.2.8.2 Entwurf von 1919.

2.2.8.3 Denkschrift zum Entwurf von 1919.

2.2.9 Gustav Radbruchs Entwurf eines Allgemeinen Deutschen Strafgesetzbuches (1922). Mit einem Geleitwort von Thomas Dehler und einer Einleitung von Eberhard Schmidt. Tübingen 1952.

2.2.10 Verordnung zum Schutz der Republik. Vom 26. Juni 1922. RGBl. 1922 I S. 521.

2.2.11 Zweite Verordnung zum Schutz der Republik vom 29. Juni 1922, RGBl. I S. 532.

2.2.12 Gesetz zum Schutz der Republik vom 21. Juli 1922, RGBl. 1922 I 585.

2.2.13 Verordnung des Reichspräsidenten zur Wiederherstellung der öffentlichen Sicherheit und Ordnung vom 15. September 1923, RGBl. I, 1923, 879.

2.2.14 Amtlicher Entwurf eines Allgemeinen Deutschen Strafgesetzbuchs nebst Begründung. Veröffentlicht auf Anordnung des Reichsjustizministeriums. Erster Teil: Entwurf. Zweiter Teil: Begründung. Berlin 1925.

2.2.15 Entwurf eines Allgemeinen Deutschen Strafgesetzbuchs nebst Begründung. Reichstag, III. Wahlperiode 1924/1925, Drucksache Nr. 3390.

2.2.16 Deutsche Strafgesetzentwürfe von 1909–1927. Synoptische Gegenüberstellung der deutschen und österreichischen Strafgesetzentwürfe und des geltenden deutschen Strafrechts. Hrsg. von Leopold Schäfer. Berlin 1927.

2.2.17 Entwurf eines Allgemeinen Deutschen Strafgesetzbuchs 1930 (Entwurf Kahl). Reichstag, V. Wahlperiode 1930. Drucksache Nr. 395 vom 6. Dezember 1930. Nachdruck als Bd. Nr. 5 der Materialien zur Strafrechtsreform. Bonn 1954.

2.2.18 Nationalsozialistisches Strafrecht. Denkschrift des Preußischen 2.2.18Justizministeriums (Entwurf Kerrl). Berlin 1933.

2.2.19 Verordnung des Reichspräsidenten gegen Verrat am Deutschen Volk und hochverräterische Umtriebe. Vom 28. Februar 1933. RGBl. 1933 I S. 65.

2.2.20 Verordnung des Reichspräsidenten zum Schutz von Volk und Staat. Vom 28. Februar 1933. RGBl. I S. 83.

2.2.21 Gesetz zur Änderung des StGB 1934 (?).

2.2.22 Ausschüsse für Strafrecht, Strafvollstreckungsrecht, Wehrstrafrecht, Strafgerichtsbarkeit der SS und des Reichsarbeitsdienstes, Polizeirecht sowie Wohlfahrts- und Fürsorgerecht (Bewahrungsrecht). Hrsg. von Werner Schubert. Berlin 1999.

2.2.23 Bekanntmachung des Wortlauts des Strafgesetzbuchs. Vom 25. August 1953. BGBl. I 1953, S. 1083.

2.2.24 Gesetz über Versammlungen und aufzüge (Versammlungsgesetz). Vom 24. Juli 1953. BGBl. I 1954, 683.

2.2.25 Entwurf eines Strafgesetzbuchs nach den Beschlüssen der Großen Strafrechtskommission in erster Lesung zusammengestellt und überarbeitet vom Bundesministerium der Justiz (E 1959 I). Abgedruckt in: Materialien zur Strafrechtsreform Bd. 12.

2.2.26 Entwurf eines Strafgesetzbuchs nach den Beschlüssen der Großen Strafrechtskommission in zweiter Lesung zusammengestellt und überarbeitet vom Bundesministerium der Justiz (E 1959 II). Bonn 1959.

2.2.27 Alternativ-Entwurf eines Strafgesetzbuchs. Besonderer Teil. Politisches Strafrecht, Tübingen 1970. Vorgelegt von Jürgen Baumann u.a., Tübingen 1968.

2.2.28 20. Mai 1970, BGBl. I S. 505.

2.2.29 Bekanntmachung der Neufassung des Strafgesetzbuchs. Vom 2. Januar 1975. BGBl. I S. 1.

2.2.30 Vierzehntes Strafrechtsänderungsgesetz. Vom 22. April 1976. BGBl. I S. 1056.

2.2.31 Neunzehntes Strafrechtsänderungsgesetz. Vom 7. August 1981. BGBl. I S. 808.

2.2.32 Gesetz zur Bekämpfung des Terrorismus. Vom 19. Dezember 1986. BGBl. I S. 2566.

2.2.33 Gesetz zur Änderung der Vorschriften über die Straftaten gegen die sexuelle Selbstbestimmung und zur Änderung anderer Vorschriften vom 27. Dezember 2003, BGBl. 2003 I S. 3007.

2.2.34 Aktenstücke des Reichstags (zitiert nach laufender Nummer und Jahr).

2.2.35 Verhandlungen des Reichstags (zitiert nach Jahr und Seitenzahl).

2.2.36 Drucksachen des Deutschen Bundestages (zitiert nach Wahlperiode und laufender Nummer).

2.2.37 Bundestagsprotokolle (zitiert nach Jahr und Seitenzahl).

2.2.38 Drucksachen des Deutschen Bundesrates (zitiert nach Wahlperiode und laufender Nummer).

2.2.39 Bundesratsprotokolle (Zitiert nach Jahr und Seitenzahl).

2.3 Internetressourcen (Stand Oktober 2009)

2.3.1 documentArchiv.de.

2.3.2 reichstagsprotokolle.de.

2.3.3 bundesarchiv.de/aktenreichskanzlei.

2.3.4 bundesarchiv.de/cocoon/narch/0000/index.html (Kabinettprotokolle BRD).

B) Unveröffentlichte Quellen

Bundesarchiv Berlin:

R 3001/5915.

R 3001/5969.

R 3001/20984.

R 3001/20855.

R 3001/20875.

R 3001/20853.

R 3001/20873.

Bundesarchiv Koblenz

BA R 3001/5969.

BA R 20/854.

BA R 20/854.

BA 141/63576.

BA 141/63578.

BA 141/63365.

BA 141/63368.

Anhang 4: Literaturverzeichnis

ABEGG, Der Entwurf des Strafgesetzbuchs für die Preußischen Staaten vom 10. Dezember 1850 kritisch betrachtet in Vergleichung mit den Entwürfen von den Jahren 1843 und 1847 in: Archiv des Criminalrechts, Beilagen-Heft zu 1851, Halle 1851.

ADLER, Erwin, Die *Aufforderungsdelikte* im Reichsstrafgesetzbuch und im Entwurf eines allgemeinen deutschen Strafgesetzbuches von 1927, Diss. Univ. Frankfurt a.M. 1932.

AMELUNG, Knut / Hassemer, Wilfried / Rudolphi, Hans-Joachim / Scheerer, Sebastian: Stellungnahme zum *Artikelgesetz*; in: StV 1989, 72–84.

ASCHROTT, P.F, / Kohlrausch, Ed., *Reform* des Strafrechts, Kritische Besprechung des Amtlichen Entwurfs eines Allgemeinen Deutschen Strafgesetzbuchs, Auf Veranlassung der Landesgruppe der Internationalen Kriminalistischen Vereinigung, Berlin und Leipzig 1926.

AUST, Stefan, Der *Baader-Meinhof* Komplex, Hamburg 1985.

BAUMANN, Jürgen / Frosch, Hartmut: Der Entwurf des 3. *Strafrechtsreformgesetzes*; in: JZ 1970, 113–122.

BANKE, Waldemar, Der Erste *Entwurf* eines deutschen Einheitsstrafrechts, Teil I: Die Verfasser des Entwurfs 1849 (mit einem diplomatisch genauen Abdruck des Entwurfs), Berlin 1912.

BEMMANN, Günter, Meinungsfreiheit und Strafrecht, Königstein/Ts. 1981.

BERNER, Albert Friedrich, *Grundsätze* des Preußischen Strafrechts, Leipzig 1861.

BERNER, Albert Friedrich, Lehrbuch des Deutschen *Preßrechtes*. Leipzig 1876.

BERNER, Albert Friedrich, Die *Strafgesetzgebung* in Deutschland vom Jahre 1751 bis zur Gegenwart, Leipzig 1857, Nachdruck Aalen 1978.

BESELER, Georg, *Kommentar* über das Strafgesetzbuch für die Preußischen Staaten und das Einführungsgesetz vom 14. April 1851. Nach amtlichen Quellen, Leipzig 1851.

CHASSAN, Par M., Traité des *Délites* dt Contraventions de la Palole de l`écuriture dt de la Presse, Colmar 1839.

DEMSKI, Ulf / OSTENDORF, Heribert: Vom Kanzelparagraphen zur Anleitung zu Straftaten – der § 130a StGB – ein Paradebeispiel für ein *politische instrumentalisiertes Strafrecht*; in: StV 1989, 30–38.

DREHER, Eduard: Der Paragraph mit dem *Januskopf*; in: Festschrift für Wilhelm Gallas zum 70. Geburtstag am 22. Juli 1973, Hrsg. von Karl Lackner, Heinz Leferenz, Eberhard Schmidt, Jürgen Welp und Ernst Amadeus Wolff, Berlin-New York 1973, S. 307–328.

EBERT, Udo: Vom Bedeutungswandel der Billigung begangener Straftaten; in: Festschrift für Günther Spendel zum 70. Geburtstag am 11. Juli 1992, Hrsg. von Manfred Seebode, Berlin / New-York 1992, S. 115–139.

ETZEL, Matthias, Die *Aufhebung* von nationalsozialistischen Gesetzen durch den Alliierten Kontrollrat (1945–1948), Tübingen 1992.

FELSKE, Karsten, Kriminelle und *terroristische Vereinigungen* – §§ 129, 129a StGB, Baden-Baden 2002, zugl. Hagen, Fernuniv., Diss. 2001.

FISCHER, Thomas: Das Verhältnis der Bekenntnisbeschimpfung (§ 166 StGB) zur Volksverhetzung (§ 130 StGB); in: GA 1989, 445–468.

FRANK, Reinhard, Das Strafgesetzbuch für das Deutsche Reich nebst dem Einführungsgesetze, Leipzig 1901.

FRANK, Hans, *Nationalsozialistische Leitsätze* für ein neues deutsches Strafrecht
- Bd. 1, Berlin 1935.
- Bd. 2, Berlin 1936.

FROMANN, (ohne Vorname), Die neusten Versuch zur Preßgesetzgebung. Sechs Briefe an einen deutschen Bureaukraten, Jena 1851.

GOERS, Otto, Der Rechtsfrieden als besonderes Rechtsgut im modernen Strafrechtssystem und seine Stellung im geltenden Reichsstrafrecht, Straßburg 1900.

GOLTDAMMER, Theodor, Die *Materialien* zum Straf-Gesetzbuche für die Preußischen Staaten, aus den amtlichen Quellen nach den Paragraphen des Gesetzbuches zusammengestellt und in einem Kommentar erläutert
- Theil I, Berlin 1851.
- Theil II, Berlin 1852.

GREBING, Helga, Geschichte der deutschen *Parteien*, Wiesbaden 1962.

GRUCHMANN, Lothar, Justiz im Drittenreich 1933–1940. Anpassung und Unterwerfung inder Ära Gürtner, München, Oldenburg 1988.

GÜRTNER, Franz, Das kommende deutsche *Strafrecht*, 2. Auflage, Berlin 1936.

HÄBERLEIN, Carl Franz Wolff Jérôme, *Kritische Bemerkungen* zu dem Entwurf eines Strafgesetzbuchs für den Norddeutschen Bund, nachgedruckt in der Schriftenreihe: Meister der Moderne Bd. 133, S. 83–190, Goldbach 2003.

HÄLSCHNER, Hugo, Beiträge zur Beurteilung des Entwurfs eines Strafgesetzbuchs für den norddeutschen Bund, Bonn 1870.

HARTMANN, § 111 des Strafgesetzbuches für das Deutsche Reich in seinem Verhältnis von der Lehre von der Teilnahme.

HIPPEL, Robert von, Deutsches *Strafrecht*, Band 1, allgemeine Grundlagen, Berlin 1925, Neudruck Aalen 1971.

HOLTZ, Axel, Der politische Entscheidungsprozeß zu den *Strafrechtsreformen* in der Zeit von 1962 bis 1975, Freiburg (Breisgau), Univ. Diss., 1989.

HUBER, Ernst Rudolf, *Dokumente* zur deutschen Verfassungsgeschichte. Deutsche Verfassungsdokumente 1851–1900, 3. neubearbeitete Auflage, Band 2, Stuttgard, Berlin, Köln Mainz 1986.

JASPER, Gotthard, Der Schutz der *Republik*, Studien zur staatlichen Sicherung der Demokratie in der Weimarer Republik 1022–1930, Tübingen 1963, zugl. Univ., Diss., 1960.

JAKOBS, Günther, Kriminalisierung im Vorfeld einer Rechtsgutverletzung; in: ZStW 1984, S. 750–785.

JENSEN, Jürgen, *Presse* und Politische Polizei. Hamburgs Zeitungen unter dem Sozialistengesetz 1878–1890, Hannover 1966.

KAHL, Wilhelm, Der Deutsche Strafgesetzentwurf von 1919, Zur Einführung, ZStW 42 (1921), 205–223.

KERRL, Hans, Nationalsozialistische Staatskunst und *Strafrechtserneuerung*, Berlin 1933.

KISSEL, Norbert, *Aufrufe* zum Ungehorsam und § 111 StGB; Grundrechtlicher Einfluß bei der Feststellung strafbaren Unrechts, Diss. Frankfurt a.M. 1996.

KOPPEL, Johann, Handbuch der *österreichischen Strafgesetze* über Vergehen und Übertretungen, 2. Aufl. Ölmüz 1851.

KOSZYK, Kurt, *Deutsche Presse* im 19. Jahrhundert, Berlin 1966.

KUNERT, Karl Heinz, BERNSMANN, Klaus: Neue Sicherheitsgesetze – mehr Rechtssicherheit? In: NStZ 1989, S. 449–461.

LEIPZIGER KOMMETAR, Großkommentar, Band 5, 11. Aufl., Berlin / New York, 2005. 1988.

LIEBMANN (ohne V.orname): Die Reform des deutschen Strafrechts; (Hamburgische Schriften zur gesamten Strafrechtswissenschaft, 2), Hamburg 1921.

LISZT, Frank von, *Lehrbuch* des Deutschen Strafrechts, 20. Aufl. Berlin 1914.

MAST, Peter, Künstlerische und wissenschaftliche *Freiheit* im Deutschen Reich 1890–1901, Rheinfelden 1986.

MARXEN, Klaus, der Kampf gegen das liberale Strafrecht. Eine Studie zum Antiliberalismus in der Strafrechtswissenschaft der zwanziger und dreißiger Jahre, Berlin 1974.

MAYERS GROSSES UNIVERSALLEXIKON, Band 8: Ko-Lz, Mannheim, Wien Zürich 1983.

MEYER, Hugo, Das Norddeutsche Strafrecht. Eine *Beurteilung* des Entwurfs eines Strafgesetzbuchs für den Norddeutschen Bund, nachgedruckt in Schriftenreihe: Meister der Moderne Bd. 133, S. 191–286, Goldbach 2003.

MÜLLER, Carl F. Das Strafgesetzbuch für die Preußischen Staaten vom 14. April 1851, Halle 1852.

MÜLLER-DIETZ, Heinz: Vom Wort der Gewalt und der Gewalt des Wortes; Marginalien zu theorie und Praxis heutiger Strafgesetzgebung, in: Kultur-Kriminalität-Strafrecht; Festschrift für Thomas Würtenberger zum 70. Geburtstag am 7.10.1977, Hrsg. von Rüdiger Herren, Diethelm Kienapfel und Heinz Müller-Dietz, Berlin 1977, S. 167–186.

NAUCKE, Worfgang: Über deklaratorische, scheinbare und wirkliche Entkriminalisierung; in: GA 1984, 199–217.

OLSHAUSEN, Justus, *Kommentar* zum Strafgesetzbuch für das Deutsche Reich, Sechste Auflage, Erster Band, Berlin 1900.

OPPENHOFF, Friedrich Christian, Das *Strafgesetzbuch* für den Norddeutschen Bund, Berlin 1871.

PACK, Wolfgang, Das parlamentarische Ringen um das *Sozialistengesetz* Bismarcks 1878–1890, Düsseldorf 1961.

QUIDDE / CONRAD, (ohne Vornamen), Wetterleuchten der Reaction. Zwei *Betrachtungen über die Umsturzvorlage*, München 1895.

RADBRUCH, Gustav, *Der innere Weg*, Aufriß meines Lebens, Göttingen, 2. unveränderte Aufl. 1961.

ROGALL, Klaus: Die verschiedenen Formen des Veranlassens fremder Straftaten; in: GA 1979, 11–26.

ROHRSSEN, Benedikt, Von der „Anreizung zum Klassenkampf"zur „Volksverhetzung" (§130 StGB), Diss., Fernuniversität, Hagen 2008.

ROSSMANN, Wilhelm, Ist die öffentliche *Aufforderung* zum Streik strafbar? Die Auslegung des § 110 des deutschen Strafgesetzbuches, München 1892.

RUBO, Ernst Traugott, *Kommentar* über das Strafgesetzbuch für das Deutsche Reich und das Einführungsgesetz vom 31. Mai 1870 sowie die Ergänzungsgesetze vom 10. Dezember 1871 und 26. Februar 1876 Nach amtlichen Quellen, Berlin 1879.

RUDOLPHI, Hans-Joachim: Notwendigkeit und Grenzen einer *Vorverlagerung* des Strafrechtsschutzes im Kampf gegen den Terrorismus; in: ZRP 1979, 214–221.

RUNDE, (ohne Vornamen), Das *Strafgesetzbuch* und die Strafproceßordnungen für das Großherzugthum Oldenburg, zweite mit Zusätzen vermehrte Auflage, Oldenburg 1864.

SCHMIDT, Eberhardt, Einführung in die Geschichte der deutschen *Strafrechtspflege*, Göttingen 1947.

SCHUBERT, Werner, Der Ausbau der *Rechtseinheit* unter dem Norddeutschen Bund. Zur Entstehung des Strafgesetzbuches von 1870 unter besonderer Berücksichtigung des Strafgesetzbuches in: Buschmann, Arno u.a. (Hrsg.), Festschrift für Rudolf Gmür zum 70. Geburtstag am 28. Juli 1883, S. 149–189.

SCHWARZE, Friedrich Oskar von, *Commentar* zum Strafgesetzbuch für das Deutsche Reich, 1. Auflage, Leipzig 1871.

SEUFFERT, Hermann, *Anarchismus* und Strafrecht, Berlin 1899.

SILBERBERG, Rudolf, *§ 111 des Strafgesetzbuches* für das Deutsche Reich in seinem Verhältnis zur Lehre von der Teilnahme, Diss., Univ., Erlangen 1902.

STÖLZEL, Adolf, Brandenburg-Preußens Rechtsverwaltung und Rechtsverfassung, dargestellt im Wirken seiner Landesfürsten und obersten Justizbeamten, zweiter Band, Berlin 1988.

STÜRMER, Michael, Regierung und Reichstag im *Bismarckstaat*. Cäsarismus oder Parlamentarismus, Düsseldorf 1974.

VOLKHARDT, Georg, Die strafbaren öffentlichen *Aufforderungen*, Diss., Univ., Erlangen 1908.

VORMBAUM, Thomas: „Politisches Strafrecht; in: ZStW 107 (1995), Heft 4, S 734–760.

WÄCHTER, Carl Georg, Gemeines Recht Deutschlands, Leipzig 1844.

WEIDNER, Maik, Die öffentliche *Aufforderung* zu Straftaten (§ 111), Diss., Univ., Göttingen 1997.

WITTE, Ernst Christian, Erörterungen über den *§ 49a des Strafgesetzbuches* für das Deutsche Reich, Diss., Univ., Breslau 1886.

QUIDDE / CONRAD, (ohne Vornamen), Wetterleuchten der Reaction. Zwei *Betrachtungen über die Umsturzvorlage*, München 1895.

RADBRUCH, Gustav, *Der innere Weg*, Aufriß meines Lebens, Göttingen, 2. unveränderte Aufl. 1961.

ROGALL, Klaus: Die verschiedenen Formen des Veranlassens fremder Straftaten; in: GA 1979, 11–26.

ROHRSSEN, Benedikt, Von der „Anreizung zum Klassenkampf"zur „Volksverhetzung" (§130 StGB), Diss., Fernuniversität, Hagen 2008.

ROSSMANN, Wilhelm, Ist die öffentliche *Aufforderung* zum Streik strafbar? Die Auslegung des § 110 des deutschen Strafgesetzbuches, München 1892.

RUBO, Ernst Traugott, *Kommentar* über das Strafgesetzbuch für das Deutsche Reich und das Einführungsgesetz vom 31. Mai 1870 sowie die Ergänzungsgesetze vom 10. Dezember 1871 und 26. Februar 1876 Nach amtlichen Quellen, Berlin 1879.

RUDOLPHI, Hans-Joachim: Notwendigkeit und Grenzen einer *Vorverlagerung* des Strafrechtsschutzes im Kampf gegen den Terrorismus; in: ZRP 1979, 214–221.

RUNDE, (ohne Vornamen), Das *Strafgesetzbuch* und die Strafproceßordnungen für das Großherzugthum Oldenburg, zweite mit Zusätzen vermehrte Auflage, Oldenburg 1864.

SCHMIDT, Eberhardt, Einführung in die Geschichte der deutschen *Strafrechtspflege*, Göttingen 1947.

SCHUBERT, Werner, Der Ausbau der *Rechtseinheit* unter dem Norddeutschen Bund. Zur Entstehung des Strafgesetzbuches von 1870 unter besonderer Berücksichtigung des Strafgesetzbuches in: Buschmann, Arno u.a. (Hrsg.), Festschrift für Rudolf Gmür zum 70. Geburtstag am 28. Juli 1883, S. 149–189.

SCHWARZE, Friedrich Oskar von, *Commentar* zum Strafgesetzbuch für das Deutsche Reich, 1. Auflage, Leipzig 1871.

SEUFFERT, Hermann, *Anarchismus* und Strafrecht, Berlin 1899.

SILBERBERG, Rudolf, *§ 111 des Strafgesetzbuches* für das Deutsche Reich in seinem Verhältnis zur Lehre von der Teilnahme, Diss., Univ., Erlangen 1902.

STÖLZEL, Adolf, Brandenburg-Preußens Rechtsverwaltung und Rechtsverfassung, dargestellt im Wirken seiner Landesfürsten und obersten Justizbeamten, zweiter Band, Berlin 1988.

STÜRMER, Michael, Regierung und Reichstag im *Bismarckstaat*. Cäsarismus oder Parlamentarismus, Düsseldorf 1974.

VOLKHARDT, Georg, Die strafbaren öffentlichen *Aufforderungen*, Diss., Univ., Erlangen 1908.

VORMBAUM, Thomas: „Politisches Strafrecht; in: ZStW 107 (1995), Heft 4, S 734–760.

WÄCHTER, Carl Georg, Gemeines Recht Deutschlands, Leipzig 1844.

WEIDNER, Maik, Die öffentliche *Aufforderung* zu Straftaten (§ 111), Diss., Univ., Göttingen 1997.

WITTE, Ernst Christian, Erörterungen über den *§ 49a des Strafgesetzbuches* für das Deutsche Reich, Diss., Univ., Breslau 1886.

Juristische Zeitgeschichte

Herausgeber: Prof. Dr. Dr. Thomas Vormbaum, FernUniversität in Hagen

Abteilung 1: Allgemeine Reihe

1 *Thomas Vormbaum (Hrsg.):* Die Sozialdemokratie und die Entstehung des Bürgerlichen Gesetzbuchs. Quellen aus der sozialdemokratischen Partei und Presse (1997)
2 *Heiko Ahlbrecht:* Geschichte der völkerrechtlichen Strafgerichtsbarkeit im 20. Jahrhundert (1999)
3 *Dominik Westerkamp:* Pressefreiheit und Zensur im Sachsen des Vormärz (1999)
4 *Wolfgang Naucke:* Über die Zerbrechlichkeit des rechtsstaatlichen Strafrechts. Gesammelte Aufsätze zur Strafrechtsgeschichte (2000)
5 *Jörg Ernst August Waldow:* Der strafrechtliche Ehrenschutz in der NS-Zeit (2000)
6 *Bernhard Diestelkamp:* Rechtsgeschichte als Zeitgeschichte. Beiträge zur Rechtsgeschichte des 20. Jahrhunderts (2001)
7 *Michael Damnitz:* Bürgerliches Recht zwischen Staat und Kirche. Mitwirkung der Zentrumspartei am Bürgerlichen Gesetzbuch (2001)
8 *Massimo Nobili:* Die freie richterliche Überzeugungsbildung. Reformdiskussion und Gesetzgebung in Italien, Frankreich und Deutschland seit dem Ausgang des 18. Jahrhunderts (2001)
9 *Diemut Majer:* Nationalsozialismus im Lichte der Juristischen Zeitgeschichte (2002)
10 *Bianca Vieregge:* Die Gerichtsbarkeit einer „Elite". Nationalsozialistische Rechtsprechung am Beispiel der SS- und Polizeigerichtsbarkeit (2002)
11 *Norbert Berthold Wagner:* Die deutschen Schutzgebiete (2002)
12 *Miloš Vec:* Die Spur des Täters. Methoden der Identifikation in der Kriminalistik (1879–1933), (2002)
13 *Christian Amann:* Ordentliche Jugendgerichtsbarkeit und Justizalltag im OLG-Bezirk Hamm von 1939 bis 1945 (2003)
14 *Günter Gribbohm:* Das Reichskriegsgericht (2004)
15 *Martin M. Arnold:* Pressefreiheit und Zensur im Baden des Vormärz. Im Spannungsfeld zwischen Bundestreue und Liberalismus (2003)
16 *Ettore Dezza:* Beiträge zur Geschichte des modernen italienischen Strafrechts (2004)
17 *Thomas Vormbaum (Hrsg.):* „Euthanasie" vor Gericht. Die Anklageschrift des Generalstaatsanwalts beim OLG Frankfurt/M. gegen Werner Heyde u. a. vom 22. Mai 1962 (2005)
18 *Kai Cornelius:* Vom spurlosen Verschwindenlassen zur Benachrichtigungspflicht bei Festnahmen (2006)
19 *Kristina Brümmer-Pauly:* Desertion im Recht des Nationalsozialismus (2006)
20 *Hanns-Jürgen Wiegand:* Direktdemokratische Elemente in der deutschen Verfassungsgeschichte (2006)
21 *Hans-Peter Marutschke (Hrsg.):* Beiträge zur modernen japanischen Rechtsgeschichte (2006)

Abteilung 2: Forum Juristische Zeitgeschichte

1 *Franz-Josef Düwell / Thomas Vormbaum (Hrsg.):* Themen juristischer Zeitgeschichte (1) – Schwerpunktthema: Recht und Nationalsozialismus (1998)
2 *Karl-Heinz Keldungs:* Das Sondergericht Duisburg 1943–1945 (1998)
3 *Franz-Josef Düwell / Thomas Vormbaum (Hrsg.):* Themen juristischer Zeitgeschichte (2) – Schwerpunktthema: Recht und Juristen in der Revolution von 1848/49 (1998)
4 *Thomas Vormbaum:* Beiträge zur juristischen Zeitgeschichte (1999)
5 *Franz-Josef Düwell / Thomas Vormbaum:* Themen juristischer Zeitgeschichte (3), (1999)
6 *Thomas Vormbaum (Hrsg.):* Themen juristischer Zeitgeschichte (4), (2000)
7 *Frank Roeser:* Das Sondergericht Essen 1942–1945 (2000)
8 *Heinz Müller-Dietz:* Recht und Nationalsozialismus – Gesammelte Beiträge (2000)
9 *Franz-Josef Düwell (Hrsg.):* Licht und Schatten. Der 9. November in der deutschen Geschichte und Rechtsgeschichte – Symposium der Arnold-Freymuth-Gesellschaft, Hamm (2000)
10 *Bernd-Rüdiger Kern / Klaus-Peter Schroeder (Hrsg.):* Eduard von Simson (1810–1899). „Chorführer der Deutschen" und erster Präsident des Reichsgerichts (2001)
11 *Norbert Haase / Bert Pampel (Hrsg.):* Die Waldheimer „Prozesse" – fünfzig Jahre danach. Dokumentation der Tagung der Stiftung Sächsische Gedenkstätten am 28. und 29. September in Waldheim (2001)
12 *Wolfgang Form (Hrsg.):* Literatur- und Urteilsverzeichnis zum politischen NS-Strafrecht (2001)
13 *Sabine Hain:* Die Individualverfassungsbeschwerde nach Bundesrecht (2002)
14 *Gerhard Pauli / Thomas Vormbaum (Hrsg.):* Justiz und Nationalsozialismus – Kontinuität und Diskontinuität. Fachtagung in der Justizakademie des Landes NRW, Recklinghausen, am 19. und 20. November 2001 (2003)
15 *Mario Da Passano (Hrsg.):* Europäische Strafkolonien im 19. Jahrhundert. Internationaler Kongreß des Dipartimento di Storia der Universität Sassari und des Parco nazionale di Asinara, Porto Torres, 25. Mai 2001 (2006)
16 *Sylvia Kesper-Biermann / Petra Overath (Hrsg.):* Die Internationalisierung von Strafrechtswissenschaft und Kriminalpolitik (1870–1930). Deutschland im Vergleich (2007)
17 *Hermann Weber (Hrsg.):* Literatur, Recht und Musik. Tagung im Nordkolleg Rendsburg vom 16. bis 18. September 2005 (2007)
18 *Hermann Weber (Hrsg.):* Literatur, Recht und (bildende) Kunst. Tagung im Nordkolleg Rendsburg vom 21. bis 23. September 2007 (2008)
19 *Francisco Muñoz Conde / Thomas Vormbaum (Hrsg.):* Transformation von Diktaturen in Demokratien und Aufarbeitung der Vergangenheit (2010)

Abteilung 3: Beiträge zur modernen deutschen Strafgesetzgebung Materialien zu einem historischen Kommentar

1 *Thomas Vormbaum / Jürgen Welp (Hrsg.):* Das Strafgesetzbuch seit 1870. Sammlung der Änderungen und Neubekanntmachungen; Vier Textbände (1999–2002) und drei Supplementbände (2005, 2006)

2 *Christian Müller:* Das Gewohnheitsverbrechergesetz vom 24. November 1933. Kriminalpolitik als Rassenpolitik (1998)

3 *Maria Meyer-Höger:* Der Jugendarrest. Entstehung und Weiterentwicklung einer Sanktion (1998)

4 *Kirsten Gieseler:* Unterlassene Hilfeleistung – § 323c StGB. Reformdiskussion und Gesetzgebung seit 1870. (1999)

5 *Robert Weber:* Die Entwicklung des Nebenstrafrechts 1871–1914 (1999)

6 *Frank Nobis:* Die Strafprozeßgesetzgebung der späten Weimarer Republik (2000)

7 *Karsten Felske:* Kriminelle und terroristische Vereinigungen – §§ 129, 129a StGB (2002)

8 *Ralf Baumgarten:* Zweikampf – §§ 201–210 a.F. StGB (2003)

9 *Felix Prinz:* Diebstahl – §§ 242 ff. StGB (2003)

10 *Werner Schubert / Thomas Vormbaum (Hrsg.):* Entstehung des Strafgesetzbuchs. Kommissionsprotokolle und Entwürfe. Band 1: 1869 (2002); Band 2: 1870 (2004)

11 *Lars Bernhard:* Falsche Verdächtigung (§§ 164, 165 StGB) und Vortäuschen einer Straftat (§ 145d StGB), (2003)

12 *Frank Korn:* Körperverletzungsdelikte – §§ 223 ff., 340 StGB. Reformdiskussion und Gesetzgebung von 1870 bis 1933 (2003)

13 *Christian Gröning:* Körperverletzungsdelikte – §§ 223 ff., 340 StGB. Reformdiskussion und Gesetzgebung seit 1933 (2004)

14 *Sabine Putzke:* Die Strafbarkeit der Abtreibung in der Kaiserzeit und in der Weimarer Zeit. Eine Analyse der Reformdiskussion und der Straftatbestände in den Reformentwürfen (1908–1931), (2003)

15 *Eckard Voßiek:* Strafbare Veröffentlichung amtlicher Schriftstücke (§ 353d Nr. 3 StGB). Gesetzgebung und Rechtsanwendung seit 1851 (2004)

16 *Stefan Lindenberg:* Brandstiftungsdelikte – §§ 306 ff. StGB. Reformdiskussion und Gesetzgebung seit 1870 (2004)

17 *Ninette Barreneche †:* Materialien zu einer Strafrechtsgeschichte der Münchener Räterepublik 1918/1919 (2004)

18 *Carsten Thiel:* Rechtsbeugung – § 339 StGB. Reformdiskussion und Gesetzgebung seit 1870 (2005)

19 *Vera Große-Vehne:* Tötung auf Verlangen (§ 216 StGB), „Euthanasie" und Sterbehilfe. Reformdiskussion und Gesetzgebung seit 1870 (2005)

20 *Thomas Vormbaum / Kathrin Rentrop (Hrsg.):* Reform des Strafgesetzbuchs. Sammlung der Reformentwürfe. Band 1: 1909 bis 1919. Band 2: 1922 bis 1939. Band 3: 1959 bis 1996 (2008)

21 *Dietmar Prechtel:* Urkundendelikte (§§ 267 ff. StGB). Reformdiskussion und Gesetzgebung seit 1870 (2005)

22 *Ilya Hartmann:* Prostitution, Kuppelei, Zuhälterei. Reformdiskussion und Gesetzgebung seit 1870 (2006)

23 *Ralf Seemann:* Strafbare Vereitelung von Gläubigerrechten (§§ 283 ff., 288 StGB). Reformdiskussion und Gesetzgebung seit 1870 (2006)

24 *Andrea Hartmann:* Majestätsbeleidigung (§§ 94 ff. StGB a.F.) und Verunglimpfung des Staatsoberhauptes (§ 90 StGB). Reformdiskussion und Gesetzgebung seit dem 19. Jahrhundert (2006)

25 *Christina Rampf:* Hausfriedensbruch (§ 123 StGB). Reformdiskussion und Gesetzgebung seit 1870 (2006)

26 *Christian Schäfer:* „Widernatürliche Unzucht“ (§§ 175, 175a, 175b, 182, a.F. StGB). Reformdiskussion und Gesetzgebung seit 1945 (2006)
27 *Kathrin Rentrop:* Untreue und Unterschlagung (§§ 266 und 246 StGB). Reformdiskussion und Gesetzgebung seit dem 19. Jahrhundert (2007)
28 *Martin Asholt:* Straßenverkehrsstrafrecht. Reformdiskussion und Gesetzgebung seit dem Ausgang des 19. Jahrhunderts (2007)
29 *Katharina Linka:* Mord und Totschlag (§§ 211–213 StGB). Reformdiskussion und Gesetzgebung seit 1870 (2008)
30 *Juliane Sophia Dettmar:* Legalität und Opportunität im Strafprozess. Reformdiskussion und Gesetzgebung von 1877 bis 1933 (2008)
31 *Jürgen Durynek:* Korruptionsdelikte (§§ 331 ff. StGB). Reformdiskussion und Gesetzgebung seit dem 19. Jahrhundert (2008)
32 *Judith Weber:* Das sächsische Strafrecht im 19. Jahrhundert bis zum Reichsstrafgesetzbuch (2009)
33 *Denis Matthies:* Exemplifikationen und Regelbeispiele. Eine Untersuchung zum 100-jährigen Beitrag von Adolf Wach zur „Legislativen Technik“ (2009)
34 *Benedikt Rohrßen:* Von der „Anreizung zum Klassenkampf“ zur „Volksverhetzung“ (§ 130 StGB). Reformdiskussion und Gesetzgebung seit dem 19. Jahrhundert (2009)
35 *Friederike Goltsche:* Der Entwurf eines Allgemeinen Deutschen Strafgesetzbuches von 1922 (Entwurf Radbruch) (2010)
36 *Tarig Elobied:* Die Entwicklung des Strafbefehlsverfahrens von 1846 bis in die Gegenwart (2010)
37 *Christina Müting:* Sexuelle Nötigung; Vergewaltigung (§ 177 StGB) (2010)
38 *Nadeschda Wilkitzki:* Entstehung des Gesetzes über Internationale Rechtshilfe in Strafsachen (IRG) (2010)
39 *André Brambring:* Kindestötung (§ 217 a.F. StGB). Reformdiskussion und Gesetzgebung seit 1870 (2010)
40 *Wilhelm Rettler:* Der strafrechtliche Schutz des sozialistischen Eigentums in der DDR (2010)
41 *Yvonne Hötzel:* Debatten um die Todesstrafe in der Bundesrepublik Deutschland von 1949 bis 1990 (2010)

Abteilung 4: Leben und Werk. Biographien und Werkanalysen

1 *Mario A. Cattaneo:* Karl Grolmans strafrechtlicher Humanismus (1998)
2 *Gerit Thulfaut:* Kriminalpolitik und Strafrechtstheorie bei Edmund Mezger (2000)
3 *Adolf Laufs:* Persönlichkeit und Recht. Gesammelte Aufsätze (2001)
4 *Hanno Durth:* Der Kampf gegen das Unrecht. Gustav Radbruchs Theorie eines Kulturverfassungsrechts (2001)
5 *Volker Tausch:* Max Güde (1902–1984). Generalbundesanwalt und Rechtspolitiker (2002)
6 *Bernd Schmalhausen:* Josef Neuberger (1902–1977). Ein Leben für eine menschliche Justiz (2002)
7 *Wolf Christian von Arnswald:* Savigny als Strafrechtspraktiker. Ministerium für die Gesetzesrevision (1842–1848), (2003)

8 *Thilo Ramm:* Ferdinand Lassalle. Der Revolutionär und das Recht (2004)
9 *Martin D. Klein:* Demokratisches Denken bei Gustav Radbruch (2007)
10 *Francisco Muñoz Conde:* Edmund Mezger – Beiträge zu einem Juristenleben (2007)
11 *Whitney R. Harris:* Tyrannen vor Gericht. Das Verfahren gegen die deutschen Hauptkriegsverbrecher nach dem Zweiten Weltkrieg in Nürnberg 1945–1946 (2008)
12 *Eric Hilgendorf (Hrsg.):* Die deutschsprachige Strafrechtswissenschaft in Selbstdarstellungen (2010)
13 *Tamara Cipolla:* Friedrich Karl von Strombeck. Leben und Werk – Unter besonderer Berücksichtigung des Entwurfes eines Strafgesetzbuches für ein Norddeutsches Staatsgebiet (2010)
14 *Karoline Peters:* J. D. H. Temme und das preußische Strafverfahren in der Mitte des 19. Jahrhunderts (2010)

Abteilung 5: Juristisches Zeitgeschehen Rechtspolitik und Justiz aus zeitgenössischer Perspektive

Mitherausgegeben von Gisela Friedrichsen („Der Spiegel") und RA Prof. Dr. Franz Salditt

1 *Diether Posser:* Anwalt im Kalten Krieg. Ein Stück deutscher Geschichte in politischen Prozessen 1951–1968. 3. Auflage (1999)
2 *Jörg Arnold (Hrsg.):* Strafrechtliche Auseinandersetzung mit Systemvergangenheit am Beispiel der DDR (2000)
3 *Thomas Vormbaum (Hrsg.):* Vichy vor Gericht: Der Papon-Prozeß (2000)
4 *Heiko Ahlbrecht / Kai Ambos (Hrsg.):* Der Fall Pinochet(s). Auslieferung wegen staatsverstärkter Kriminalität? (1999)
5 *Oliver Franz:* Ausgehverbot für Jugendliche („Juvenile Curfew") in den USA. Reformdiskussion und Gesetzgebung seit dem 19. Jahrhundert (2000)
6 *Gabriele Zwiehoff (Hrsg.):* „Großer Lauschangriff". Die Entstehung des Gesetzes zur Änderung des Grundgesetzes vom 26. März 1998 und des Gesetzes zur Änderung der Strafprozeßordnung vom 4. Mai 1998 in der Presseberichterstattung 1997/98 (2000)
7 *Mario A. Cattaneo:* Strafrechtstotalitarismus. Terrorismus und Willkür (2001)
8 *Gisela Friedrichsen / Gerhard Mauz:* Er oder sie? Der Strafprozeß Böttcher/Weimar. Prozeßberichte 1987 bis 1999 (2001)
9 *Heribert Prantl / Thomas Vormbaum (Hrsg.):* Juristisches Zeitgeschehen 2000 in der Süddeutschen Zeitung (2001)
10 *Helmut Kreicker:* Art. 7 EMRK und die Gewalttaten an der deutsch-deutschen Grenze (2002)
11 *Heribert Prantl / Thomas Vormbaum (Hrsg.):* Juristisches Zeitgeschehen 2001 in der Süddeutschen Zeitung (2002)
12 *Henning Floto:* Der Rechtsstatus des Johanniterordens. Eine rechtsgeschichtliche und rechtsdogmatische Untersuchung zum Rechtsstatus der Balley Brandenburg des ritterlichen Ordens St. Johannis vom Spital zu Jerusalem (2003)
13 *Heribert Prantl / Thomas Vormbaum (Hrsg.):* Juristisches Zeitgeschehen 2002 in der Süddeutschen Zeitung (2003)
14 *Kai Ambos / Jörg Arnold (Hrsg.):* Der Irak-Krieg und das Völkerrecht (2004)

15 *Heribert Prantl / Thomas Vormbaum (Hrsg.):* Juristisches Zeitgeschehen 2003 in der Süddeutschen Zeitung (2004)
16 *Sascha Rolf Lüder:* Völkerrechtliche Verantwortlichkeit bei Teilnahme an „Peace-keeping“-Missionen der Vereinten Nationen (2004)
17 *Heribert Prantl / Thomas Vormbaum (Hrsg.):* Juristisches Zeitgeschehen 2004 in der Süddeutschen Zeitung (2005)
18 *Christian Haumann:* Die „gewichtende Arbeitsweise“ der Finanzverwaltung. Eine Untersuchung über die Aufgabenerfüllung der Finanzverwaltung bei der Festsetzung der Veranlagungssteuern (2008)

Abteilung 6: Recht in der Kunst

Mitherausgegeben von Prof. Dr. Gunter Reiß

1 *Heinz Müller-Dietz:* Recht und Kriminalität im literarischen Widerschein. Gesammelte Aufsätze (1999)
2 *Klaus Lüderssen (Hrsg.):* »Die wahre Liberalität ist Anerkennung«. Goethe und die Juris prudenz (1999)
3 *Bertolt Brecht:* Die Dreigroschenoper (1928) / Dreigroschenroman (1934). Mit Kommentaren von Iring Fetscher und Bodo Plachta (2001)
4 *Annette von Droste-Hülshoff:* Die Judenbuche (1842) / Die Vergeltung (1841). Mit Kommentaren von Heinz Holzhauer und Winfried Woesler (2000)
5 *Theodor Fontane:* Unterm Birnbaum (1885). Mit Kommentaren von Hugo Aust und Klaus Lüderssen (2001)
6 *Heinrich von Kleist:* Michael Kohlhaas (1810). Mit Kommentaren von Wolfgang Naucke und Joachim Linder (2000)
7 *Anja Sya:* Literatur und juristisches Erkenntnisinteresse. Joachim Maass' Roman „Der Fall Gouffé“ und sein Verhältnis zu der historischen Vorlage (2001)
8 *Heiner Mückenberger:* Theodor Storm – Dichter und Richter. Eine rechtsgeschichtliche Lebensbeschreibung (2001)
9 *Hermann Weber (Hrsg.):* Annäherung an das Thema „Recht und Literatur“. Recht, Literatur und Kunst in der NJW (1), (2002)
10 *Hermann Weber (Hrsg.):* Juristen als Dichter. Recht, Literatur und Kunst in der NJW (2), (2002)
11 *Hermann Weber (Hrsg.):* Prozesse und Rechtsstreitigkeiten um Recht, Literatur und Kunst. Recht, Literatur und Kunst in der NJW (3), (2002)
12 *Klaus Lüderssen:* Produktive Spiegelungen. 2., erweiterte Auflage (2002)
13 *Lion Feuchtwanger:* Erfolg. Drei Jahre Geschichte einer Provinz. Roman (1929). Mit Kommentaren von Theo Rasehorn und Ernst Ribbat (2002)
14 *Jakob Wassermann:* Der Fall Maurizius. Roman (1928). Mit Kommentaren von Thomas Vormbaum und Regina Schäfer (2003)
15 *Hermann Weber (Hrsg.):* Recht, Staat und Politik im Bild der Dichtung. Recht, Literatur und Kunst in der Neuen Juristischen Wochenschrift (4), (2003)
16 *Hermann Weber (Hrsg.):* Reale und fiktive Kriminalfälle als Gegenstand der Literatur. Recht, Literatur und Kunst in der Neuen Juristischen Wochenschrift (5), (2003)
17 *Karl Kraus:* Sittlichkeit und Kriminalität. (1908). Mit Kommentaren von Helmut Arntzen und Heinz Müller-Dietz (2004)

18 *Hermann Weber (Hrsg.):* Dichter als Juristen. Recht, Literatur und Kunst in der Neuen Juristischen Wochenschrift (6), (2004)
19 *Hermann Weber (Hrsg.):* Recht und Juristen im Bild der Literatur. Recht, Literatur und Kunst in der Neuen Juristischen Wochenschrift (7), (2005)
20 *Heinrich von Kleist:* Der zerbrochne Krug. Ein Lustspiel (1811). Mit Kommentaren von Michael Walter und Regina Schäfer (2005)
21 *Francisco Muñoz Conde / Marta Muñoz Aunión:* „Das Urteil von Nürnberg". Juristischer und filmwissenschaftlicher Kommentar zum Film von Stanley Kramer (1961), (2006)
22 *Fjodor Dostojewski:* Aufzeichnungen aus einem Totenhaus (1860). Mit Kommentaren von Heinz Müller-Dietz und Dunja Brötz (2005)
23 *Thomas Vormbaum (Hrsg.):* Anton Matthias Sprickmann. Dichter und Jurist. Mit Kommentaren von Walter Gödden, Jörg Löffler und Thomas Vormbaum (2006)
24 *Friedrich Schiller:* Verbrecher aus Infamie (1786). Mit Kommentaren von Heinz Müller-Dietz und Martin Huber (2006)
25 *Franz Kafka:* Der Proceß. Roman (1925). Mit Kommentaren von Detlef Kremer und Jörg Tenckhoff (2006)
26 *Heinrich Heine:* Deutschland. Ein Wintermährchen. Geschrieben im Januar 1844. Mit Kommentaren von Winfried Woesler und Thomas Vormbaum (2006)
27 *Thomas Vormbaum (Hrsg.):* Recht, Rechtswissenschaft und Juristen im Werk Heinrich Heines (2006)
28 *Heinz Müller-Dietz:* Recht und Kriminalität in literarischen Spiegelungen (2007)
29 *Alexander Puschkin:* Pique Dame (1834). Mit Kommentaren von Barbara Aufschnaiter/Dunja Brötz und Friedrich-Christian Schroeder (2007)
30 *Georg Büchner:* Danton's Tod. Dramatische Bilder aus Frankreichs Schreckensherrschaft. Mit Kommentaren von Sven Kramer und Bodo Pieroth (2007)
31 *Daniel Halft:* Die Szene wird zum Tribunal! Eine Studie zu den Beziehungen von Recht und Literatur am Beispiel des Schauspiels „Cyankali" von Friedrich Wolf (2007)
32 *Erich Wulffen:* Kriminalpsychologie und Psychopathologie in Schillers Räubern (1907). Herausgegeben von Jürgen Seul (2007)
33 *Klaus Lüderssen:* Produktive Spiegelungen: Recht in Literatur, Theater und Film. Band II (2007)
34 *Albert Camus:* Der Fall. Roman (1956). Mit Kommentaren von Brigitte Sändig und Sven Grotendiek (2008)
35 *Thomas Vormbaum (Hrsg.):* Pest, Folter und Schandsäule. Der Mailänder Prozess wegen „Pestschmierereien" in Rechtskritik und Literatur. Mit Kommentaren von Ezequiel Malarino und Helmut C. Jacobs (2008)
36 *E. T. A. Hoffmann:* Das Fräulein von Scuderi – Erzählung aus dem Zeitalter Ludwigs des Vierzehnten (1819). Mit Kommentaren von Heinz Müller-Dietz und Marion Bönnighausen (2010)
37 *Leonardo Sciascia:* Der Tag der Eule. Mit Kommentaren von Gisela Schlüter und Daniele Negri (2010)

Abteilung 7: Beiträge zur Anwaltsgeschichte

Mitherausgegeben von Gerhard Jungfer, Dr. Tilmann Krach und Prof. Dr. Hinrich Rüping

1 *Babette Tondorf:* Strafverteidigung in der Frühphase des reformierten Strafprozesses. Das Hochverratsverfahren gegen die badischen Aufständischen Gustav Struve und Karl Blind (1848/49), (2006)
2 *Hinrich Rüping:* Rechtsanwälte im Bezirk Celle während des Nationalsozialismus (2007)

Abteilung 8: Judaica

1 *Hannes Ludyga:* Philipp Auerbach (1906–1952). „Staatskommissar für rassisch, religiös und politisch Verfolgte" (2005)
2 *Thomas Vormbaum:* Der Judeneid im 19. Jahrhundert, vornehmlich in Preußen. Ein Beitrag zur juristischen Zeitgeschichte (2006)
3 *Hannes Ludyga:* Die Rechtsstellung der Juden in Bayern von 1819 bis 1918. Studie im Spiegel der Verhandlungen der Kammer der Abgeordneten des bayerischen Landtags (2007)

FSC
www.fsc.org
MIX
Papier | Fördert gute Waldnutzung
FSC® C083411

Kolibri 360 GmbH
Ferdinand-Jühlke-Straße 7
99095 Erfurt, Deutschland
produktsicherheit@kolibri360.de